博雅英华 陈来著作集

近世东亚儒学研究

陈来 著

北京大学出版社
PEKING UNIVERSITY PRESS

图书在版编目(CIP)数据

近世东亚儒学研究 / 陈来著 . —北京：北京大学出版社 , 2018.3
（博雅英华·陈来著作集）
ISBN 978-7-301-29150-4

Ⅰ. ①近… Ⅱ. ①陈… Ⅲ. ① 儒学—研究—东亚 Ⅳ. ① B222.05 ② B310

中国版本图书馆 CIP 数据核字(2017) 第 328887 号

书　　　名	近世东亚儒学研究 JINSHI DONGYA RUXUE YANJIU
著作责任者	陈 来 著
责 任 编 辑	刘书广　张　晗
标 准 书 号	ISBN 978-7-301-29150-4
出 版 发 行	北京大学出版社
地　　　址	北京市海淀区成府路 205 号　100871
网　　　址	http://www.pup.cn　新浪微博：@北京大学出版社
电 子 信 箱	pkuwsz@126.com
电　　　话	邮购部 62752015　发行部 62750672　编辑部 62755217
印 刷 者	北京中科印刷有限公司
经 销 者	新华书店 730 毫米 × 1020 毫米　A5　12.375 印张　257 千字 2018 年 3 月第 1 版　2018 年 3 月第 1 次印刷
定　　　价	69.00 元

未经许可，不得以任何方式复制或抄袭本书之部分或全部内容。
版权所有，侵权必究
举报电话：010-62752024　电子信箱：fd@pup.pku.edu.cn
图书如有印装质量问题，请与出版部联系，电话：010-62756370

目　录

序　言 …………………………………………………… 1
朱子《大学章句》的解释特点 ………………………… 1
朱子《中庸章句》及其儒学思想 ……………………… 26
朱子《论语集注》的儒学思想 ………………………… 52
朱子《孟子集注》及其儒学思想 ……………………… 87
朱子理气思想概论 ……………………………………… 116
李退溪对朱子的继承和发展 …………………………… 154
李退溪与奇高峰的四七理气之辩 ……………………… 170
李退溪心学之研究 ……………………………………… 188
李退溪性理学的再研究 ………………………………… 207
李栗谷理气思想研究 …………………………………… 228
宋尤庵与李朝中期的朱子学 …………………………… 273
李牧隐理学思想简论 …………………………………… 290
林罗山的理学思想 ……………………………………… 305

中日韩三国儒学的历史文化特色 …………………… 339
现代化理论视野中的东亚传统
　（《德川宗教》读后）………………………………… 366
"博雅英华·陈来著作集"后记 ……………………… 381

序　言

　　本书所包含的东亚儒学研究，主要是对中国、韩国、日本历史上的朱子学所做的研究，因此以下就东亚朱子学的研究谈一些看法。

　　朱子是南宋著名哲学家，儒学大师，在中国哲学史和儒学史上占有极为重要的地位。他一生学术成就十分丰富，教育活动也非常广泛，他在古代文化的整理上继往开来，他所建立的哲学思想体系宏大精密，他的思想学说体系在古代被称为朱学。近代学术亦称朱学为朱子学，这是狭义的用法，广义的朱子学则包括朱子的门人弟子后学以及历代朱学思想家。因此研究东亚朱子学，必须以研究朱子思想为基础。

　　在历史上，朱子哲学以理性本体、理性人性、理性方法为基点的理性主义哲学不仅是 12 世纪以后中国的主流思想，还曾广泛传及东亚其他地区，在近世东亚文明的发展上产生了巨大的影响,发挥了重大的作用。在韩国历史上,朱子学在高丽后期已经传入朝鲜半岛,在李氏朝鲜朝逐步发展,在16世纪后半期达到兴盛。朝鲜朝崇尚朱子学,使得直到19世纪朱子学一直都是韩国的主流学术,居于正统地位。韩国历史上的朱子学多被称性理学,韩国朱子学促成了朝鲜朝时代的学术繁荣,也形成了韩国性理学具有自己特色的理论发展。

总的说来,朝鲜时代的朱子学,如李退溪、李栗谷,对朱子有深刻的理解,对朱子哲学的某些矛盾有深入的认识,并提出了进一步解决的积极方法,揭示出某些在朱子哲学中隐含的、未得到充分发展的逻辑环节。

比较起来,朝鲜朝性理学讨论的"四七"问题,在中国理学中虽有涉及,但始终未以"四端"和"七情"对举以成为讨论课题,未深入揭示朱子性情说中的矛盾之处。在这一点上朝鲜时代的性理学有很大的贡献。朝鲜时代的朱子学的"四七之辩"看到了朱子哲学中尚未能解决的问题而力求在朱子学内部加以解决。"四七之辩"等韩国朱子学的讨论显示出,朝鲜朝的朱子学家对朱子哲学的理解相当深入,在某些问题和方面有所发展,在这些方面的思考的深度上都超过了同时期中国明代的朱子学。同时,16世纪的韩国朱子学对明代正德、嘉靖时期的阳明心学以及罗钦顺的理学思想皆从正统的朱子学立场作出了积极的回应和明确的批判。在这方面也超过了明代同时期的朱子学。

这显示出,只有把朱子学研究的视野扩大到整个东亚的范围,才能看到朱子学与阳明学的深度对话,而这仅仅在中国理

序　言

学的视野中是无法看到的。如果说在中国明代的学术思想中看不到朱子学的内部批评（如对于罗钦顺的批评），看不到朱子学对阳明学的同时代的深度理论回应，那么这些都可以在朝鲜朝的朱子学里找到。韩国朱子学的讨论表明，新儒学即性理学的讨论空间在中国和韩国之间已经连成一体，成为共享共通的学术文化。可见研究朱子学、阳明学及其回应与互动，必须把中国和韩国的性理学综合地、比较地加以研究。

在历史上，从东亚文化圈的观点来看，朱子学及其重心有一个东移的过程。明代中期以后，朱子学在中国再没有出现有生命力的哲学家，虽然朱子学从明代到清代仍然维持着正统学术的地位，但作为有生命力的哲学形态在中国已经日趋没落。

而与中国明代中后期心学盛行刚好对应，16世纪中期朱子学在韩国获得了发展的活力，达到了相当的深度，朱子学的学者群体也达到了相当的规模。16世纪朝鲜朝朱子学的兴起和发达，一方面表明了朝鲜性理学的完全成熟，另一方面也表明朱子学的重心已经移到韩国而获得了新的发展、新的生命，也为此后在东亚的进一步扩大准备了基础和条件。如果说退溪、高峰、栗谷的出现标志着朱子学的中心在16世纪已经转移到韩国，此后，当17世纪以后朝鲜后期实学兴起，朱子学的重心则进一步东移，朱子学在整个东亚实现了完全的覆盖，使得朱子学真正成为了近世东亚文明共同分享的学术传统，成为东亚文明的共同体现。

因此，虽然朱子是东亚朱子学的根源，但中国朱子学与韩国朱子学，不是单一的根源与受容的关系，朱子学文化的中心，在东亚的视野下是可以移动的。没有东亚的视野，就不能了解东亚文明中朱子学中心的转移、变动。

近世以来（中国明清时代、韩国朝鲜时代、日本江户时代）东亚各国朱子学使用共同的学术概念，具有共同的问题意识，认同共同的学术渊源，共同构成了这一时代的理学思想、讨论、话语。中国和韩国的朱子学者虽然生活语言不通，文化传统有别，但共同使用汉字和共同的学术语言，以汉文儒学典籍为经典；他们不仅通过经典文本与古人进行交流，也产生了相互之间的交流。他们从各自不同的角度积极地发展了理学的思考，为东亚地区的朱子学普遍性体系作出了自己的贡献。

用"一体和多元"来观察东亚朱子学的横向面貌，目前较为大家所接受，就是说东亚朱子学在体系上内在的是一体的，而中国朱子学、韩国朱子学等不同国家地区的朱子学又有各自关注的问题，形成朱子学的多元的面貌。这是没有问题的。另一方面，也可以看出，16世纪的韩国朱子学与12世纪以后的中国朱子学相比，在理学的话语、概念、问题意识方面，哲学的普遍性讨论是主体，而附加其上的具体性、脉络性、地域性的因素是次要的。如不能说"四七"的讨论及其出现是朝鲜朝特定社会政治的特殊性造成的，"四七"的讨论更多地是朱子学内在、深入的探究使然。强调脉络性，则会倾向把"四七"的讨论看成韩国政治社会的因素的直接结果。而强调普遍性，才能确认"四七"的讨论是更深层次的朱子学讨论，才能认识韩国朱子学的理论造诣和成就，才能说朝鲜朱子学超过了明代朱子学。朱子学是以其普遍性的义理吸引了东亚各个地区的学者，

序　言

朱子学的普遍性义理为这些地区的士人提供了理论思考的框架和工具，提供了价值、道德、伦理和世界观、宇宙观的基础，朱子学成为这一地区共通的学术文化，这在中国和韩国最为明显。

把文化的视野扩大，超出一个国家的边界来看，理学不仅是11世纪以后中国的思想体系，而且是前近代东亚各国占主导地位或有重要影响的思想体系。因而，说理学是近世东亚文明的共同体现、共同成就、共同传统，是不算夸张的。从而，就朱子学研究而言，要展现朱子学体现的所有环节，所有实现了的可能性，就需要把中国、韩国的朱子学综合地、比较地加以研究。如"四七"的讨论可以说是朱子学自身所涵有的理论环节，但在中国只是潜在的存在却没有发展，而在韩国则明确实现出来、发展出来。不研究韩国朱子学，就不能确认"四七"或"理发气发"的问题在朱子学体系中的存在和地位。

理学不仅是中国宋明时代的思想，也是韩国朝鲜时代的思想，亦是日本江户时代的思想，如《东亚儒学九论》前言所说，"把东亚各国朱子学的贡献都展示出来，这样才可能把朱子学理学体系的所有逻辑环节和思想发展的可能性都尽可能地揭示出来，也才能把理学和东亚不同地域文化相结合所形成的各种特色呈现出来。"不综合地研究中国和韩国的朱子学，就不可能了解朱子学体系包含的全部逻辑发展的可能性，不能了解朱子学思想体系被挑战的所有可能性，不能了解朱子学多元发展的可能性，不能确认朱子学在各个时期的发展水平，也就不能全面了解朱子学。

"东亚"的概念，用法不一。在一般的理解和使用上，东亚作为地理概念是指中国、韩国、朝鲜、日本、蒙古。但近代以来也有各种不同的使用，如20世纪日本在战争时期所习用的"大东亚"，包括东北亚，也包括东南亚。但无论如何，二战后政治学和社会科学领域所用的"东亚"都是包括中国在内的，若研究东亚的历史和文明，就更不可能离开中国。最近十几年来，"东亚儒学"的提法比较流行，影响所及，连我自己也编了一本《东亚儒学九论》的小书。然而细思起来，这种"东亚儒学"的用法其实不包括中国儒学在内，而专指汉字文化圈内的韩国、日本以及越南的儒学，换言之，这种使用中的东亚不包括中国在内，这是明显不合理的。这也是本书在《东亚儒学九论》的基础上增入四篇朱子思想研究文章的原因。这样可以使得"东亚儒学"的概念更完整。

　　另一方面，如日本学者子安宣邦所说，日本近代提出"东亚"概念，包括针对中国的一种意图，即以"东亚"来取代"中国文化圈"或消解"中国中心论"。如果今天人们对"东亚"的使用，仍然预设或暗含一种对中国的针对性，在我们看来，那也同样是不可取的。在历史上，中国文明是东亚文化的创造力中心，按照西嶋定生关于东亚细亚世界的看法，构成东亚世界有四大要素，即汉字、儒教、律令、佛教，而这四者都来源于中国文明，以中国为中心而传播至东亚其他地区。因此就东亚文明的历史整体而言，中国文明曾长久发挥了中心的作用，是历史的事实，无可否认。但这不妨碍我们同时肯定，在东亚不同的文化场域，中心是可以移动的，在特定的文化场域，影

序　言

响的关系不是单向的。而 19 世纪末以来，东亚地区各国间的传统关系模式早已解体，中国早已没有中国中心论的意识，而是意识到近代化进程的落后，不断加强对近代西方和近代日本的学习。近代的日本和韩国也早就摆脱了这种意识。因此，坚持消解中国文明中心论或把这一点赋予东亚概念的使用，在今天已经是无的放矢，并没有现实意义。并且，重要的不是使用不使用"东亚"一词，而在于，如何使用东亚概念，赋予东亚概念何种意义。对我们来说，使用东亚的观念，主要是一个地理的概念，既没有必要否认历史上的东亚结构中曾有其中心，也绝不意味着主张未来的东亚需要一种与历史上一样的中心。尊重东亚的历史和主张当代东亚文化的多元发展，并没有矛盾。当代的东亚应该发扬和合共生的思想，加强相互学习、理解和包容，共同创造一个新的东亚时代。

朱子《大学章句》的解释特点

朱子（1130—1200）是宋代儒学的集大成者，朱子的儒学思想是宋代儒学发展的高峰。从儒学史的角度来看，朱熹对儒学发展所作的一个最重要的贡献，就是他花费了毕生的时间致力完成并在一生中不断加以修改的《四书章句集注》。朱子对四书所作的研究，集中地体现在他对四书的集结、章句、注释、解说，事实上，他一生的学术精力，大部分都投入在对于四书的注释研究之上，死而后已。

朱熹的四书研究是理学化的四书体系的集中代表。朱子的四书研究，是在整理、编辑北宋以来儒家（主要是道学，也包括与道学亲缘接近的其他儒者）对四书的解释的基础之上，以二程道学思想为主轴，并经过对北宋以来儒家各家的四书解释的全面反思和批判继承，所建立起来的。由二程在北宋开创的注重四书的学术运动，到朱熹手中真正定型和兴起，并借助后来朱子学派的努力发扬，四书成为宋元明清儒学思想的新的经典体系。

朱子早年就对北宋和南宋初期儒学关于《论语》《孟子》的解释做过整理和编辑，在他四十多岁时写成了四书注释的初稿，此后一直不断修改。朱子在其晚年守漳州的任上把四书合刊为一。他对《论语》《孟子》的注释称为集注，对《大学》《中庸》的注释称为章句，所以后来统称"四书章句集注"，简称四书集注。在四书集注外，他还著有《四书或问》，对其《四书集注》中的义理论点和素材取舍加以说明和发挥。本篇以《大学》为主，论述朱子儒学思想的特色；但本篇及接下去的三篇文章主要不是从解经学的角度观察四书集注，而是力图展示朱熹是如何通过其四书集注阐发其儒学思想的。

《集注》的叙述特点是：先训读，次解释大意，次引程子、及程门谢氏、游氏、杨氏、尹氏等说，其中引程子最多，而后以"愚谓""愚按"补足之。与二程不同，朱熹的注释以字的音读和字义为基础，这不仅继承了汉唐经学注重训诂的长处，也有助于科举时代知识人对于经典音读的统一，更便于初学。所以朱熹的《集注》可以说做到了学术性与实用性的统一，这也是他的《集注》能够被作为教本广为流传的原因之一。同时很明显，朱子《集注》在训读后的解释大意中，加进了自己的哲学发挥。

一　《大学章句序》：知其性与全其性

在朱子的四书著作中，对大学的研究和阐发，最具有代表性，也最集中地表达了朱子的儒学思想。让我们先来看《大学章句序》：

> 大学之书，古之大学所以教人之法也。盖自天降生民，则既莫不与之以仁义礼智之性矣。然其气质之禀或不能齐，是以不能皆有以知其性之所有而全之也。一有聪明睿智能尽其性者出于其间，则天必命之以为亿兆之君师，使之治而教之，以复其性。此伏羲、神农、黄帝、尧、舜，所以继天立极，而司徒之职、典乐之官所由设也。
>
> 三代之隆，其法寖备，然后王宫、国都以及闾巷，莫不有学。人生八岁，则自王公以下，至于庶人之子弟，皆入小学，而教之以洒扫、应对、进退之节，礼乐、射御、书数之文；及其十有五年，则自天子之元子、众子，以至公、卿、大夫、元士之适子，与凡民之俊秀，皆入大学，而教之以穷理、正心、修己、治人之道。此又学校之教、大小之节所以分也。
>
> 夫以学校之设，其广如此，教之之术，其次第节目之详又如此，而其所以为教，则又皆本之人君躬行心得之余，不待求之民生日用彝伦之外，是以当世之人无不学。其学焉者，无不有以知其性分之所固有，职分之所当为，而各俛焉以尽其力。此古昔盛时所以治隆于上，俗美于下，而非后世之所能及也！
>
> 及周之衰，贤圣之君不作，学校之政不修，教化陵夷，风俗颓败，时则有若孔子之圣，而不得君师之位以行其政

教,于是独取先王之法,诵而传之以诏后世。若《曲礼》《少仪》《内则》《弟子职》诸篇,固小学之支流余裔,而此篇者,则因小学之成功,以着大学之明法,外有以极其规模之大,而内有以尽其节目之详者也。三千之徒,盖莫不闻其说,而曾氏之传独得其宗,于是作为传义,以发其意。及孟子没而其传泯焉,则其书虽存,而知者鲜矣!

自是以来,俗儒记诵词章之习,其功倍于小学而无用;异端虚无寂灭之教,其高过于大学而无实。其它权谋术数,一切以就功名之说,与夫百家众技之流,所以惑世诬民、充塞仁义者,又纷然杂出乎其间。使其君子不幸而不得闻大道之要,其小人不幸而不得蒙至治之泽,晦盲否塞,反复沉痼,以及五季之衰,而坏乱极矣!

天运循环,无往不复。宋德隆盛,治教休明。于是河南程氏两夫子出,而有以接乎孟氏之传。实始尊信此篇而表章之,既又为之次其简编,发其归趣,然后古者大学教人之法、圣经贤传之指,粲然复明于世。虽以熹之不敏,亦幸私淑而与有闻焉。顾其为书犹颇放失,是以忘其固陋,采而辑之,间亦窃附己意,补其阙略,以俟后之君子。极知僭踰,无所逃罪,然于国家化民成俗之意、学者修己治人之方,则未必无小补云。①

《大学章句序》是《大学章句》的要领,也是朱子学的重要文献

---

① 朱熹:《四书章句集注》,中华书局,1983 年,第 1—2 页。

之一。此文写于朱子 60 岁，是在朱子整个思想成熟定型之后，也是在他大学章句初稿完成十几年之后，所以这篇文字颇能代表他的主要思想。其中包括：

第一，论大学作为教育制度建立的人性论根据。朱子肯定，人人都具有天所赋予的仁义礼智之性；但并不是人人都能知其性，都能全其性。所谓"知其性而全之"，知其性是指对天赋的道德本性能有自觉的了解，全其性是指能完全地保有自己的本性并把它实现出来。为什么人人都有道德本性，却不能知其性、全其性呢，这主要就是"气质之禀"所发生的影响，气质的驳杂使得人往往偏离了自己的本性。由于在圣人以外，大多数人都受到气质不纯的影响，从这里便产生了人的教育的必要性，以改变和去除气质的这种影响。教育在起源上就是气质纯粹的圣人主持教化教育，以使得人人能够恢复其本性，这就是"复其性"。可见，此篇序文一开始就通过"知其性""全其性""复其性"这样一些概念，说明了人性的本质内容和现实状态，说明了教育与人性的关系。

在这种人性论里，以"性"和"气"对举，二者都是个体人与生俱来的内在要素，也是影响人的道德自觉和道德实践的主要因素。性是人的本质，而气质则会造成对于本性的蒙蔽、遮蔽。人必须通过修身而去除气质的消极影响，使本性回复到不受蒙蔽和遮蔽的原初状态。这是朱子大学解释的基本哲学框架和出发点，其他具体的解释和发挥都是在此基点上展开的。朱子针对大学教育指出，复其性不是仅仅由个人所能决定和完成的，"君师治教"（君之治、师之教）是一般人得以复其性的重要条件。教化、引导和学校的作用是非常重要的。

第二，指出古代学校之教，分为小学和大学两个阶段。八岁入小学，十五岁入大学；小学的教育内容是"教之以洒扫、应对、进退之节，礼乐、射御、书数之文"，大学的教育内容是"教之以穷理、正心、修己、治人之道"；庶人子弟皆入小学，故小学是全民教育；民之俊秀，皆入大学，故大学是精英教育。以此说明大学以小学为基础，大学是小学的发展和提高，小学更多是实践性的教育，大学更多是理论性的教育。西周以来的古代的教育是否的确如朱子所说，自然并不一定，但从这些说法可以看出朱子对于教育的理解。

第三，指出化民正俗的重要性。在序文中朱子明白表达出，不仅学校教育着眼于全民，所谓"当世之人无不学"；而且即使是大学，也并非只与君子精英有关，强调大学之教不仅与"学者修己治人"有关，也与"国家化民成俗"有关；不仅与"治隆于上"有关，也与"俗美于下"有关。因为就教育和学习的内容而言，儒家的学校教育与佛教不同，对士大夫来说是"本之人君躬行心得之余"，对普通民众而言，"不待求之民生日用彝伦之外"。所以，其教育的结果，"其学焉者，无不有以知其性分之所固有，职分之所当为，而各俛焉以尽其力"。学习者经过学习，不会脱离人伦日用，而能够更加理解自己的性分和职分，在其本职位置上尽伦尽职、尽力尽心。每个人都在其社会职位上尽其力，国家自然就得化民成俗之效了。"性分"指个人命定的社会地位和活动限度，"职分"是指对所处社会地位承担的责任和义务，性分的概念本出自郭象，朱子则由此阐明儒家教育具有积极的社会功能,即使人安其性分,尽其职分。

第四,说明《大学》的作者和思想归属。朱子根据二程"大学孔氏之遗书"的说法,认为孔子既非尧舜这样的"君",也不是司徒乐正这样的"师",无法施行君师之政教;所以孔子在当时只能把古代小学、大学的先王之法"诵而传之"于后,《大学》一篇就是对于古代大学明法的阐扬。《大学》对古代大学的阐发,无论是从"规模"之大,还是"节目"之详,都已无余蕴。经的部分是孔子所述,传的部分是曾子所作,前者称"圣经",后者称"贤传"。《大学》的思想由孔子传之曾子,再传之孟子;孟子以后,虽然此篇还在,但这个思想便失传了。直到北宋,二程兄弟才开始重视和表彰大学,从《大学》本文中接续了孟子后失传的大学思想,而朱子自己则是继承了二程,为了时代的需要,阐明"国家化民成俗之意、学者修己治人之方",著成了《大学章句》。

二 《大学》经一章的解释:明德与明明德

《大学》开篇的文字为:

> 大学之道,在明明德,在亲民,在止于至善。知止而后有定,定而后能静,静而后能安,安而后能虑,虑而后能得。物有本末,事有终始,知所先后,则近道矣。古之欲明明德于天下者,先治其国;欲治其国者,先齐其家;欲齐其家者,先修其身;欲修其身者,先正其心;欲正其

心者，先诚其意；欲诚其意者，先致其知；致知在格物。……自天子以至于庶人，壹是皆以修身为本。其本乱而末治者否矣，其所厚者薄，而其所薄者厚，未之有也！①

朱子将这一段视为"经"，把"《康诰》曰克明德"以后直至结束的文字视为解释和发明"经"的"传"。先秦文献有经传体，经是阐述本旨的，传是对经的发挥、解说。朱子认为，掌握了经、传的分别，才能理解大学的结构。

上面所引的这段，在《大学章句》书中被称为"经一章"，"《康诰》曰克明德"以后的文字被分为"传一章"到"传十章"。由于此书把原无分章的《大学》本文加以分章排序，所以称为"章句"。

经是最重要的，故朱子把上引的经一章分成若干句，分别进行了审慎的注释。朱子对经一章的解释可分为两大部分，第一部分是从"大学之道"至"则近道矣"；第二部分是从"古之欲明明德"至"未之有也"。照朱子的了解，每一部分各含两节和一个小结。

先看第一部分：

大学之道，在明明德，在亲民，在止于至善。程子曰："亲，当作新。"大学者，大人之学也。明，明之也。明德者，人之所得乎天，而虚灵不昧，以具众理而应万事者也。

---

① 《四书章句集注》，中华书局，1983年，第3—4页。

朱子《大学章句》的解释特点

> 但为气禀所拘，人欲所蔽，则有时而昏；然其本体之明，则有未尝息者。故学者当因其所发而遂明之，以复其初也。新者，革其旧之谓也，言既自明其明德，又当推以及人，使之亦有以去其旧染之污也。止者，必至于是而不迁之意。至善，则事理当然之极也。言明明德、新民，皆当至于至善之地而不迁。盖必其有以尽夫天理之极，而无一毫人欲之私也。此三者，大学之纲领也。①

《大学章句》一开始便提出了对"大学"的著名解释：大学者，大人之学也。这里的"大人"，其意义是生理的还是道德的，在这里并没有说明。这一点在《大学或问》中得到说明："或问大学之道，吾子以为大人之学，何也？曰：此对小子之学言之也。"小子之学为小学，可见这里的大人是就年龄而言，大学亦是对小学而言。

然后朱子开宗明义地宣明，大学开篇的一句话中提出了大学之道的三个重要观念，明明德、亲民、止于至善，朱子把这三者称之为"大学之纲领"，简称三纲领。明明德的"明德"指心，心有三个特点，一是虚灵不昧，二是心具备众理，三是心能应接事物。就人得乎天的本心而言，是光明不昧的，这就是明德。明德的明，既是心知的功能，也是德性的状态。但由于人生而后有气质的偏重，有人欲的蒙蔽，使得本来光明的心变为昏昧的心，本来的光明就被遮蔽了。但虽然被遮蔽了，本来

---

① 《四书章句集注》，中华书局，1983年，第3页。引文中的黑体字为《大学》原文，下同。

的光明还是存在的，虽然部分被遮蔽了，还是会个别地发显的。如同明镜沾染了灰尘，便昏而不明。但明镜虽然沾染了灰尘，它本来的明亮并没有消失，只要擦去灰尘，镜子就能恢复其本来的明亮。如果是一块木板，即使把它沾染的灰尘擦去，也不会呈现明亮，因为木板没有"本体之明"。人只要根据在日常生活中发显的光明，加以"明"的功夫，就可以恢复到元初的光明。可见明德所指的心，是指本心，明明德就是明其本心。本心也称为心之本体。所谓明明德，具体说，即用明的功夫，去除气质的影响，恢复心之本体的光明。可见，朱子的解释是把明明德解说为复其本心之明，这一把"明明德"加以心性化的诠释，构成了他的整个大学解释的基础，也是理学的大学诠释的基本特点。

亲民的"亲"，朱子根据二程的意见，参考传文中对"新"的强调，认为当作"新"，即新民。新和明一样，都是动词，朱子以新为除旧之意，就是说，一个经过大学教育的人，不仅要自己明明德，还要新民；新民意味着还要使人民都能够去其本心的染污而明其明德。其具体意义当是指教化民众，和使人民能够去自新自明。

止于至善是指明明德和新民应该达到的目的和境界，"至善，则事理当然之极也"，指出至善是根本的价值原则，由于用"事理当然"解释善，使得朱子得以把"理"和"天理"的观念引入其中，把"天理——人欲"的对比引入对"止于至善"的界定和解释，从而，止于至善就是最充分地实现天理，最完全地去除人欲。

朱子《大学章句》的解释特点

以下解释定静安虑得：

> **知止而后有定，定而后能静，静而后能安，安而后能虑，虑而后能得。**……止者，所当止之地，即至善之所在也。知之，则志有定向。静，谓心不妄动。安，谓所处而安。虑，谓处事精详。得，谓得其所止。①

定、静、安、虑、得都是指心而言，定是心志有定向，静是心无妄动的状态，安是从容安详，虑是思考周密，得是能得其所止。由于知止是接着止于至善讲的，所以这五者应当是止于至善的道德意识所带来的各种心理状态和境界。

> **物有本末，事有终始，知所先后，则近道矣。**明德为本，新民为末。知止为始，能得为终。本始所先，末终所后。此结上文两节之意。②

朱子认为本末、终始这两句，是对前两节的小结，物有本末是指三纲领而言，明德和新民相对，则明明德为根本，新民为枝末。而事有终始是指定静安五者，其中知止是开始，能得是终结。这样，朱子的解释下，明德在三纲领中更为突出，知止在五者中更被强调。

来看经文的第二部分，先解释八条目：

---

① 《四书章句集注》，中华书局，1983年，第3页。
② 同上书。

古之欲明明德于天下者，先治其国；欲治其国者，先齐其家；欲齐其家者，先修其身；欲修其身者，先正其心；欲正其心者，先诚其意；欲诚其意者，先致其知；致知在格物。治，平声，后放此。明明德于天下者，使天下之人皆有以明其明德也。① 心者，身之所主也。诚，实也。意者，心之所发也。实其心之所发，欲其一于善而无自欺也。致，推极也。知，犹识也。推极吾之知识，欲其所知无不尽也。格，至也。物，犹事也。穷至事物之理，欲其极处无不到也。此八者，大学之条目也。**物格而后知至，知至而后意诚，意诚而后心正，心正而后身修，身修而后家齐，家齐而后国治，国治而后天下平。**治，去声，后放此。物格者，物理之极处无不到也。知至者，吾心之所知无不尽也。知既尽，则意可得而实矣，意既实，则心可得而正矣。修身以上，明明德之事也。齐家以下，新民之事也。物格知至，则知所止矣。意诚以下，则皆得所止之序也。②

朱子把格物、致知、诚意、正心、修身、齐家、治国、平天下八项，称为"此八者，大学之条目也"，八条目与三纲领相对，成为掌握《大学》重点的方便法门。在朱子的解释中，重点放在格物、致知、诚意、正心四项上，"心者，身之所主也。诚，实也。意者，心之所发也。实其心之所发，欲其一于善而无自

---

① 按朱子对"明明德于天下"的解释，与对"亲民"的解释相同，似不合理。
② 《四书章句集注》，中华书局，1983年，第3—4页。

欺也。致，推极也。知，犹识也。推极吾之知识，欲其所知无不尽也。格，至也。物，犹事也。穷至事物之理，欲其极处无不到也"。在这四项功夫中，涉及心论的几个基本概念，即心、意、知、物，对此朱子做了明确的解释，心是身之主，意是心之发，知即是识，物即是事。在这四项功夫中，正心的解释比较简单，而诚意、致知、格物的解释更复杂也更重要。格、致、诚涉及传文的发挥，我们将在下面论及传文时一并讨论。

以下解释修身为本：

自天子以至于庶人，壹是皆以修身为本。 壹是，一切也。正心以上，皆所以修身也。齐家以下，则举此而措之耳。**其本乱而末治者否矣，其所厚者薄，而其所薄者厚，未之有也!** 本，谓身也。所厚，谓家也。此两节结上文两节之意。

右经一章，盖孔子之言，而曾子述之。凡二百五字。其传十章，则曾子之意而门人记之也。旧本颇有错简，今因程子所定，而更考经文，别为序次如左。凡千五百四十六字。凡传文，杂引经传，若无统纪，然文理接续，血脉贯通，深浅始终，至为精密。熟读详味，久当见之，今不尽释也。①

"所以修身"是指"格物、致知、诚意、正心"，都是修身的内

---

① 《四书章句集注》，中华书局，1983年，第4页。

在功夫；"举而措之"是指"齐家、治国、平天下"，都是把修身的结果投入社会政治实践的外在过程。内者为本，外者为末，这并不是说外者不重要，而是说就内外的逻辑关系而言，两者间是本末的关系。照朱子把明德和新民的关系看成"物有本末"的关系的看法，实际上，正心以上和齐家以下这两者的关系，与明德和新民的本末关系是一样的。朱子认为，在八条目中，修身是贯穿前后的中心。这正如止于至善是三纲领的要归一样。

在经一章的最后，朱子指出，《大学章句》的处理是：经文为一章，205字，孔子之言，曾子述之；传文共十章，1546字，曾子之意，门人记之。《章句》中传文的次序参照了二程的意见和经文的结构而有所调整。

三　对格物、致知的解释

如众所周知，朱子对于《大学》的解释，特别注重其格物致知说，以作为朱子儒学思想的基本功夫论。在经一章中朱子对格物致知作了明确的训释：

> 致，推极也。知，犹识也。推极吾之知识，欲其所知无不尽也。格，至也。物，犹事也。穷至事物之理，欲其极处无不到也。

朱子以推扩训致，以至极训格，以知为识，以物为事，解释既合古训，又简明清晰。朱子认为致知就是把自己的知识推广至极,格物就是彻底穷究事物之理。

朱子在传文的解释中进一步发挥其说:

> 此谓知本,程子曰:"衍文也。"此谓知之至也。此句之上别有阙文,此特其结语耳。
>
> 右传之五章,盖释格物、致知之义,而今亡矣。此章旧本通下章,误在经文之下。间尝窃取程子之意以补之曰:"所谓致知在格物者,言欲致吾之知,在即物而穷其理也。盖人心之灵莫不有知,而天下之物莫不有理,惟于理有未穷,故其知有不尽也。是以大学始教,必使学者即凡天下之物,莫不因其已知之理而益穷之,以求至乎其极。至于用力之久,而一旦豁然贯通焉,则众物之表里精粗无不到,而吾心之全体大用无不明矣。此谓物格,此谓知之至也。"①

朱子认为,传文的"此谓知本"是衍文,而"此谓知之至也"则是解释致知格物的传文的结尾,因传文大部遗失,故今本只剩下这结尾的一句。为了使得文本和解释完整呈现给读者,朱子便根据二程(主要是伊川)的思想,作一补传。这一补格物致知传,在后来的儒学史上影响甚大,也引起众多的讨论。

补传首先把格物解释为"即物而穷其理",又把格物作了更全面的界定,即"即凡天下之物,莫不因其已知之理而益穷之,

---

① 《四书章句集注》,中华书局,1983年,第6—7页。

以求至乎其极"。在这个说法里,即物、穷理、至极,成为把握"格物"的三个要素。"即物"强调儒者的功夫不能脱离伦常事物,这就与佛教和受佛教影响的功夫主张区分开来。"穷理"是掌握格物概念的核心,穷理的概念本出自易传,用穷理解释格物,就使历来对格物的模糊解释有了确定的哲学内涵,不仅强调了理性研究与学习的意义,也和理学重视"理"的思想结合起来了。

关于致知,补传的思想认为,人心之灵莫不有知识,但一般人不能穷理,所以其知识是不充分的,只有经过格物穷理的反复过程,才能使人的知识扩大至极。格物的最终目的是"众物之表里精粗无不到",事物的道理无论精粗都穷究透彻了,这就是经文所说的"物格"。致知的最终境界是"吾心之全体大用无不明",自己心灵的明德本体和知觉发用皆洞然光明,这就是经文所说的"知至"。

补传中涉及到格物的过程,这个过程即"用力之久,而一旦豁然贯通焉"。这是说,格物的最终境界不是一天一事就可以达到的,要通过用力持久的功夫,用朱子在别的地方的表达,就是今日格一物,明日格一物,要经过积久的努力。通过长期的格物努力,就会达到"一旦豁然贯通"的境界,这个豁然贯通的境界不是没有内容的神秘体验,而是标志着达到了"众物之表里精粗无不到,而吾心之全体大用无不明"的物格知至的阶段。

四 对诚意的解释

《大学章句》对诚意的解释也占有重要地位,朱子临死之前

还在修改诚意章的解释,表明他从未忽视对诚意章的解释。《大学章句》在经一章中对诚意的解说是:

> 诚,实也。意者,心之所发也。实其心之所发,欲其一于善而无自欺也。①

把诚解释为实,照顾了诚字在训诂上的根据,以此为基础来解释诚意。意就是作为心之活动的意念,诚意就是使意念要实。朱子在这里用的"一于善""无自欺"的解释都与传文本身的提法有关,表明朱子的解释都是与传文本来的解释相照应的。

传文和朱子对传文的解说如下:

> **所谓诚其意者:毋自欺也,如恶恶臭,如好好色,此之谓自谦,故君子必慎其独也!** 恶、好上字,皆去声。谦读为慊,苦劫反。诚其意者,自修之首也。毋者,禁止之辞。自欺云者,知为善以去恶,而心之所发有未实也。谦,快也,足也。独者,人所不知而己所独知之地也。言欲自修者知为善以去其恶,则当实用其力,而禁止其自欺。使其恶恶则如恶恶臭,好善则如好好色,皆务决去,而求必得之,以自快足于己,不可徒苟且以殉外而为人也。然其实与不实,盖有他人所不及知而己独知之者,故必谨之于此以审其几焉。**小人闲居为不善,无所不至,见君子而后**

---

① 《四书章句集注》,中华书局,1983年,第3—4页。

厌然，掩其不善，而着其善。人之视己，如见其肺肝然，则何益矣。此谓诚于中，形于外，故君子必慎其独也。闲，音闲。厌，郑氏读为黡。闲居，独处也。厌然，消沮闭藏之貌。此言小人阴为不善，而阳欲掩之，则是非不知善之当为与恶之当去也；但不能实用其力以至此耳。然欲掩其恶而卒不可掩，欲诈为善而卒不可诈，则亦何益之有哉！此君子所以重以为戒，而必谨其独也。**曾子曰："十目所视，十手所指，其严乎！"**引此以明上文之意。言虽幽独之中，而其善恶之不可掩如此。可畏之甚也。**富润屋，德润身，心广体胖，故君子必诚其意。**胖，步丹反。胖，安舒也。言富则能润屋矣，德则能润身矣，故心无愧怍，则广大宽平，而体常舒泰，德之润身者然也。盖善之实于中而形于外者如此，故又言此以结之。

　　右传之六章。释诚意。经曰："欲诚其意，先致其知。"又曰："知至而后意诚。"盖心体之明有所未尽，则其所发必有不能实用其力，而苟焉以自欺者。然或己明而不谨乎此，则其所明又非己有，而无以为进德之基。故此章之指，必承上章而通考之，然后有以见其用力之始终，其序不可乱而功不可阙如此云。①

朱子的注释，对音读、训诂都不忽略，但重在义理。在对诚意的解释中，他努力把传文发挥的"毋自欺"和"实"结合在一

---

① 《四书章句集注》，中华书局，1983年，第7—8页。

起，在朱子看来，人皆知当好善恶恶，但见善不能真正像好美色那样从心里去喜好，见恶不能像恶恶臭那样从心里去厌恶，这就是不实，就是自欺了。因此，毋自欺就是"使其恶恶真如恶恶臭，好善真如好好色"，知与行合一，这就是"实"了。所以诚意就是使人的意念所发，与本心之知实实在在的一致，这样人的心才能感到充实满足。另一值得注意的地方是，朱子往往用"实用其力"来进一步表达"实"的涵义。

朱子对诚意章的注释，另一重点是"慎独"。朱子对"独"的解释是："独者，人所不知而己所独知之地也。"对"慎独"的解释是："盖有他人所不及知而己独知之者，故必谨之于此以审其几焉。"这一解释是依据后面的传文，因为传文说，小人在别人看不见的时候，无所不为，看到君子，则掩饰自己的内心，作出君子能接受的行为。君子则不论别人看见看不见，都能端正自己的行为，尤其在他人看不见的场合，更警惕自己内心的活动不要超出道德之外。因此，独就是独处之时，此时人的内心，他人所不得而知，而仅有自己明白。慎就是特别注意在独处时谨慎地把握内心的活动。内心的活动属于意，所以慎独放在诚意章中来加以强调。在这个意义上，慎独是诚意功夫的一种形式。

朱子最后强调，照经一章表达的次序，"知至而后意诚"，因此诚意必须以致知（致知在朱子这里统指格物致知）为前提。脱离格物致知的单独的诚意，是不正确的。不以格物致知为基础和前提去诚意，在为学次序上是不正确的。先格物致知，而后诚意，这个次序是不可乱的。这应当是针对佛教的影响和陆学的偏向而发的。

五　总论《大学》诠释

朱子在《大学章句》之外，又作《大学或问》，以详细说明《大学章句》立言命意的理由。在《大学或问》中，朱子有一段较长的文字，以"明德"的讨论为中心，围绕着三纲领，表达了他在《大学》诠释总体上的哲学和思想：

> 曰：天道流行，发育万物，其所以为造化者，阴阳五行而已。而所谓阴阳五行者，又必有是理而后有是气。及其生物，则又必因是气之聚而后有是形。故人物之生，必得是理，然后有以为健顺仁义礼智之性。必得是气，然后有以为魂魄五臓百骸之身。周子所谓"无极之真，二五之精，妙合而凝"者，正谓是也。
>
> 然以其理而言之，则万物一原，固无人物贵贱之殊。以其气而言之，则得其正且通者为人，得其偏且塞者为物。是以或贵或贱而不能齐也。彼贱而为物者，既梏于形气之偏塞，而无以充其本体之全矣。唯人之生，乃得其气之正且通者，而其性为最贵。故其方寸之间，虚灵洞彻，万理咸备。盖其所以异于禽兽者，正在于此。而其所以可为尧舜而能参天地以赞化育者，亦不外焉。是则所谓明德者也。
>
> 然其通也，或不能无清浊之异。其正也，或不能无美恶之殊。故其所赋之质，清者智而浊者愚，美者贤而恶者

朱子《大学章句》的解释特点

不肖,又有不能同者。必其上智大贤之资,乃能全其本体,而无少不明。其有不及乎此,则其所谓明德者,已不能无蔽而失其全矣。况乎又以气质有蔽之心,接乎事物无穷之变,则其目之欲色,耳之欲声,口之欲味,鼻之欲臭,四肢之欲安逸,所以害乎其德者,又岂可胜言也哉。二者相因,反复深固。是以此德之明,日益昏昧,而此心之灵,其所知者,不过情欲利害之私而已。是则虽曰有人之形,而实何以远于禽兽。虽曰可以为尧舜而参天地,而亦不能有以自充矣。然而本明之体,得之于天,终有不可得而昧者。是以虽其昏蔽之极,而介然之顷,一有觉焉,则即此空隙之中,而其本体已洞然矣。

是以圣人施教,既已养之于小学之中,而后开之以大学之道。其必先之以格物致知之说者,所以使之即其所养之中,而因其所发,以启其明之之端也。继之以诚意,正心,修身之目者,则又所以使之因其已明之端,而反之于身,以致其明之之实也。夫既有以启其明之之端,而又有以致其明之之实,则吾之所得于天而未尝不明者,岂不超然无有气质物欲之累,而复得其本体之全哉。是则所谓明明德者,而非有所作为于性分之外也。

然其所谓明德者,又人人之所同得,而非有我之得私也。向也俱为物欲之所蔽,则其贤愚之分,固无以大相远者。今吾既幸有以自明矣,则视彼众人之同得乎此而不能自明者,方且甘心迷惑没溺于卑污苟贱之中而不自知也,岂不为之恻然而思有以救之哉。故必推吾之所自明者以及之，始于齐家，中于治国，而终及于平天下，使彼有是明德而不能自明者，亦皆有以自明，而去其旧染之污焉。是则所谓新民者，而亦非有所付畀增益之也。

然德之在己而当明，与其在民而当新者，则又皆非人力之所为。而吾之所以明而新之者，又非可以私意苟且而为也。是其所以得之于天而见于日用之间者，固已莫不各有本然一定之则。程子所谓"以其义理精微之极，有不可得而名"者。故姑以至善目之。而传所谓君之仁，臣之敬，子之孝，父之慈，与人交之信，乃其目之大者也。众人之心，固莫不有是，而或不能知。学者虽或知之，而亦鲜能必至于是而不去。此为大学之教者，所以虑其理虽粗复而有不纯，己虽粗克而有不尽，且将无以尽夫修己治人之道，故必指是而言，以为明德、新民之标的也。欲明德而新民者，诚能求必至是，而不容其少有过不及之差焉，则其所以去人欲而复天理者，无毫发之遗恨矣。

大抵《大学》一篇之指，总而言之，不出乎八事。而八事之要，总而言之，又不出乎此三者。此愚所以断然以为《大学》之纲领而无疑也。然自孟子没而道学不得其传。世之君子，各以其意之所便者为学。于是乃有不务明其明德，而徒以政教法度为足以新民者。又有爱身独善，自谓足以明其明德，而不屑乎新民者。又有略知二者之当务，顾乃安于小成，狃于近利，而不求止至善之所在者。是皆不考乎此篇之过，其能成己成物而不谬者鲜矣。

朱子首先说明了造化的本源和材料。这里"所以为造化者"指自然造化赖以进行的材料、质料，即阴阳五行。但阴阳五行并不是宇宙的本源，理才是本源，所以说有理而后才有阴阳五行之气。

其次说明人和物的产生。造化以阴阳五行之气聚集为人和物的形体。一切人和物的生成都来自理气两方的要素，人和物在生成的过程中禀受得到理，而成为他的本性，禀受得到气而构成他的身体。在这个说法中，实际上把宇宙和一切存在归于理和气的二元结构。

第三，阐明人与物的差别。人和物生成时都从天地间禀受了理，所禀受得到的理没有差别。人和物生成时都从天地间禀受了气，所禀受得到的气却千差万别。大体上说，禀受了正而通的气，便成为人；禀受了偏而塞的气，便成为物，包括动物植物。物所禀受的理本来是全的，但因为物禀受的气是偏塞的，所以物就不能"充其本体之全"，不能充分体现其本体之全。惟独人禀受的气正而通，故人的心虚灵洞彻，具备众理，这就是明德。

第四，说明人自身的差别。人都禀受了正且通的气，但人与人之间所禀的气又有差异，"其通也，或不能无清浊之异。其正也，或不能无美恶之殊"。人所禀受的气有清有浊，于是人在生来的气质上就有智愚贤恶的不同。上智大贤如圣贤，能全其本体，不失其明德之明；而其余一般的人，"其所谓明德者，已不能无蔽而失其全矣"，一般人的明德都受到气质的遮蔽，使明德在作用上、功用上不能全体朗现。一般人不仅在气质的先天因素上限制了明德，使之无法全体朗现，而且由于用这样受遮蔽的心去接交外物，人欲受不到控制，使得人欲进一步伤害了明德。于是本来光明的明德日益昏昧，心之所知，也只是情欲利害。

第五，指出明明德的可能。人生而禀受的明德不会全部被蒙蔽，总有发显的空隙，所以即使是昏蔽之极的人，其本然的明德也会在一个短暂的时间里，趁着空隙，发出自己的光明。若能由此而自觉，从格物致知入手，加以诚意正心修身，其明德就能超越气质的限制，就能够恢复其全体。从这点来说，格物、致知、诚意、正心都是"明"其明德的具体功夫。

第六，论述了新民的意义。士君子的新民，不是追求居高临下的教训，而是出于对俗民的道德陷溺和迷惑的同情，"为之恻然而思有以救之"。如果一个士君子自己从事于明明德，却看着百姓不能去明明德，而听任之，则必然会如同见死不救一样自责。所以新民是士君子拯救万民于陷溺的责任。

最后，阐明了至善的价值意义。明德、新民都隐含了道德的价值意义，止于至善则将此点拈出，至善不是人可主观随意的选择，也不是超越人伦日用的，而是"见于日用之间的本然一定之则"。至善所指示的价值主要就是儒家推崇的基本人伦的道德价值："君之仁，臣之敬，子之孝，父之慈，与人交之信。"所以明德不是空洞的本体，天理也不是价值中立的原则，至善是根本性的价值标准。

总的看来，大学章句的特点是：以明德—气禀—复其明德为基本结构，以明德为心的本然之体，赋予《大学》一种心性论的诠释，而突出心性的功夫，这种高度心性化的经典诠释为道学的发展提供了经典理解的依据。而在朱子的《大学》解释中，一方面，格物和诚意居于核心的地位；一方面，对为学次序的关注成为朱子基本的问题意识。简言之，人的为学，必须遵照《大学》以格物为起点的顺序，一切功夫以存天理、去私欲的道德修养为中心，循序渐进，不能躐等，才能最终明其明德，止于至善，治国而平天下。

朱子《中庸章句》及其儒学思想

在朱熹的《四书集注》中,《中庸章句》占有一个特殊的地位,这不仅因为他的前期思想的"中和说"出自《中庸》,并深刻影响了他后来心性论体系的主要结构,而且《中庸》也是他的修身功夫论的基本依据。

一 《中庸章句序》:道统与道学

《中庸章句》的体裁和《大学章句》相同,同时,与《大学章句序》一样,《中庸章句序》也是朱子学的重要文献。由于这篇文字的理解,近年颇受注意,我们需要细加讨论。① 以下是序文:

---

① 余英时先生在其近著《朱熹的历史世界》中,对《中庸章句序》的道统、道学观念提出了新的理解,本文则仍以传统理解为基础而讨论之。

朱子《中庸章句》及其儒学思想

《中庸》何为而作也？子思子忧道学之失其传而作也。盖自上古圣神继天立极，而道统之传有自来矣。其见于经，则"允执厥中"者，尧之所以授舜也；"人心惟危，道心惟微，惟精惟一，允执厥中"者，舜之所以授禹也。尧之一言，至矣，尽矣！而舜复益之以三言者，则所以明夫尧之一言，必如是而后可庶几也。

盖尝论之：心之虚灵知觉，一而已矣，而以为有人心、道心之异者，则以其或生于形气之私，或原于性命之正，而所以为知觉者不同，是以或危殆而不安，或微妙而难见耳。然人莫不有是形，故虽上智不能无人心；亦莫不有是性，故虽下愚不能无道心。二者杂于方寸之间，而不知所以治之，则危者愈危，微者愈微，而天理之公卒无以胜夫人欲之私矣。精则察夫二者之间而不杂也，一则守其本心之正而不离也。从事于斯，无少间断，必使道心常为一身之主，而人心每听命焉，则危者安、微者著，而动静云为自无过不及之差矣。

夫尧、舜、禹，天下之大圣也。以天下相传，天下之大事也。以天下之大圣，行天下之大事，而其授受之际，丁宁告戒，不过如此。则天下之理，岂有以加于此哉？自是以来，圣圣相承：若成汤、文、武之为君，皋陶、伊、傅、周、召之为臣，既皆以此而接夫道统之传，若吾夫子，则虽不得其位，而所以继往圣、开来学，其功反有贤于尧舜者。然当是时，见而知之者，惟颜氏、曾氏之传得其宗。及曾氏之再传，而复得夫子之孙子思，则去圣远而异端起矣。

子思惧夫愈久而愈失其真也,于是推本尧舜以来相传之意,质以平日所闻父师之言,更互演绎,作为此书,以诏后之学者。盖其忧之也深,故其言之也切;其虑之也远,故其说之也详。其曰"天命率性",则道心之谓也;其曰"择善固执",则精一之谓也;其曰"君子时中",则执中之谓也。世之相后,千有余年,而其言之不异,如合符节。历选前圣之书,所以提挈纲维、开示蕴奥,未有若是之明且尽者也。

自是而又再传以得孟氏,为能推明是书,以承先圣之统,及其没而遂失其传焉。则吾道之所寄不越乎言语文字之间,而异端之说日新月盛,以至于老佛之徒出,则弥近理而大乱真矣。然而尚幸此书之不泯,故程夫子兄弟者出,得有所考,以续夫千载不传之绪;得有所据,以斥夫二家似是之非。盖子思之功于是为大,而微程夫子,则亦莫能因其语而得其心也。惜乎!其所以为说者不传,而凡石氏之所辑录,仅出于其门人之所记,是以大义虽明,而微言未析。至其门人所自为说,则虽颇详尽而多所发明,然倍其师说而淫于老佛者,亦有之矣。

熹自早岁即尝受读而窃疑之,沉潜反复,盖亦有年,一旦恍然似有以得其要领者,然后乃敢会众说而折其中,既为定著章句一篇,以俟后之君子。而一二同志复取石氏书,删其繁乱,名以《辑略》,且记所尝论辩取舍之意,别为《或问》,以附其后。然后此书之旨,支分节解、脉络贯通、详略相因、巨细毕举,而凡诸说之同异得失,亦得以曲畅旁通,而各极其趣。虽于道统之传,不敢妄议,然初学之士,或有取焉,则亦庶乎行远升高之一助云尔。

淳熙己酉春三月戊申,新安朱熹序①

与《大学章句序》一样,这篇序文也是写于朱子60岁时,可以代表他晚年成熟的思想。

什么是"道统之传"?道统之传当然是指道统的传承。如果说"道统"和"道学"在概念上有什么区别的话,可以说道统是道的传承谱系,道学是道的传承内容。照朱子在这篇序文所说,道统之传始自尧舜。这是根据《论语》尧曰篇:"尧曰:'咨!尔舜!天之历数在尔躬。允执其中。四海困穷,天禄永终。'舜亦以命禹。"②《论语》的这段是追述尧禅让于舜时对舜说的话。照《论语》此段最后一句的说法,舜后来禅让于禹的时候也对禹重复了这些话,但没有具体记述舜说的话。古文《尚书》大禹谟篇里记述了舜将要禅让给禹时所说的话:"天之历数在汝躬,汝终陟元后。人心惟危,道心惟微,惟精惟一,允执厥中。"③ 因此朱子认为,尧舜禹三代是以"允执其中"的传承而形成道统的。以后,圣圣相传,历经汤、文王、武王、皋陶、伊尹、傅说、周公、召公,传至孔子;孔子"继往圣",

---

① 朱熹:《四书章句集注》,上海古籍出版社、安徽教育出版社,2001年,第17—19页。以下引此书只注书名、页码。

② 同上书,227页。

③ 古文尚书虽后出,但其素材亦多为先秦古书散见流传于后,并非魏晋人所伪造。

即继承了尧舜至周、召"圣圣相承"的这个道统；孔子以后，则有颜子、曾子，再传至子思，子思即是《中庸》的作者。孟子是子思的再传弟子，亦能"承先圣之统"，即承继了此一古圣相传的道统。这就是朱子所肯认的道统早期相传的系谱。而道统相传的内容，就是以"允执厥中"为核心的思想，这就是道学。朱子认为《中庸》便是子思对这一道学思想的发挥和展开。

关于儒学道统的谱系，由唐至宋，已有不少类似的说法，但朱子首次使用"道统"的概念，① 而且朱子的重要发明是把"人心惟危，道心惟微，惟精惟一，允执厥中"作为道学的内容。② 实际是把"人心惟危，道心惟微"当作古圣相传的道学内容。所以，《中庸章句序》的重心是对道心人心说的阐明。在这种解释下，道统的重点"中"被有意无意地转移为"道心人心"之辨。

朱子认为，心具有虚灵的知觉能力，但为什么人会形成不同的意识和知觉，意识为什么会有道心和人心的差别？朱子认为这是由于不同的知觉其发生的根源不同，"或生于形气之私，或原于性命之正"。人心根源于形气之私，道心根源于性命之正，也就是说人心根源于人所禀受的气所形成的形体，道心发自于人所禀受的理所形成的本性。"人心惟危"是说根于身体发

---

① 陈荣捷先生指出，朱子首次使用道统之名词，而朱子道统观念乃根于新儒家哲学的需要，凡以新儒家道统观念与佛家祖师传灯相似的说法，皆属皮相之见。见其书《朱学论集》，台北学生书局，1982年，第18页；《新儒学论集》，"中央研究院"中国文哲所，1995年，第103页。

② 此处所说的道学是朱子中庸章句序中所谓"子思子忧道学之失其传"的道学，指古圣相传的心法，与作为理学的同义词的"道学"意义不同。

出的人心不稳定而有危险,"道心惟微"是说根于本性发出的道心微妙而难见。人人都有形体、有本性,所以人人都有道心、有人心。照朱子在其他许多地方所指出的,道心就是道德意识,人心是指人的生命欲望。这一思想可谓从身体的性—气二元分析引申出道心—人心的二元分析。

如果人的心中道心和人心相混杂,得不到治理,那么人欲之私就会压倒天理之公,人心就变得危而又危,道心就更加隐没难见。所以正确的功夫是精细地辨察心中的道心和人心,"必使道心常为一身之主,而人心每听命焉"。也就是说,要使道心常常成为主宰,使人心服从道心的统领,这样,人心就不再危险,道心就会发显著明,人的行为就无过无不及而达到"中"。

朱子认为,子思所作的《中庸》,和上面他所阐发的古代道心人心说是一致的,《中庸》里面讲的"天命率性"就是道心,"择善固执"就是精一,"君子时中"就是执中,朱子认为《中庸》所说与尧舜禹相传,若合符节,高度一致。而孟子的思想则继承和发扬了《中庸》的思想,继承了先圣以来相传的道统。在孟子之后,道统中断了,道学没有再传承下去。《大学章句序》中也说《大学》思想在孟子以后失传,但《中庸章句序》则整个论述道统的传承和中断,更具有代表新儒家文化抱负的意义。北宋以来的理学之所以称为道学,也是因为他们一开始就以接续孟子以后中断了的道统自命。朱子甚至认为,二程得孟子之后的不传之学,主要是依据和有赖于对《中庸》的考究。他还指出,《中庸》在宋代以来的道学中具有与佛老相抗衡的理论作用。

朱子的友人石子重把二程和二程后学对《中庸》的解释集

结一起，而朱子认为其中颇有杂佛老之说者，故他经过多年的研究体会，"会众说而折其中，既为定著章句一篇"，即会通北宋以来道学的《中庸》解释，著成了他自己的《中庸章句》。

二　"中"与"庸"

朱子首先定义"中庸"，他在篇首辨其名义曰：

> 中者，不偏不倚、无过不及之名。庸，平常也。
> 子程子曰："不偏之谓中，不易之谓庸。中者，天下之正道，庸者，天下之定理。"此篇乃孔门传授心法，子思恐其久而差也，故笔之于书，以授孟子。其书始言一理，中散为万事，末复合为一理，"放之则弥六合，卷之则退藏于密"，其味无穷，皆实学也。善读者玩索而有得焉，则终身用之，有不能尽者矣。①

朱子开篇所引述的"子程子曰"，是杂引《遗书》《外书》中二程论及中庸的话，如："不偏之谓中，不易之谓庸。中者，天下之正道，庸者，天下之定理。"出自《遗书》卷七；"中庸乃孔门传授心法"，见于《外书》十一；"《中庸》始言一理，中散为万事，末复合为一理"，出自《遗书》十四；"《中庸》之书，其味无穷"见于《遗书》十八。"如《中庸》一卷书，自至理便推

---

① 《四书章句集注》，第 20 页。

之于事，如国家有九经，及历代人物之迹，莫非实学也"，出自《遗书》卷一；"善读《中庸》者，只得此一卷书，终身用不尽也"。见于《遗书》十七。

在这些二程的论述中，朱子最重视的，是对于"中"和"庸"的解释。但朱子也结合了二程门人如吕大临的说法。如"中"字，吕氏以"盖中之谓义，无过不及而立名"。① 朱子便吸收其说。所以朱子对中的解释，结合了二程的"不偏不倚"说和吕大临的"无过不及"说。至于"庸"字，二程本来解释为"不易之谓庸""庸者天下之定理"，但朱子却解释为"庸，平常也。"朱子在《中庸或问》里对此作了说明：

> 曰：庸字之义，程子以不易言之，而子以为平常，何也？曰：惟其平常，故可常而不可易。若惊世骇俗之事，则可暂而不得为常矣。②

朱子强调庸的平常义，除了照顾训诂的根据外，主要是认为平常的东西才是实践中能长久的，诡异高难的东西是无法长久的，强调道理不能离开人伦日用，也隐含了对佛教离开人伦日用去追求高明境界的批评。朱子说《中庸》是"实学"，也是强调"中庸"的道理不离事事物物。

---

① 《蓝田吕氏遗著辑校》，中华书局，1993年，第496页。
② 《四书或问》卷三，《朱子全书》第六册，第549页。

三 戒惧与慎独

以下我们逐段地对朱子的《中庸》首章诠释进行分析和说明：

天命之谓性，率性之谓道，修道之谓教。命，犹令也。性，即理也。天以阴阳五行化生万物，气以成形，而理亦赋焉，犹命令也。于是人物之生，因各得其所赋之理，以为健顺五常之德，所谓性也。率，循也。道，犹路也。人物各循其性之自然，则其日用事物之间，莫不各有当行之路，是则所谓道也。修，品节之也。性道虽同，而气禀或异，故不能无过不及之差，圣人因人物之所当行者而品节之，以为法于天下，则谓之教，若礼、乐、刑、政之属是也。盖人之所以为人，道之所以为道，圣人之所以为教，原其所自，无一不本于天而备于我。学者知之，则其于学知所用力而自不能已矣。故子思于此首发明之，读者所宜深体而默识也。[①]

所谓"犹命令也"，是把古代思想中的"天命"说诠释为自然主义的造化过程。造化赋予万物气和理，这种赋予好像是天的命令，其实是造化的自然过程，并没有一个主宰者在下命令。天之造化以阴阳五行为材料，生成万物，在这个生成过程中，一

---

① 《四书章句集注》，第 20 页。引文中的黑体字为《中庸》原文，其他为朱子注文。下同。

方面阴阳五行之气聚合而成万物的形体，另一方面在形体生成的同时，理也赋予了事物，成为事物的本性。天把理赋予了事物而成为其本性，这就是所谓天命之谓性，所以性即是理。朱子在这里把二程的"性即理也"的思想与《中庸》联结起来，既阐明了性非空虚之性，而以理为性；又从性的天道来源说明了性与理的同一。

人与物都禀受了天赋的理，理在天是阴阳五行之理，所以禀受到人物之身，成为健顺五常之性。人与物循着他的本性去作，就是道，道就是行为的当然之则。

人的性各个相同，但气禀各个不同，从而对阴阳五行之气的禀受有过有不及，有清浊厚薄，这就使得人之本性的表现受到气的影响、遮蔽。性的表现受到蒙蔽，如此率性的道也就有所乖戾，于是需要修整规范。圣人根据人物本来的性制定各种制度规范，规范就是所当行，所当行是对所行而言，以使人的行为过者不过，不及者能及，都可以达到中，这就是教。

朱子在这句最后指出，《中庸》首章的前三句话，是要人知道性、道、教都是"本于天而备于人"的。本于天是指根源于天，来源于天；备于人是指完全地具备于人身之内。用当代新儒家的话来说，就是超越而内在。天道是客体，内在是主体，《中庸》认为这二者是关联着的。

道也者，不可须臾离也，可离非道也。是故君子戒慎乎其所不睹，恐惧乎其所不闻。 离，去声。道者，日用事物当行之理，皆性之德而具于心，无物不有，无时不然，所以不可须臾离也。若其可离,则为外物而非道矣。是以君子之心常存敬畏,虽不见闻,亦不敢忽,所以存天理之本然,而不使离于须臾之顷也。①

  道是日用常行之理,但道不是外在的、与性无关的,日用常行之理亦即本性所有之德,具备于人的内心。从文本来说,"不可须臾离也,可离非道也"是就规范、当然而言,不是就存在、实然而言,即不是说在存在上无时无处不相离,而是说要注意不使它离开,由此才合理地引出戒慎恐惧的功夫,以使之须臾不离。但朱子顺其率性之谓道的说法,一方面把不离说成实然上的不离,一方面从当然功夫上说不离。用功夫的不离来保存实理本然的不离。

  无论如何,朱子更重视的其实是戒慎、恐惧。他解释说,为了使当行之理不离于心,一个要成为君子的人必须常常心存敬畏,不能有顷刻的间断,即使没有接触事物的时候,也必须如此,这样才能保存内心本然的天理。照"戒慎乎其所不睹,恐惧乎其所不闻"的说法,特别强调在不睹不闻时保持心的敬畏。人心的意念活动一般是因接触外物而起,《中庸》则强调在不接触外物时也要警惕意念的活动,心也要有所修养。这种修养方法就是未发的功夫。

  莫见乎隐,莫显乎微,故君子慎其独也。见,音现。

---

① 《四书章句集注》,第 20—21 页。

隐，暗处也。微，细事也。独者，人所不知而己所独知之地也。言幽暗之中，细微之事，迹虽未形而几则已动，人虽不知而己独知之，则是天下之事无有着见明显而过于此者。是以君子既常戒惧，而于此尤加谨焉，所以遏人欲于将萌，而不使其滋长于隐微之中，以至离道之远也。①

但是在朱子看来，慎独和戒慎恐惧是不同的，戒慎恐惧于不睹不闻，是指自己没有接触外物的见闻知觉活动时，慎独是指别人看不见自己时。用其本章结尾的说法，戒慎是未发的存养功夫，慎独是已发的省察功夫。莫见乎隐，莫显乎微，是说隐暗之处最明现，微细之事最显著，《中庸》认为人心正是如此。一个人在幽暗的房间里，别人看不见，自己的行为只有自己清楚知道；一个人不在幽暗之处，别人看得见你的行为，但不能看到你的内心，你的内心你自己清楚了解。有时你并没有行为，但内心在活动，这种内心的活动情况也只有你自己明白知道。这些都是"人虽不知而己独知"。内心有所活动，便是已发。所以无论如何，君子必须特别谨慎地审查自己的内心活动，把人欲遏止在将要萌芽的时候，不让它在隐微中滋长。

喜怒哀乐之未发，谓之中；发而皆中节，谓之和。中也者，天下之大本也；和也者，天下之达道也。乐，音洛。中节之中，去声。喜、怒、哀、乐，情也。其未发，则性

---

① 《四书章句集注》，第 21 页。

也，无所偏倚，故谓之中。发皆中节，情之正也，无所乖戾，故谓之和。大本者，天命之性，天下之理皆由此出，道之体也。达道者，循性之谓，天下古今之所共由，道之用也。此言性情之德，以明道不可离之意。①

朱子认为，这一段是讲性情关系的。喜怒哀乐的发动是情，喜怒哀乐未发是性，用他在其他地方的说法，性是未发，情是已发。在这个讲法中，"中"是指性，强调性未发作为情时的不偏不倚。"和"是指情，指情的发作的合乎节度。"中"所代表的性是天命之谓性的性，是天所赋予人的性，是天下之理的根源，所以说是天下之大本。率天命之性而达到和，这是最通达的大路，故说是天下之达道。中是道的体，和是道的用，体是静，用是动，有体而后有用，体立而后用有以行。这样，朱子就以性情、已发未发、体用的结构疏解了这一段，并把"中"与天命之性联结起来了。

  致中和，天地位焉，万物育焉。致，推而极之也。位者，安其所也。育者，遂其生也。自戒惧而约之，以至于至静之中，无少偏倚，而其守不失，则极其中而天地位矣。自谨独而精之，以至于应物之处，无少差谬，而无适不然，则极其和而万物育矣。盖天地万物本吾一体，吾之心正，则天地之心亦正矣，吾之气顺，则天地之气亦顺矣。故其

---

① 《四书章句集注》，第21页。

效验至于如此。此学问之极功、圣人之能事，初非有待于外，而修道之教亦在其中矣。是其一体一用虽有动静之殊，然必其体立而后用有以行，则其实亦非有两事也。故于此合而言之，以结上文之意。①

照朱子这里的讲法，戒慎是与中有关的功夫，慎独是与和有关的功夫。因为戒慎是不睹不闻的功夫，不睹不闻是静的状态，推到至静，就是不偏不倚的中，如果能存守住这个状态，就是极其中。慎独是自己的独知，是有知有觉，不是静，而是意念发动，此时要精细辨察，存天理去人欲；从自己的独知，推到应接事物时，都能保守这样的状态，就是极其和。但中和不能分开为两事，须合而言之，故曰致中和。照《中庸》的说法，人如果能把中和发挥到极致，就能参与宇宙的化育，有助于宇宙的化育。朱子对此的解释是，因为天地万物与人是一体相通的，人心正则天地之心亦正，人的气顺则天地之气亦顺。这种万物一体的思想也成为理学思想体系的重要部分。

最后朱子写道：

> 右第一章。子思述所传之意以立言：首明道之本原出于天而不可易，其实体备于己而不可离；次言存养省察之要，终言圣神功化之极。盖欲学者于此反求诸身而自得之，以去夫外诱之私，而充其本然之善，杨氏所谓一篇之体要

---

① 《四书章句集注》，第21页。

是也①。

也就是说，朱子认为，"天命之谓性"至"可离非道也"，是讲"道"出于天而备于己，讲道的"本原"和"实体"；本原即来自天的根源性，实体即体现在人心的内在性。"是故君子戒慎恐惧"至"君子慎其独也"，是讲君子存养、省察的要法。"喜怒哀乐未发"至"万物育焉"，是讲修养功夫达到极致的功效及其对宇宙的影响。整章的宗旨是要学者反求于身，去除因外诱而产生的私欲，充实并发挥其本然的善性。这样的人及其行动，既合于天命，又能参赞化育。

《中庸章句序》中重点讲心，而《中庸章句》的首章重点在性情，特别是性；讲性本于天，备于人，发为情。这是两者的差别。尤其是，由于朱子强调气禀对人的影响，所以认为人在现实上不能率性，而必须修道，重点要落实在存养省察的功夫。

《中庸章句》最后一章中有一节论内省，与上面所讲慎独功夫有关，一并在这里讨论：

> 《诗》云："潜虽伏矣，亦孔之昭！"故君子内省不疚，无恶于志。君子之所不可及者，其唯人之所不见乎。恶，去声。《诗·小雅·正月》之篇。承上文言"莫见乎隐、莫显乎微"也。疚，病也。无恶于志，犹言无愧于心，此君子谨独之事也。《诗》云："相在尔室，尚不愧于屋漏。"故

---

① 《四书章句集注》，第22页。

君子不动而敬，不言而信。相，去声。《诗·大雅·抑》之篇。相，视也。屋漏，室西北隅也。承上文又言君子之戒谨恐惧，无时不然，不待言动而后敬信，则其为己之功益加密矣。故下文引诗并言其效。①

朱子认为此节是呼应首章中慎独的思想，君子的可贵就在于人所不见的时候仍能内省，不仅内省，而且无疚于心，无愧于心。朱子认为这是接着首章"莫见乎隐、莫显乎微，君子慎其独也"讲而且与之一致的。以此也证明他把慎独解释为别人所看不见时的功夫是有根据的。他更指出，接下来所引的诗"不愧于屋漏"，也是承接着首章"戒慎恐惧"的思想的。

四　诚身与明善

以下再引述《中庸章句》其他章中的一些解释，以见朱子诠释《中庸》的特点。先看朱子对"君子之道费而隐"章中的解释：

君子之道，近自夫妇居室之间，远而至于圣人天地之所不能尽，其大无外，其小无内，可谓费矣。然其理之所以然，则隐而莫之见也。……子思引此诗以明化育流行，上下昭著，莫非此理之用，所谓费也。（十二章）②

---

① 《四书章句集注》，第 46 页。
② 同上书，第 26 页。

事事物物是费,是显而可见的;理是事物的所以然,是隐,即微而不可见的。朱子用理事显微的分析解释《中庸》的费隐之说,认为化育流行的万物万事都是理的"用",即理的表现,这是理学的理事观的运用。

在下位不获乎上,民不可得而治矣;获乎上有道,不信乎朋友,不获乎上矣;信乎朋友有道,不顺乎亲,不信乎朋友矣;顺乎亲有道,反诸身不诚,不顺乎亲矣;诚身有道:不明乎善,不诚乎身矣。此又以在下位者,推言素定之意。反诸身不诚,谓反求诸身而所存所发,未能真实而无妄也。不明乎善,谓未能察于人心天命之本然,而真知至善之所在也。**诚者,天之道也;诚之者,人之道也。诚者不勉而中,不思而得,从容中道,圣人也。诚之者,择善而固执之者也。**中,并去声。从,七容反。此承上文诚身而言。诚者,真实无妄之谓,天理之本然也。诚之者,未能真实无妄,而欲其真实无妄之谓,人事之当然也。圣人之德,浑然天理,真实无妄,不待思勉而从容中道,则亦天之道也。未至于圣,则不能无人欲之私,而其为德不能皆实。故未能不思而得,则必择善,然后可以明善;未能不勉而中,则必固执,然后可以诚身,此则所谓人之道也。不思而得,生知也。不勉而中,安行也。择善,学知以下之事。固执,利行以下之事也。(二十章)[①]

---

① 《四书章句集注》,第36页。

《中庸》注重修身、反身、诚身，反身是反求于己，自我批评，反身必须以诚为标准和原则，以诚为标准和原则去反身所达到的境界就是诚身。在朱子的解释中，以真实无妄解释诚，以反求所存所发说明诚身的用力之地；所存是未发，所发是已发，这就与戒慎和慎独联系起来了。关于明善，朱子解释为明察人心所具的天命之性，并且真正认识到天命之性是至善。

朱子把"诚"释为真实无妄，把"天之道"释为天理，把"诚者天之道"解释为诚乃天理之本然，这就是把诚理解为天理的本然状态。而"诚之"是人仿效天理本然的真实无妄，尽力达到那种真实状态的努力。圣人不勉而中，自然真实无妄，与天道的本然真实"诚"相同，所以圣人的境界同于天道，都是真实无妄。一般的人有人欲私心，不能像圣人一样自然真实无妄，所以要做到真实无妄，就需要择善，以达到明善；择善后必须坚定地实行，以达到诚身。经过努力去达到真实无妄，这是人道的特点，这就是"诚之"。

博学之，审问之，慎思之，明辨之，笃行之。此诚之之目也。学、问、思、辨，所以择善而为知，学而知也。笃行，所以固执而为仁，利而行也。程子曰："五者废其一，非学也。"**有弗学，学之弗能弗措也；有弗问，问之弗知弗措也；有弗思，思之弗得弗措也；有弗辨，辨之弗明弗措也；有弗行，行之弗笃弗措也；人一能之己百之，人十能之己千之。**君子之学，不为则已，为则必要其成，故常百倍其功。此困而知，勉而行者也，勇之事也。**果能此**

> **道矣，虽愚必明，虽柔必强。** 明者择善之功，强者固执之效。吕氏曰："君子所以学者，为能变化气质而已。德胜气质，则愚者可进于明，柔者可进于强。不能胜之，则虽有志于学，亦愚不能明，柔不能立而已矣。……"①（二十章）

朱子认为，诚之的具体方法就是博学、审问、慎思、明辨、笃行，其中学、问、思、辨属于前面说的"择善"，行属于"固执"。按《中庸》三知三行的说法，朱子认为博学、审问、慎思、明辨、笃行统属于"学知利行"，如果再分，这五者中，学问思辨属于学而知之，笃行属于利而行之，至于人一己百的努力，则属于"困知勉行"了。

> **自诚明，谓之性；自明诚，谓之教。诚则明矣，明则诚矣。** 自，由也。德无不实而明无不照者，圣人之德。所性而有者也，天道也。先明乎善，而后能实其善者，贤人之学。由教而入者也，人道也。诚则无不明矣，明则可以至于诚矣。（二十一章）②

为了对应于《中庸》所说的诚和明，朱子以德和明两者作为分析的基点，他认为圣人德无不实，这是诚；圣人明无不照，这

---

① 《四书章句集注》，第 37 页。按吕氏原文见其《礼记解》，载《蓝田吕氏遗著辑校》第 297 页，朱子所引，与吕氏原文略有同异。
② 《四书章句集注》，第 37 页。

是明。德是道德的德性，明是理性的能力，天命之性人人都有，但率性为道只有圣人能之，圣人是天然如此，与天道本然相同；贤人以下都是修道为教，由教而入，不是自然，而必须用各种功夫。先从学知明善入手，然后去实在地践行善，这是人道的特点。朱子这个讲法，先明乎善，而后实其善，就是以一种先知后行的知行观来说明贤人由明至诚的方法。

五 尽性之功：存心与致知

《中庸章句》最后论及尽性：

> 唯天下至诚，为能尽其性；能尽其性，则能尽人之性；能尽人之性，则能尽物之性；能尽物之性，则可以赞天地之化育；可以赞天地之化育，则可以与天地参矣。天下至诚，谓圣人之德之实，天下莫能加也。尽其性者德无不实，故无人欲之私，而天命之在我者，察之由之，巨细精粗，无毫发之不尽也。人物之性，亦我之性，但以所赋形气不同而有异耳。能尽之者，谓知之无不明而处之无不当也。赞，犹助也。与天地参，谓与天地并立为三也。此自诚而明者之事也。（二十二章）①

尽人物之性则可以赞天地之化育，这和首章所说致中和则天地

---

① 《四书章句集注》，第38页。

位万物育，是一致的，朱子解释说，尽人之性，是指没有丝毫人欲之私，德性真实无妄；尽物之性，是指充分明了事物的性质而处理妥当。这样的人可以协助化育流行，就可以与天地并立为三了。

《中庸章句》又说：

> **其次致曲，曲能有诚，诚则形，形则著，著则明，明则动，动则变，变则化，唯天下至诚为能化。**其次，通大贤以下凡诚有未至者而言也。致，推致也。曲，一偏也。形者，积中而发外。着，则又加显矣。明，则又有光辉发越之盛也。动者，诚能动物。变者，物从而变。化，则有不知其所以然者。盖人之性无不同，而气则有异，故惟圣人能举其性之全体而尽之。其次则必自其善端发见之偏，而悉推致之，以各造其极也。曲无不致，则德无不实，而形、著、动、变之功自不能已。积而至于能化，则其至诚之妙，亦不异于圣人矣。（二十三章）①

朱子在《中庸》的诠释中始终贯穿其人性论，认为人与物的性是相同的，只是禀受的气不同而形成人和物的差别；人的性是各个相同的，都是理，都是善的，而人的气则各有差异。气的作用很重要，气能遮蔽本性的作用。圣人的气禀纯粹而清，本性不受遮蔽，性的作用可以全体显现。贤人以下的人，气质有

---

① 《四书章句集注》，第38页。

所不纯，性的作用只能部分显现，或在隙缝中发见。因此一般人要学习圣人，必须从本性发见的一些善的萌芽入手，加以推拓，如果能把它推扩一直到极致，使性的全体充分显现，那就成为圣人了。《中庸》认为，一个人内心达到诚，在形体上也有所表现，能够感动。改变其他人。不过朱子章句对此点并没有加以强调。

> **诚者自成也，而道自道也。**道也之道，音导。言诚者物之所以自成，而道者人之所当自行也。诚以心言，本也；道以理言，用也。**诚者物之终始，不诚无物。是故君子诚之为贵。**天下之物，皆实理之所为，故必得是理，然后有是物。所得之理既尽，则是物亦尽而无有矣。故人之心一有不实，则虽有所为亦如无有，而君子必以诚为贵也。盖人之心能无不实，乃为有以自成，而道之在我者亦无不行矣。**诚者非自成己而已也，所以成物也。成己，仁也；成物，知也。性之德也，合外内之道也，故时措之宜也。**知，去声。诚虽所以成己，然既有以自成，则自然及物，而道亦行于彼矣。仁者体之存，知者用之发，是皆吾性之固有，而无内外之殊。既得于己，则见于事者，以时措之，而皆得其宜也。(二十五章)[①]

在这里朱子再次显示出他的理本论思想，他认为天下一切事物

---

① 《四书章句集注》，第39页。

都是理所决定的，有理而后有物的存在，事物的理尽了事物也就不复存在。朱子认为这里说的道指人伦规范，而规范本于诚心，心诚而行则自然成道。

故君子尊德性而道问学，致广大而尽精微，极高明而道中庸。温故而知新，敦厚以崇礼。尊者，恭敬奉持之意。德性者，吾所受于天之正理。道，由也。温，犹燖温之温，谓故学之矣，复时习之也。敦，加厚也。尊德性，所以存心而极乎道体之大也。道问学，所以致知而尽乎道体之细也。二者修德凝道之大端也。不以一毫私意自蔽，不以一毫私欲自累，涵泳乎其所已知。敦笃乎其所已能，此皆存心之属也。析理则不使有毫厘之差，处事则不使有过不及之谬，理义则日知其所未知，节文则日谨其所未谨，此皆致知之属也。盖非存心无以致知，而存心者又不可以不致知。故此五句，大小相资，首尾相应，圣贤所示入德之方，莫详于此，学者宜尽心焉。（二十七章）[①]

《中庸章句》中这一段的阐发在全书中与首章同其重要。德性就是人所禀受于天的理，也就是性即理的性。尊德性就是敬持自己的道德本性。道，朱子解释为由，道问学就是通过博学审问，以达到尊德性。尊德性的功夫是存心，道问学的功夫是致知。存心包括完全扫除私意私欲，涵泳已经知道的道理，加强自己

[①] 《四书章句集注》，第41页。

道德实践的能力。致知功夫包括明析义理没有差错，处事待物无过不及，不断认识以前所不认识的义理，不断改进对具体道德规范的遵守的情形。朱子认为，没有存心的功夫，就无法致知；而存心又必须不离开致知。存心和致知相比，存心有优先性，但存心和致知的功夫互相促进，不能分离。朱子认为这里讲的尊德性和道问学，是圣贤对入德之方最详明的指示。

朱子在《中庸章句》中也发挥了他根于周敦颐、二程的理一分殊说：

万物并育而不相害，道并行而不相悖，小德川流，大德敦化，此天地之所以为大也。悖，犹背也。天覆地载，万物并育于其间而不相害；四时日月，错行代明而不相悖。所以不害不悖者，小德之川流；所以并育并行者，大德之敦化。小德者，全体之分；大德者，万殊之本。川流者，如川之流，脉络分明而往不息也。敦化者，敦厚其化，根本盛大而出无穷也。此言天地之道，以见上文取辟之意也。（三十章）①

在这一段的解说中，朱子从宏观的宇宙论的角度阐发了他对统一性和多样性的看法。他认为，小德是指宇宙全体的各个具体部分，大德是指各具体事物的共同宇宙本源。万物不相害不相悖，其原因是小德川流，即万物各按其自己的方向道路发展，

---

① 《四书章句集注》，第43—44页。

互不相害。万物并育并行，共同生长，共同发展，其原因是大德敦化，意味万物所以能如此，是因为万物同出于一个根源，这个根源越盛大，万事万物就越生生不息，这就是大德敦化。全体有分殊，万殊有一本，一本万殊的互相联结，这就是天地之道。

与朱子对"四书"中其他三种的注释方法一样，《中庸章句》以发挥理学义理为主，但也未忽视训诂。如首章的注释中，"率，循也"，"道，犹路也"，"乐，音洛"；二章中的"王肃本作小人之反中庸也"；五章中"夫，音扶"；八章中"拳拳，奉持之貌"；十章中"抑，语辞。而，汝也"；"衽，席也"；十二章中"察，著也"；十三章中"则，法也"，"违，去也"；十四章中"画布曰正，棲皮曰鹄"；十六章中"齐，侧皆反"，"明，犹洁也"，"格，来也。矧，况也。射，厌也"，等等。这些音读和训诂都来自《礼记正义》，说明朱子解经很重视吸收汉唐经学的名物训释，力求在字义训诂的基础上展开理学思想的诠释。

总起来看，《中庸章句》与《大学章句》基本思想一致，但由于两书的文本不同，从而使诠释必然依托和结合文本而各有其特殊的表述。《大学章句序》讲性，《大学章句》本身则以明德为基础，强调心。《中庸章句序》讲心，但《中庸章句》本身以天命之性为基点，而强调性。《中庸章句》以性—气二元论为基点，以道心、人心对应于性命、形气，但同时突出性即理，强调人之性受之于天之理，天之理备具于人之性，所以人性即是天命之性。由于人的气禀使得人之本性的表现受到气的影响和遮蔽，所以人不能自然而无所修为，必须修道立教，以戒慎恐惧和慎独的功夫，在未发和已发的时候都用力修养，强力人为，通过明善致知和诚身存心两方面同时努力，以全其性之本体，渐入于中和圣域。在这种解释中，天命之性是起点，但最后落实在修道之教的功夫上，而修道功夫需诚明两进，不能偏废。在《中庸章句》中，理学的理气论、天理论、心性论、功夫论都得到了全面的贯彻，成功地借助对于经典的系统解释展示了新儒学的理论建构，对理学思想的传播起了关键性的作用。

朱子《论语集注》的儒学思想

在《四书》之中,朱子对于《论语》下功夫最早,整理工作也做的最多。早在青年时代,他就对北宋以来道学的《论语》解释用力研读,他最早完成的著作也是《论语》的集释。朱子三十四岁编成《论语要义》,四十三岁编成《论语精义》,四十八岁作成《论语集注》及《或问》,此后亦不断讨论修改。

今本《四书集注》首列有《读〈论语〉〈孟子〉法》,是朱子摘录二程关于读《论语》和《孟子》的语录,也表达了朱子关于阅读《论语》《孟子》的看法:

> 程子曰:"学者当以《论语》《孟子》为本。《论语》《孟子》既治,则六经可不治而明矣。读书者当观圣人所以作经之意,与圣人所以用心,圣人之所以至于圣人,而吾之所以未至者,所以未得者。句句而求之,昼诵而味之,

中夜而思之，平其心，易其气，阙其疑，则圣人之意可见矣。"

程子曰："……若能于《语》《孟》中深求玩味，将来涵养成甚生气质！"

程子曰："凡看《语》《孟》，且须熟读玩味。须将圣人言语切己，不可只作一场话说。人只看得二书切己，终身尽多也。"①

朱子在《集注》中也引程子曰："凡看《论语》，非但欲理会文字，须要识得圣贤气象。"② 可见，朱子赞同二程的解释主张，读书是为了理解，不是为了诠释，理解的要点是经典所表达和蕴涵的圣人之心与意，即圣人为什么作经，圣人要达到什么目的。其次是通过经典了解圣人所达到的境界，及常人与圣人境界的差距所在。理解要"思"，而且要"味"，味就是玩味和体会。这种玩味不是浅尝辄止，而是在熟读的基础上深切地玩味，玩味要结合切身的体会。最后，玩味的目的是识得圣人的气象，涵养自己的气质。在这个意义上，对"四书"的阅读和理解是体验的，是实践的。

一　《集注》特点：以道学之说发《论语》义理之精微

《论语集注》与《大学章句》不同，章句极少引用他人的解

---

① 《四书章句集注》（以下简称《四书集注》），中华书局，1983年，第44页。
② 《四书集注》，公冶长第五，第83页。

释，而集注的特色就是精选前人的解释而汇聚之，以帮助人们理解《论语》的文义。《论语集注》的叙述特点是：先训读，次解释大意，次引程子、及程门谢氏、游氏、杨氏、尹氏等说，其中引程子最多，最后以"愚谓""愚按"补足之。以下略举几个例子来说明。

> **子曰："学而时习之，不亦说乎？** 说、悦同。学之为言效也。人性皆善，而觉有先后，后觉者必效先觉之所为，乃可以明善而复其初也。习，鸟数飞也。学之不已，如鸟数飞也。说，喜意也。既学而又时时习之，则所学者熟，而中心喜说，其进自不能已矣。①

与二程不同，朱子以字的音读和字义为基础，这些有关名、物的训诂音读多直接取自汉唐注疏，这不仅继承了汉唐经学注重训诂的长处，也有助于科举时代知识人对于经典音读的统一，更便于初学。所以朱子的集注可以说做到了学术性与实用性的统一，这也是他的《集注》能够被作为教本广为流传的原因之一。

同时也很明显，朱子《集注》在训读后的解释大意中，加进了自己的哲学发挥，从性善和复性的角度来讲解"学"的意义。同时也可表达出，性善和复性，一为起点，一为终点，构成了朱子儒学思想的大旨。由此可见，朱子的《论语集注》是

---

① 《四书集注》，学而第一，第47页。黑体字为《论语》本文，黑体字后为集注文。下皆仿此，不再注明。

义理派的解释学风,在重视训诂音读的同时,力求通过注释阐发他的哲学思想,或者说自觉地用他的哲学思想解释本文。

"君子务本,本立而道生。孝弟也者,其为仁之本与!"
与,平声。务,专力也。本,犹根也。仁者,爱之理,心之德也。为仁,犹曰行仁。与者,疑辞,谦退不敢质言也。言君子凡事专用力于根本,根本既立,则其道自生。若上文所谓孝弟,乃是为仁之本,学者务此,则仁道自此而生也。程子曰:"孝弟,顺德也,故不好犯上,岂复有逆理乱常之事。德有本,本立则其道充大。孝弟行于家,而后仁爱及于物,所谓亲亲而仁民也。故为仁以孝弟为本。论性,则以仁为孝弟之本。"或问:"孝弟为仁之本,此是由孝弟可以至仁否?"曰:"非也。谓行仁自孝弟始,孝弟是仁之一事。谓之行仁之本则可,谓是仁之本则不可。盖仁是性也,孝弟是用也,性中只有个仁、义、礼、智四者而已,曷尝有孝弟来。然仁主于爱,爱莫大于爱亲,故曰孝弟也者,其为仁之本与!"[①]

在这一段的解释大意中,朱子明确把他在《仁说》中确立的思想"仁者心之德、爱之理"加进《论语》对仁的解释中。仁是心之德性,是爱的感情的根源。仁作为人性,其主要作用表现为爱的感情。而最大的爱是人对于双亲的爱。因此孝悌是仁性

---

① 《四书集注》,学而第一,第48页。

的表现。他还引用了程颐的说法，孝悌是"为仁"之本，而不是"仁"之本；区分本性的仁、行仁的实践、作为行仁开始的孝悌。仁的本性是孝悌实践的根源，而孝悌是实践仁的本性的开端。

子曰："吾十有五而志于学，古者十五而入大学。心之所之谓之志。此所谓学，即大学之道也。志乎此，则念念在此而为之不厌矣。**三十而立，**有以自立，则守之固而无所事志矣。**四十而不惑，**于事物之所当然，皆无所疑，则知之明而无所事守矣。**五十而知天命，**天命，即天道之流行而赋于物者，乃事物所以当然之故也。知此则知极其精，而不惑又不足言矣。**六十而耳顺，**声入心通，无所违逆，知之之至，不思而得也。**七十而从心所欲，不踰矩。"**从，如字。从，随也。矩，法度之器，所以为方者也。随其心之所欲，而自不过于法度，安而行之，不勉而中也。程子曰："孔子生而知之也，言亦由学而至，所以勉进后人也。立，能自立于斯道也。不惑，则无所疑矣。知天命，穷理尽性也。耳顺，所闻皆通也。从心所欲，不踰矩，则不勉而中矣。"又曰："孔子自言其进德之序如此者，圣人未必然，但为学者立法，使之盈科而后进，成章而后达耳。"胡氏曰："圣人之教亦多术，然其要使人不失其本心而已。欲得此心者，惟志乎圣人所示之学，循其序而进焉。至于一疵不存、万理明尽之后，则其日用之间，本心莹然，随所意欲，莫非至理。盖心即体，欲即用，体即道，用即义，声为律而身为度矣。"又曰："圣人言此，一以示学者当优游涵泳，不可躐等而进；二以示学者当日就月将，不可半途而废也。"愚谓圣人生知安行，固无积累之渐，然其心未尝自谓已至此也。是其日用之间，必有独觉其进而人不及知者。故因其近似以自名，欲学者以是为则而自勉，非心实自圣而姑为是退托也。后凡言谦辞之属，意皆放此。①

这一章的注释也是训读、解释大意，然后引程子、胡氏之说，最后以"愚谓"结束。在对大意的解说中都发挥了朱子自己的哲学观点。如对天命的解释是从朱子哲学出发的，天命不是神的命令，而是指天道流行过程中赋予万物的东西，天道流行赋予万物的东西也就是事物所以然之理和所当然之理。所以他引二程的话，说明《论语》讲的"知天命"就是易传讲的"穷理尽性"。他引二程和胡氏的解释，都强调孔子的这句话是指出为学的次序，为学者立法，要学者不要超越次序，而要循序渐进。

以上通过几个例子说明《集注》的叙述特点，以下来看《集注》的思想。

二 天，即理也

天理的思想是宋代道学的基本思想，创立于二程，朱子则在他的著作中加以大力发展和运用，《论语集注》也不例外：

---

① 《四书集注》，为政第二，第54页。

王孙贾问曰:"与其媚于奥,宁媚于灶,何谓也?" 王孙贾,卫大夫。媚,亲顺也。室西南隅为奥。灶者,五祀之一,夏所祭也。凡祭五祀,皆先设主而祭于其所,然后迎尸而祭于奥,略如祭宗庙之仪。如祀灶,则设主于灶陉,祭毕,而更设馔于奥以迎尸也。故时俗之语,因以奥有常尊,而非祭之主;灶虽卑贱,而当时用事。喻自结于君,不如阿附权臣也。贾,卫之权臣,故以此讽孔子。**子曰:"不然,获罪于天,无所祷也。"** 天,即理也;其尊无对,非奥灶之可比也。逆理,则获罪于天矣,岂媚于奥灶所能祷而免乎?言但当顺理,非特不当媚灶,亦不可媚于奥也。谢氏曰:"圣人之言,逊而不迫。使王孙贾而知此意,不为无益;使其不知,亦非所以取祸。"①

"天即理也",这里明确继承二程的思想,把《论语》中原本带有古代宗教意味的"天"解释为"理",这正是理学解经思想的基点。这个理是宇宙的普遍法则,所以其尊无对,人只能顺理而动,不可逆理而行。

定公问:"君使臣,臣事君,如之何?"孔子对曰:"君使臣以礼,臣事君以忠。" 定公,鲁君,名宋。二者皆理之当然,各欲自尽而已。②

---

① 《四书集注》,里仁第四,第65页。
② 同上书,第66页。

理在社会人事中是指社会规范的原则,也就是当然之理。这就把《论语》里面的德行论的言说,用"理"学的思想加以概括,把"德"转化为"理"来论述。这也是理学经典诠释的一个重要特点。把德行解释为自尽,即各自发挥和实现自己的本性。

> **孔子曰:"君子有三畏:畏天命,畏大人,畏圣人之言。"** 畏者,严惮之意也。天命者,天所赋之正理也。知其可畏,则其戒谨恐惧,自有不能已者。而付畀之重,可以不失矣。大人圣言,皆天命所当畏。知畏天命,则不得不畏之矣。①

天把理赋予人和物,这一施发的过程称为天命。人从天接受了理作为自己的性,要谨慎地、敬畏地保有它,不要把天赋的珍贵的东西失去。

> **子贡曰:"夫子之文章,可得而闻也;夫子之言性与天道,不可得而闻也。"** 文章,德之见乎外者,威仪文辞皆是也。性者,人所受之天理;天道者,天理自然之本体,其实一理也。②

命是天所赋之天理,性是人所受之天理;命是从施发之赋而言,性是从禀接之受而言。所以,天命和天性是同一过程的两个方

---

① 《四书集注》,季氏第十六,第 172 页。
② 《四书集注》,公冶长第五,第 79 页。

面。而天道则是指天理的本来存在和状态。天道流行,发育万物,就天把理赋予人和物来说,叫做天命;就人物接受了天所给予的理作为自己的性来说,叫做性。天道是自然的天理流行,性是禀受在人身上的天理,都是理。通过这些对《论语》的解释,朱子把他的天理论思想都明确表达出来了。

三 道者,事物当然之理

在理学思想体系中,与理有关的另一个概念是道。一般来说理学是以理解释道。在《论语集注》中:

> **子曰:"君子食无求饱,居无求安,敏于事而慎于言,就有道而正焉,可谓好学也已。"** 好,去声。不求安饱者,志有在而不暇及也。敏于事者,勉其所不足。慎于言者,不敢尽其所有余也。然犹不敢自是,而必就有道之人,以正其是非,则可谓好学矣。凡言道者,皆谓事物当然之理,人之所共由者也。①

在朱子的解释中,"道"的基本含义是事物当然之理,也就是事物的规范原则,这些规范是社会中人人都必须共同遵守的。当然就是指人伦规范。在这个意义上,这里的道主要是指人道而言。

---

① 《四书集注》,学而第一,第52页。

> 子曰:"**志于道**,志者,心之所之之谓。道,则人伦日用之间所当行者是也。知此而心必之焉,则所适者正,而无他歧之惑矣。**据于德**,据者,执守之意。德者,得也,得其道于心而不失之谓也。得之于心而守之不失,则终始惟一,而有日新之功矣。**依于仁**,依者,不违之谓。仁,则私欲尽去而心德之全也。功夫至此而无终食之违,则存养之熟,无适而非天理之流行矣。"①

在这里,就明确地指出,所谓"事物当然之理"即是人伦日用所当行者,也就是人在社会生活中的人伦道德规范。另一方面,朱子在这里又把德解释为"心得其道"。按古代以"德者得也"为常训,在朱子哲学中,性是所得之理,德是心得之道;性是所得之理,这在天理论中是清楚的,而德是心得之道,心如何得道,朱子却没有讲清楚。照其天理论来说,心之德应当是性之理所发现,而不是由对道的认识而形成的。

> 子曰:"**朝闻道,夕死可矣。**"道者,事物当然之理。苟得闻之,则生顺死安,无复遗恨矣。朝夕,所以甚言其时之近。程子曰"言人不可以不知道,苟得闻道,虽死可也。"又曰:"皆实理也,人知而信者为难。死生亦大矣!非诚有所得,岂以夕死为可乎?"②

---

① 《四书集注》,述而第七,第94页。
② 《四书集注》,里仁第四,第71页。

朱子在这里一方面把道解释为事物当然之理，一方面引用二程的话，把人伦之道说成是"实理"，实理既是就理的实在而言，也是指理作为真理而言。这个真理不仅是宇宙的真理，也是人生的真理。

子曰："参乎！吾道一以贯之。"曾子曰："唯。" 参，所金反。唯，上声。参乎者，呼曾子之名而告之。贯，通也。唯者，应之速而无疑者也。圣人之心，浑然一理，而泛应曲当，用各不同。曾子于其用处，盖已随事精察而力行之，但未知其体之一尔。夫子知其真积力久，将有所得，是以呼而告之。曾子果能默契其指，即应之速而无疑也。**子出。门人问曰："何谓也？"曾子曰："夫子之道，忠恕而已矣。"** 尽己之谓忠，推己之谓恕。而已矣者，竭尽而无余之辞也。夫子之一理浑然而泛应曲当，譬则天地之至诚无息，而万物各得其所也。自此之外，固无余法，而亦无待于推矣。曾子有见于此而难言之，故借学者尽己、推己之目以着明之，欲人之易晓也。盖至诚无息者，道之体也，万殊之所以一本也；万物各得其所者，道之用也，一本之所以万殊也。以此观之，一以贯之之实可见矣。或曰："中心为忠，如心为恕。"于义亦通。程子曰："以己及物，仁也；推己及物，恕也，违道不远是也。忠恕一以贯之：忠者天道，恕者人道；忠者无妄，恕者所以行乎忠也；忠者体，恕者用，大本达道也。此与违道不远异者，动以天尔。"又曰："'维天之命，于穆不已'，忠也；'乾道变化，各正性命',恕也。"又曰:"圣人教人各因其才,吾道一以贯之,惟曾子为能达此,孔子所以告之也。曾子告门人曰:'夫子之道,忠恕而已矣',亦犹夫子之告曾子也。《中庸》所谓'忠恕违道不远',斯乃下学上达之义。"①

在这里朱子用道的体用来发挥《论语》忠恕一贯之道的思想。首先朱子把圣人的一贯之道从人生最高境界上来加以解说,认为一贯之道是指,圣人之心浑然一理,而其应用,各有所当。圣人之心浑然一理,这是"体一";随时随事,各有所用,这是"用殊"。曾子在道德实践上能随事精察,在应用上已经不错,但还没有达到体一的最高境界,也就是只完成了具体,还没有达到一贯。故孔子欲点化之。其次朱子指出,这种一贯的人生境界和天地之化是一致的,天地万物也具有这种万殊和一贯的关系。夫子境界的浑然一理,相应于天地总体的至诚无息,夫子的泛应曲当相应于万物各得其所。天地至诚无息的总体运动,是道之体,万物各得其所,是道之用。道之体是万物统一性的本源和根据,即一本;道之用是统一性的个别的、具体的表现,是万殊。这就用理学的理一分殊的思想对一贯之道进行了诠释。朱子特别引用二程的话指出,一贯之道、理一分殊的思想有其在为学功夫上的意义,一贯不能离开分殊,分殊需要上升到一贯,下学才能上达。

---

① 《四书集注》,里仁第四,第72页。

子在川上，曰："逝者如斯夫！不舍昼夜。" 夫，音扶。舍，上声。天地之化，往者过，来者续，无一息之停，乃道体之本然也。然其可指而易见者，莫如川流。故于此发以示人，欲学者时时省察，而无毫发之间断也。程子曰："此道体也。天运而不已，日往则月来，寒往则暑来，水流而不息，物生而不穷，皆与道为体，运乎昼夜，未尝已也。是以君子法之，自强不息。及其至也，纯亦不已焉。"又曰："自汉以来，儒者皆不识此义。此见圣人之心，纯亦不已也。纯亦不已，乃天德也。有天德，便可语王道，其要只在谨独。"愚按：自此至篇终，皆勉人进学不已之辞。①

为了解释孔子川上之叹，朱子发挥了二程"道体"的观念来作说明，二程认为，"逝"是指道体运行不已而言，天地万物的运动变化"皆与道为体"，即万物的运动变化都是道的载体。朱子进一步认为，生生不息、流行不已的天地变化过程，就是本然的道体，意即自然变化就是道的真实的、本来的实体，道并不是抽象的实体。当然朱子这里所强调的还不是道的实体，而是强调道体的流行不息，他在"愚按"中，明确指出人应当学习道体的不停息的运动，进德不息、进学不已。

道虽然重要，但人的努力，人发扬道的努力，更为重要：

子曰："人能弘道，非道弘人。" 弘，廓而大之也。人

---

① 《四书集注》，子罕第九，第113页。

外无道，道外无人。然人心有觉，而道体无为；故人能大其道，道不能大其人也。张子曰："心能尽性，人能弘道也；性不知检其心，非道弘人也。"①

朱子以"人心有觉，道体无为"来说明孔子的话，强调人心有意识，有能动性，而道体没有意识，没有能动性；所以人可以能动地发扬道，但道无法帮助提升人的境界。所以，人的精神境界的提高，必须依靠自己的努力，依靠发挥自己的主体能动性。

四　仁者，心之全德

子曰："若圣与仁，则吾岂敢？抑为之不厌，诲人不倦，则可谓云尔已矣。"公西华曰："正唯弟子不能学也。" 此亦夫子之谦辞也。圣者，大而化之。仁，则心德之全而人道之备也。②

最高的仁是全部德性的代表，也是完备的人道的标志，所以对这样的仁，连孔子也称吾岂敢。

颜渊问仁。子曰："克己复礼为仁。一日克己复礼，天下归仁焉。为仁由己，而由人乎哉？" 仁者，本心之全德。

---

① 《四书集注》，卫灵公第十五，第167页。
② 《四书集注》，述而第七，第101页。

克，胜也。己，谓身之私欲也。复，反也。礼者，天理之节文也。为仁者，所以全其心之德也。盖心之全德，莫非天理，而亦不能不坏于人欲。故为仁者必有以胜私欲而复于礼，则事皆天理，而本心之德复全于我矣。归，犹与也。又言一日克己复礼，则天下之人皆与其仁，极言其效之甚速而至大也。又言为仁由己而非他人所能预，又见其机之在我而无难也。日日克之，不以为难，则私欲净尽，天理流行，而仁不可胜用矣。程子曰："非礼处便是私意。既是私意，如何得仁？须是克尽己私，皆归于礼，方始是仁。"又曰："克己复礼，则事事皆仁，故曰天下归仁。"谢氏曰："克己须从性偏难克处克将去。"**颜渊曰："请问其目。"子曰："非礼勿视，非礼勿听，非礼勿言，非礼勿动。"颜渊曰："回虽不敏，请事斯语矣。"**目，条件也。颜渊闻夫子之言，则于天理人欲之际，已判然矣，故不复有所疑问，而直请其条目也。非礼者，己之私也。勿者，禁止之辞。是人心之所以为主，而胜私复礼之机也。私胜，则动容周旋无不中礼，而日用之间，莫非天理之流行矣。事，如事事之事。请事斯语，颜子默识其理，又自知其力有以胜之，故直以为己任而不疑也。程子曰："颜渊问克己复礼之目，子曰，'非礼勿视，非礼勿听，非礼勿言，非礼勿动'，四者身之用也。由乎中而应乎外，制于外所以养其中也。颜渊事斯语，所以进于圣人。后之学圣人者，宜服膺而勿失也，因箴以自警。其《视箴》曰：'心兮本虚，应物无迹。操之有要，视为之则。蔽交于前，其中则迁。制之于外，以安其内。克己复礼，久而诚矣。'其《听箴》曰：'人有秉彝，本乎天性。知诱物化，遂亡其正。卓彼先觉，知止有定。闲邪存诚，非礼勿听。'其《言箴》曰：'人心之动，因言以宣。发禁躁妄，内斯静专。矧是枢机，兴戎出好，吉凶荣辱，惟其所召。伤易则诞，伤烦则支，己肆物忤，出悖来违。非法不道，钦哉训辞！'其《动箴》曰：'哲人知几，诚之于思；志士励行，守之于为。顺理则裕，从欲惟危；造次克念，战兢自持。习与性成，圣贤同归。'"愚按：此章问答，乃传授心法切要之言。非至明不能察其几，非至健不能致其决。故惟颜子得闻之，而凡学者亦不可以不勉也。程子之箴，发明亲切，学者尤宜深玩。①

朱子在《论语》开始的地方已经申明："仁者，爱之理，心之德也。"这里他又作了定义式的解释："仁者，心之全德。"这就说明，在他看来，仁不仅是心之德，而且是心之全德。即，狭义的仁和义、礼、智一样只是心之一德，而广义的仁则代表心的全部德性，包含了义、礼、智，是道德境界的全体。心之全德的仁也就是天理。这是朱子对仁学思想的发展。

关于"克己复礼"，朱子以礼为体现天理的具体规则。朱子对克己复礼的解释是，战胜了私欲以复归于天理。这就是说，人人本来皆有心之全德，心中本来都是天理，但易被私欲所破坏，只有通过"为仁"的实践功夫，也就是在事事物物的实践

---

① 《四书集注》，颜渊第十二，第131页。

中战胜私欲，才能恢复心之全德，复归于天理。而恢复了心之全德、复归于天理，就是仁。朱子把这样达到的仁的境界表达为"私欲净尽，天理流行，而仁不可胜用矣"。这在后来理学史上影响很大。所谓"天理流行"，就人道来说，是说天理不受阻碍地充满人的内心，全面支配人的行为。

关于克己复礼之目，朱子把非礼解释为心中的私欲，可见朱子始终把"天理—人欲"的对立作为儒家道德思想的基础，也作为《论语》解释的基本分析框架。他认为这一章的主旨是，克服了私欲，人在行为举止上就能符合礼则，天理就能处处主宰人的日常生活。朱子高度重视此章，强调此章孔子所说是"传授心法切要"，他还详细引述了二程对此章的解释，特别是程颐的四箴，认为程颐的思想正确解决了内外功夫的关系，即内心的存养和行为的端正是互相作用、相辅相成的，缺一不可。

朱子又指出：

> "**克、伐、怨、欲不行焉，可以为仁矣？**"此亦原宪以其所能而问也。克，好胜。伐，自矜。怨，忿恨。欲，贪欲。**子曰："可以为难矣，仁则吾不知也。"**有是四者而能制之，使不得行，可谓难矣。仁则天理浑然，自无四者之累，不行不足以言之也。程子曰："人而无克、伐、怨、欲，惟仁者能之。有之而能制其情使不行，斯亦难能也。谓之仁则未也。此圣人开示之深，惜乎宪之不能再问也。"或曰："四者不行，固不得为仁矣。然亦岂非所谓克己之事，求仁之方乎？"曰："克去己私以复乎礼，则私欲不留，

而天理之本然者得矣。若但制而不行，则是未有拔去病根之意，而容其潜藏隐伏于胸中也。岂克己求仁之谓哉？学者察于二者之间，则其所以求仁之功，益亲切而无渗漏矣。"①

在朱子看来，克己复礼为仁，并不是指在某些方面克制自己、强制自己，而是彻底去除了私欲，使得心中充满天理。仅仅克制自己不去作某些表现，虽然是难得的道德境界，但还不是仁的境界。仁的境界是更高的境界，更高的道德觉悟，仁是天理浑然、自然没有私欲的状态，这就把朱子对克己复礼的理解更全面地表达出来了。

子曰："夫仁者，己欲立而立人，己欲达而达人。夫，音扶。以己及人，仁者之心也。于此观之，可以见天理之周流而无间矣。状仁之体，莫切于此。**能近取譬，可谓仁之方也已。**"譬，喻也。方，术也。近取诸身，以己所欲譬之他人，知其所欲亦犹是也。然后推其所欲以及于人，则恕之事而仁之术也。于此勉焉，则有以胜其人欲之私，而全其天理之公矣。程子曰："医书以手足痿痹为不仁，此言最善名状。仁者以天地万物为一体，莫非己也。认得为己，何所不至；若不属己，自与己不相干。如手足之不仁，气已不贯，皆不属己。故博施济众，乃圣人之功用。仁至难

---

① 《四书集注》，宪问第十四，第149页。

言,故止曰:'己欲立而立人,已欲达而达人,能近取譬,可谓仁之方也已。'欲令如是观仁,可以得仁之体。"①

天理周流无间,即天理流行充满,所以朱子所谓"天理流行",一是强调充满,一是强调无间。充满是强调空间的普遍性,无间断是强调时间的普遍性,所以天理流行,就天道来说,就是强调天理的时间和空间的普遍性。

五 乐:天理流行,胸次悠然

> 子曰:"贤哉,回也!一箪食,一瓢饮,在陋巷。人不堪其忧,回也不改其乐。贤哉,回也!"食,音嗣。乐,音洛。箪,竹器。食,饭也。瓢,瓠也。颜子之贫如此,而处之泰然,不以害其乐,故夫子再言"贤哉回也"以深叹美之。程子曰:"颜子之乐,非乐箪瓢陋巷也,不以贫窭累其心而改其所乐也,故夫子称其贤。"又曰:"箪瓢陋巷非可乐,盖自有其乐尔。其字当玩味,自有深意。"又曰"昔受学于周茂叔,每令寻仲尼颜子乐处,所乐何事?"愚按:程子之言,引而不发,盖欲学者深思而自得之。今亦不敢妄为之说。学者但当从事于博文约礼之诲,以至于欲罢不能而竭其才,则庶乎有以得之矣。②

---

① 《四书集注》,雍也第六,第92页。
② 同上书,第87页。

朱子《论语集注》的儒学思想

北宋理学已提出孔颜乐处的精神境界，这是宋代儒学发展的重要方向，朱子在注释中列引了二程关于颜子之乐的论述，把道学对这一问题的关注带入《论语》的解释，开辟了《论语》解释的新视野。不过，朱子在这里虽然引述了二程的思想，但也以"愚按"强调了他自己的立场，即不能悬空去追求乐，必须从博文的学习和约礼的功夫下手。

> 子贡曰："贫而无谄，富而无骄，何如？"子曰："可也。未若贫而乐，富而好礼者也。"乐，音洛。好，去声。谄，卑屈也。骄，矜肆也。常人溺于贫富之中，而不知所以自守，故必有二者之病。无谄无骄，则知自守矣，而未能超乎贫富之外也。凡曰可者，仅可而有所未尽之辞也。乐则心广体胖而忘其贫，好礼则安处善，乐循理，亦不自知其富矣。①

心广体胖是"乐"的效应和结果，但乐不是空空洞洞的乐，乐应当是"乐循理"，乐于遵循理的原则规范，朱子这个讲法意在防止把乐和道德意识分开。说明朱子对于乐始终是用理来加以补充的。

> 子曰："知者乐水，仁者乐山；知者动，仁者静；知者乐，仁者寿。"知，去声。乐，上二字并五教反，下一字音

---

① 《四书集注》，学而第一，第52页。

> 洛。乐，喜好也。知者达于事理而周流无滞，有似于水，故乐水；仁者安于义理而厚重不迁，有似于山，故乐山。动静以体言，乐寿以效言也。动而不括故乐，静而有常故寿。程子曰："非体仁知之深者，不能如此形容之。"①

这也是说知和乐都与理有关，知不是离开理的知，乐也不是离开理的乐。智者通达于事物的道理而变通无滞，所以常乐。仁者心境稳定，安于道德当然之理，所以沉静。可见朱子处处都用"理"的话语来解释古典文本。

> 子曰："饭疏食饮水，曲肱而枕之，乐亦在其中矣。不义而富且贵，于我如浮云。"饭，符晚反。食，音嗣。枕，去声。乐，音洛。饭，食之也。疏食，粗饭也。圣人之心，浑然天理，虽处困极，而乐亦无不在焉。其视不义之富贵，如浮云之无有，漠然无所动于其中也。程子曰："非乐疏食饮水也，虽疏食饮水，不能改其乐也。不义之富贵，视之轻如浮云然。"又曰："须知所乐者何事。"②

饭疏食饮水，曲肱而枕之，乐亦在其中，这并不是因为穷困的生活本身值得可乐，而是说穷困的生活不能妨碍、改变圣人精神上的满足。朱子强调，圣人的精神境界，是天理浑然的境界，有了这种境界，身处何种环境，都能始终保持精神的自足和快

---

① 《四书集注》，雍也第六，第90页。
② 《四书集注》，述而第七，第97页。

乐。心中浑然天理，是一种道德境界，道德境界给人带来的精神的快乐不依赖于物质的生活条件。

最后来看朱子对"曾点之学"的解说：

"点！尔何如？"鼓瑟希，铿尔，舍瑟而作。对曰："异乎三子者之撰。"子曰："何伤乎？亦各言其志也。"曰："莫春者，春服既成。冠者五六人，童子六七人，浴乎沂，风乎舞雩，咏而归。"夫子喟然叹曰；"吾与点也！"铿，苦耕反。舍，上声。撰，士免反。莫、冠，并去声。沂，鱼依反。雩音于。四子侍坐，以齿为序，则点当次对。以方鼓瑟，故孔子先问求、赤而后及点也。希，间歇也。作，起也。撰，具也。春服，单袷之衣。浴，盥濯也，今上巳祓除是也。沂，水名，在鲁城南，地志以为有温泉焉，理或然也。风，乘凉也。舞雩，祭天祷雨之处，有坛墠树木也。咏，歌也。曾点之学，盖有以见夫人欲尽处，天理流行，随处充满，无少欠阙。故其动静之际，从容如此。而其言志，则又不过即其所居之位，乐其日用之常，初无舍己为人之意。而其胸次悠然，直与天地万物上下同流，各得其所之妙，隐然自见于言外。视三子之规规于事为之末者，其气象不侔矣，故夫子叹息而深许之。而门人记其本末独加详焉，盖亦有以识此矣。……程子曰："古之学者，优柔厌饫，有先后之序。如子路、冉有、公西赤言志如此，夫子许之。亦以此自是实事。后之学者好高，如人游心千里之外，然自身却只在此。"又曰："孔子与点，盖与圣人之志同，便是尧、舜气象也。诚异三子者之撰，特行有不掩焉耳，此所谓狂也。子路等所见者小，子路只为不达为国以礼道理，是以哂之。若达，却便是这气象也。"又曰："三子皆欲得国而治之，故夫子不取。曾点，狂者也，未必能为圣人之事，而能知夫子之志。故曰浴乎沂，风乎舞雩，咏而归，言乐而得其所也。孔子之志，在于老者安之，朋友信之，少者怀之，使万物莫不遂其性。曾点知之，故孔子喟然叹曰"吾与点也。"又曰："曾点、漆雕开，已见大意。"①

道学特别重视《论语》中孔子与点之乐的一章，以"曾点气象"或"狂者气象"或"曾点之乐"来解释此章，把曾点的表现归结为一种"乐"，并认为这是一种狂者之乐。与子路等人局限在具体事物不同，曾点之乐更为超脱。朱子的解释强调伊川的观点，认为子路等的志向是实事，学曾点学不好可能好高骛远；因此，孔子的与点，是主张乐得其所，得其所就是老者安之，朋友信之，少者怀之，使万物各得其性。所以这样的乐并没有脱离事事物物，没有脱离人伦日用。从这个角度出发，朱子的注释中，把曾点之乐解释为两方面，一方面是"有以见夫人欲尽处，天理流行，随处充满，无少欠阙"，这是指内在的一面，即内心人欲尽去，天理处处充满，于是胸次悠然，达到与天地上下同流的精神境界。另一方面是"其动静之际，从容如此"，

---

① 《四书集注》，先进第十一，第130页。

这是指其外在行为从容自然，即其所居之位，乐其日用之常，尽其在人伦的义务，奉行其道德责任。总之，谈到精神境界，朱子总是不离天理人欲的问题，注意避免离开存理去欲而追求高旷的精神境界。

六　人性皆善

子曰："有教无类。" 人性皆善，而其类有善恶之殊者，气习之染也。故君子有教，则人皆可以复于善，而不当复论其类之恶矣。①

气习指气质和习惯。朱子肯定人性皆善，但承认人有善恶之分，他认为人的有善有恶，并不是因为他们的性不同，而是因为它们的气习之染造成的。教育的意义就在于使人人都可以恢复其善的本性，成为善的人。

子曰："性相近也，习相远也。" 此所谓性，兼气质而言者也。气质之性，固有美恶之不同矣。然以其初而言，则皆不甚相远也。但习于善则善，习于恶则恶，于是始相远耳。程子曰："此言气质之性。非言性之本也。若言其本，则性即是理，理无不善，孟子之言性善是也。何相近之有哉？"②

---

① 《四书集注》，卫灵公第十五，第168页。
② 《四书集注》，阳货第十七，第175—176页。

朱子在这里说得更为明白，气质和习惯对人的善恶影响很大。同时他接受了二程的思想，认为人有性理之性，又有气质之性，性理之性无不善，气质之性有善有不善。从这个角度解释，孔子说的性相近只是说气质之性，不是指性理之性。顺着《论语》本文来看，习对人的善恶的养成影响更大。其实，从朱子自己的立场说，他认为气质的影响及其带来的对私欲的追求，要比习惯习俗更大。这也说明，朱子虽然用他的哲学来解释《论语》，但并没有把他自己的结论强加给《论语》。

七　心：公私理欲之间

子曰："**道之以政，齐之以刑，民免而无耻；**道，音导，下同。道，犹引导，谓先之也。政，谓法制禁令也。齐，所以一之也。道之而不从者，有刑以一之也。免而无耻，谓苟免刑罚，而无所羞愧，盖虽不敢为恶，而为恶之心未尝忘也。**道之以德，齐之以礼，有耻且格。**"礼，谓制度品节也。格，至也。言躬行以率之，则民固有所观感而兴起矣，而其浅深厚薄之不一者，又有礼以一之，则民耻于不善，而又有以至于善也。一说，格，正也。书曰："格其非心。"愚谓政者，为治之具。刑者，辅治之法。德礼则所以出治之本，而德又礼之本也。此其相为终始，虽不可以偏废，然政刑能使民远罪而已，德礼之效，则有以使民

朱子《论语集注》的儒学思想

日迁善而不自知。故治民者不可徒恃其末,又当深探其本也。①

朱子发挥孔子的思想提出,以政令刑罚治民,人虽然不敢为恶,但为恶的心并没有改变。有耻且格的格字,朱子训为"至",即至于、达到的意思。朱子特别强调,治理国家以德礼为本,德与礼二者不可偏废,应互相配合;而德与礼之间,德为礼之本。这比在礼乐文化中生长起来的古典儒家对礼的高度重视,更强调德治的立场。朱子也指出,格有另一意义,即纠正,他举出尚书中"格其非心"的说法,一方面作为"格者正也"的例子,一方面也提示出在他看来,心有正有不正。

> 子曰:"里仁为美。择不处仁,焉得知?"处,上声。焉,于虔反。知,去声。里有仁厚之俗为美。择里而不居于是焉,则失其是非之本心,而不得为知矣。②

心有正有不正,不正的心失其是非之本心。这就是说,人的本心都是正的,但若失其本心,则心就成为不正的心了。失其是非之本心,这个说法是来自孟子。

> 子曰:"不仁者不可以久处约,不可以长处乐。仁者安仁,知者利仁。"乐,音洛。知,去声。约,穷困也。利,

---

① 《四书集注》,为政第二,第54页。
② 《四书集注》,里仁第四,第69页。

犹贪也，盖深知笃好而必欲得之也。不仁之人，失其本心，久约必滥，久乐必淫。惟仁者则安其仁而无适不然，知者则利于仁而不易所守，盖虽深浅之不同，然皆非外物所能夺矣。①

朱子并没有排斥孟子的本心思想，相反他在《论语集注》中不止一次引用孟子失其本心之说，在这里他指出，不仁的人，就是失其本心的人，这也就是说，不失其本心，就成为仁者仁人了。这也就是说，仁是有其内在的基础的。

  子曰："唯仁者能好人，能恶人。"好、恶，皆去声。唯之为言独也。盖无私心，然后好恶当于理，程子所谓"得其公正"是也。游氏曰："好善而恶恶，天下之同情，然人每失其正者，心有所系而不能自克也。惟仁者无私心，所以能好恶也。"②

理学心法的要旨是辨别公私理欲。仁者的心，其特点是公而无私，无私心即无私欲，一个人若无私欲，其好恶之心、好恶之情，就能合于理义，合于理义就是"公""正"。

  子曰："君子怀德，小人怀土；君子怀刑，小人怀惠。"怀，思念也。怀德，谓存其固有之善。怀土，谓溺其所处

---

① 《四书集注》，里仁第四，第69页。
② 同上。

之安。怀刑，谓畏法。怀惠，谓贪利。君子小人趣向不同，公私之间而已。①

君子与小人的分别在于心，君子之心常公，小人之心常私；君子之心关注道德进步，小人之心关注利益所得。君子心中念念不忘的，与小人念念不忘的，是全然不同的。这种不同，最根本的是公与私的不同。

子曰："君子周而不比，小人比而不周。" 周，普遍也。比，偏党也。皆与人亲厚之意，但周公而比私耳。君子小人所为不同，如阴阳昼夜，每每相反。然究其所以分，则在公私之际，毫厘之差耳。故圣人于周比、和同、骄泰之属，常对举而互言之，欲学者察乎两间，而审其取舍之几也。②

所以，君子小人之分，即在公私之间。公与私在原则上泾渭分明，两相对立，但公私之际，在有些地方，在最初的时候，往往只是毫厘之差。君子要在这些似是而非的地方加以审查、对比，以明白取舍。

曰："求仁而得仁，又何怨。"出，曰："夫子不为也。" 伯夷、叔齐，孤竹君之二子。其父将死，遗命立叔齐。父

---

① 《四书集注》，里仁第四，第71页。
② 《四书集注》，为政第二，第57页。

卒，叔齐逊伯夷。伯夷曰："父命也"，遂逃去。叔齐亦不立而逃之，国人立其中子。其后武王伐纣，夷、齐扣马而谏。武王灭商，夷、齐耻食周粟，去隐于首阳山，遂饿而死。怨，犹悔也。君子居是邦，不非其大夫，况其君乎？故子贡不斥卫君，而以夷、齐为问。夫子告之如此，则其不为卫君可知矣。盖伯夷以父命为尊，叔齐以天伦为重。其逊国也，皆求所以合乎天理之正，而即乎人心之安。既而各得其志焉，则视弃其国犹敝蹝尔，何怨之有？若卫辄之据国拒父而惟恐失之，其不可同年而语明矣。程子曰："伯夷、叔齐逊国而逃，谏伐而饿，终无怨悔，夫子以为贤，故知其不与辄也。"①

趣向即是志，即是心之所怀。君子的志是求仁得仁，即追求仁，践履仁，行仁而后心安。故君子做事，一皆以人伦当然为重，凡事求合乎天理，求良心之安。所以，这里的人心之安的人心，当然不是情欲之心，而是义理之心，良心。

　　子曰："**君子喻于义，小人喻于利。**"喻，犹晓也。义者，天理之所宜。利者，人情之所欲。程子曰："君子之于义，犹小人之于利也。唯其深喻，是以笃好。"杨氏曰："君子有舍生而取义者，以利言之，则人之所欲无甚于生，所恶无甚于死，孰肯舍生而取义哉？其所喻者义而已，不

---

① 《四书集注》，述而第七，第96页。

知利之为利故也，小人反是。"①

孔子时代，用义利之辨表达他对人格的判断。理学的时代，则明确以"理"解释"义"，把"利"解释为"欲"，从而在理学的话语里从义利之辨引出理欲之辨。朱子认为"义"就是天理所规定的当然之则，利是人情欲望所追求的，而一切道德行为都是出于对人情欲望的超越，因此道德的本质就在于对人情欲望的超越。君子之心与小人之心的不同，也正在以天理当然为终极追求，还是以人情欲望为终极追求。

八 为学：其分虽殊，而理则一

夫子循循然善诱人，博我以文，约我以礼。 循循，有次序貌。诱，引进也。博文约礼，教之序也。言夫子道虽高妙，而教人有序也。侯氏曰："博我以文，致知格物也。约我以礼，克己复礼也。"②

理学与以前的经学的一大不同，是把《大学》《中庸》和《论孟》参比讨论，这里朱子在注释中引用程门弟子侯氏之说，用致知格物解释"博文"，以克己复礼定位约礼，就是一个显例。朱子则强调《论语》此章是讲为学次序的，人应当追求道的最高境界，但对道的追求要以博文和约礼为基础，离开了格物的

---

① 《四书集注》，里仁第四，第73页。
② 《四书集注》，子罕第九，第111页。

思学和克己的修养，道就变成了高妙的空谈。这里朱子把博文和约礼看作最基本的功夫。

> 子夏曰："博学而笃志，切问而近思，仁在其中矣。"四者皆学问思辨之事耳，未及乎力行而为仁也。然从事于此，则心不外驰，而所存自熟，故曰仁在其中矣。①

这里朱子又用《中庸》的讨论参与对《论语》的解释，《论语》此章子夏所发挥的孔子思想，讲博学、笃志，切问、近思四者，朱子认为这四者相当于中庸所说的博学、审问、慎思、明辨、笃行五者中的前四者，即学、问、思、辨，而没有涉及行。但朱子认为，子夏所以强调这四者和仁的关系，是因为从事于博学、笃志，切问、近思这四者，就可以使心收敛、聚集在内，而不会外驰，而这就有益于存心，有益于仁的实现。可见，朱子并不主张独立的力行，而重视学、问、思、辨的功夫，认为学、问、思、辨具有存心的功效，故仁的实现就在学、问、思、辨之中。

> 子曰："君子道者三，我无能焉：仁者不忧，知者不惑，勇者不惧。"知，去声。自责以勉人也。子贡曰："夫子自道也。"道，言也。自道，犹云谦辞。尹氏曰："成德以仁为先，进学以知为先。故夫子之言，其序有不同者以此。"②

---

① 《四书集注》，子张第十九，第 189 页。
② 《四书集注》，宪问第十四，第 156 页。

朱子《论语集注》的儒学思想

朱子所引用的尹氏之说,发挥了二程"涵养须用敬,进学则在致知"的思想,并用这样的观点诠释此章。朱子引尹氏语,把孔子此章所说解释为论为学次序,并提出成德以践仁为先,进学以致知为先,实际上表达了一种成德与进学并重的思想。表达出朱子的儒学思想,在成人的理想方面,不是道德的一元论,而是始终重视学、问、思、辨、求知的方面在人格发展中的意义。

子游曰:"子夏之门人小子,当洒扫、应对、进退,则可矣。抑末也,本之则无。如之何?"洒,色卖反。扫,素报反。子游讥子夏弟子,于威仪容节之间则可矣。然此小学之末耳,推其本,如大学正心诚意之事,则无有。**子夏闻之曰:"噫!言游过矣!君子之道,孰先传焉?孰后倦焉?譬诸草木,区以别矣。君子之道,焉可诬也?有始有卒者,其惟圣人乎!"**别,必列反。焉,于虔反。倦,如诲人不倦之倦。区,犹类也。言君子之道,非以其末为先而传之,非以其本为后而倦教。但学者所至,自有浅深,如草木之有大小,其类固有别矣。若不量其浅深,不问其生熟,而概以高且远者强而语之,则是诬之而已。君子之道,岂可如此?若夫始终本末一以贯之,则惟圣人为然,岂可责之门人小子乎?程子曰:"君子教人有序,先传以小者近者,而后教以大者远者。非先传以近小,而后不教以远大也。"又曰:"洒扫应对,便是形而上者,理无大小故也。故君子只在慎独。"又曰:"圣人之道,更无精粗。从洒扫应对,与精义入神,贯通只一理。虽洒扫应对,只看所以然如何。"又曰:"凡物有本末,不可分本末为两段事。洒扫应对是其然,必有所以然。"又曰:"自洒扫应对上,便可到圣人事。"愚按:程子第一条,说此章文意,最为详尽。其后四条,皆以明精粗本末,其分虽殊,而理则一。学者当循序而渐进,不可厌末而求本。盖与第一条之意,实相表里。非谓末即是本,但学其末而本便在此也。①

此章也是理学《论语》说的重点,涉及到理一分殊的问题。朱子用理一分殊来说明此章的本末之辨,以反驳子游对子夏门人的批评,更由此捍卫从具体事物下手的功夫论。朱子解释子夏的话,认为人的资质不同,应因材施教,不能要求每个人都做到本末通贯,只有圣人才能"始终本末一以贯之",故不能用这样的最高要求衡量门人小子。在"愚按"中朱子指出,他引用的二程语录,第一条是解释此章的;其他四条原本不是解释此章的,但可用来说明他所理解的此章的义理。他强调,事物虽有本末精粗之分,但都贯穿了理,都体现了理,本末精粗与理的关系是理一分殊的关系,从而反对只重视本精而轻视末粗的观点。同时朱子指出,本末亦有分别,洒扫应对是末,是其"然",而洒扫应对必有其"所以然",是本,但必须循序渐进,应当由末以求本,不可厌末而求本。这是朱子重视分殊的方法论的体现。朱子所警惕的是因受到佛老影响而轻视具体事物专

---

① 《四书集注》,子张第十九,第190页。

求高远境界的做法。

朱子34岁编成《论语要义》,其书序云:"独取二先生及其门人朋友数家之说,补辑订正,以为一书,目之曰《论语要义》。"① 朱子43岁编成《论语精义》,其方针与要义相同,其序中言:"间尝蒐集条疏(二程先生说),以附本章之末。……既又取夫学之有同于先生者,与其有得于先生者,若横渠张公、范氏、二吕氏、谢氏、游氏、杨氏、侯氏、尹氏凡九家之说,以附益之,名曰《论语精义》。"② 《精义》后更名《集义》,对九家之说有所补充,又加周氏一家。随着朱子学问成熟,渐渐觉得上面所说几种《论语》集释中所收入的前儒说法有选择未精者,故又作《集注》,《集注》的特点即在前面几种《论语》书的基础上,"约其精粹妙得本旨者为己集注"(《年谱》语),他自己也说:"集注乃集义之精髓。"③ 至于《集注》对《精义》的择取的理由,朱子又作《或问》详细加以说明。

如前所说,《集注》不忽视训诂音读,这是朱子的自觉,早在他34岁编成《论语要义》时,曾同时编成《论语训蒙口义》,其序云:"本之《注疏》以通其训诂,参之《释文》以正其音读,然后会之于诸老先生之说以发其精微。一句之义系之本句之下,一章之指列之本章之左,又以平时所闻于师友而得于心者,间附一二条焉。"④ 这其实也是《集注》的基本做法。可知

---

① 《〈论语要义〉目录序》,《朱文公文集》(台湾商务影印四部丛刊本)卷七十五,第1317页。此处所引文字"独取二先生"数字,据王白田《朱子年谱》补。
② 《语孟集义序》,《朱文公文集》卷七十五,第1324页。
③ 《语类》十九,第439页。
④ 《〈论语训蒙口义〉序》,《朱文公文集》卷七十五,第1317页。

朱子《论语》注释著作的方法是一贯的。所以《语类》中也记载了不少朱子自己的表白："某所集注《论语》，至于训诂皆仔细者，盖要人字字与某着意看。"① 他在《论语精义》序中也说到："汉魏诸儒，正音读、通训诂、考制度、辨名物，其功博矣。学者苟不先涉其说，则亦何以用力于此？"② 这都说明朱子批判地吸取了汉唐经学的有益之处，融入他自己的解经著作。

但朱子虽然兼顾训诂等，仍是以义理解经为主，而他的义理解释既在思想上继承了二程，又与二程在解释方法上有别，他曾说："程先生解经，理在解语内；某集注《论语》，只是发明其辞，使人玩味经文，理皆在经文之内。"③ 这是说，二程所阐发的义理是对的，但他们解经时阐发的义理往往脱离经文的本文；而朱子自己也注重义理，但他的《集注》在主观上力图使读者切就经文来理解经文的义理，引导读者就经文而理解其义理，是即经求理，不是离经说理。其实，朱子的解经在很多地方也是发挥或加进了经文中没有说明的义理，这从我们在本节所述的朱子以其哲学解释文本的例子可明显看出。这是一切义理派解经学共有的必然趋归。但朱子不忽视训诂音读名物，注重经文自身的脉络，确实使得朱子的四书著作能够经受得起汉学的批评，而又同时彰显出义理派的优长。

---

① 《语类》卷十一，第191页。
② 《语孟集义序》，《朱文公文集》卷七十五，第1324页。
③ 《语类》卷十九，第438页。

朱子《孟子集注》及其儒学思想

朱熹的《论语集注》和《孟子集注》在思想上方法上是一致的，所以这两种书在他生时和死后都常常合刻，称为《论孟集注》。朱子的《孟子集注》是义理派的解释学风，在重视训诂音读的同时，力求通过注释阐发他的哲学思想，或者说自觉地用他的哲学思想解释《孟子》的本文。

一　仁心：天地以生物为心，人得之以为心

《孟子·梁惠王》第一章一开始，记述了孟子与梁惠王之间著名的义利对话：

> 孟子对曰："王何必曰利？亦有仁义而已矣。"仁者，心之德、爱之理。义者，心之制、事之宜也。此二句乃一

章之大指，下文乃详言之。①

仁者心之德、爱之理，这是朱熹仁说的重要定义，也写入了论语《集注》。孟子则不仅言仁，而且论义，仁义连用。与仁的定义是"心之德、爱之理"相对，义的定义，在这里表达为"心之制、事之宜"，指义是心的向外的规范作用，是制约行事的，使事物得其所宜。义本来也可以是心之德，但朱熹在孟子《集注》中强调的不是义作为心之德的意义，而是对事物的制约作用，是行事的应然原则。朱熹认为突出仁义是开篇首章的"大指"。

在这一章的结尾，我们看到朱熹的《集注》：

王亦曰仁义而已矣，何必曰利？ 重言之，以结上文两节之意。此章言仁义根于人心之固有，天理之公也。利心生于物我之相形，人欲之私也。循天理，则不求利而自无不利；殉人欲，则求利未得而害已随之。所谓毫厘之差，千里之缪。此《孟子》之书所以造端托始之深意，学者所宜精察而明辨也。太史公曰："余读孟子书至梁惠王问何以利吾国，未尝不废书而叹也。曰嗟乎！利诚乱之始也。夫子罕言利，常防其源也。故曰'放于利而行，多怨'。自天子以至于庶人，好利之弊，何以异哉？"程子曰"君子未尝不欲利，但专以利为心则有害。惟仁义则不求利而未尝不利也。

---

① 《四书集注》，第 201 页。黑体字为《孟子》本文，黑体字后为朱熹《集注》文。下皆仿此，不再注明。

当是之时，天下之人惟利是求，而不复知有仁义。故孟子言仁义而不言利，所以拔本塞源而救其弊，此圣贤之心也。"①

仁义是在与其对立面的对立中彰显起来的。朱熹认为，《孟子》梁惠王上第一章的根本宗旨是理欲公私之辨，仁义之心是人所固有的本心，代表天理之公；而所谓"利心"生于人与物的接触，属于人欲之私。两者是对立的，但也可以在仁义的主导下得到统一。关于理和欲的关系，朱熹认为，一心遵循天理，不追求利益，利益自然会来。一心追求人欲，不仅利益得不到，自己也会受害。他引用二程的话指出，君子不否定利，但反对"专以利为心"，反对以利为惟一的动机，认为这无论对个人还是社会都是有害的。朱熹还引用司马迁的话，认为惟利是求的价值导向，是社会动乱的根源；主张改变以利为根本、改变惟利是求，才是改良社会、救治人心的"拔本塞源"之法。

朱熹首先要面对孟子自己对仁和义的分疏：

孟子曰："仁，人心也；义，人路也。" 仁者心之德，程子所谓心如谷种，仁则其生之性，是也。然但谓之仁，则人不知其切于己，故反而名之曰人心，则可以见其为此身酬酢万变之主，而不可须臾失矣。义者行事之宜，谓之人路，则可以见其为出入往来必由之道，而不可须臾舍矣。②

---

① 《四书集注》，第202页。
② 同上书，第333页。

本来，朱熹的哲学认为仁是性，不是心，所以他先用心之德解释仁作为生命本性的意义。但在朱熹看来，孟子之所以提出"仁人心也"，是因为，只把仁作为一种德性，或者作为人性本质，还不能显示出仁作为意识主体的重要作用，也不能使人在功夫实践上贴近自己的问题。心是意识活动和行为的主宰，如果从心来理解仁，仁心就是活动的主体，这就突出了仁作为道德主体的意义。所以，从人心方面来讲仁，也是朱熹可以肯定的。义则是指人的从事于各种事事物物的活动所应遵循的规范和原则。

朱熹强调，仁心是有其宇宙根源的：

> **孟子曰："人皆有不忍人之心。**天地以生物为心，而所生之物因各得夫天地生物之心以为心，所以人皆有不忍人之心也。**先王有不忍人之心，斯有不忍人之政矣。以不忍人之心，行不忍人之政，治天下可运之掌上。"**言众人虽有不忍人之心，然物欲害之，存焉者寡，故不能察识而推之政事之间；惟圣人全体此心，随感而应，故其所行无非不忍人之政也。①

《孟子集注》中，对仁心的一个重要诠释，这就是来自朱熹《仁说》的观念。这个观念把人之仁心溯源至天地之心，以说明其根源。朱熹认为，天地生物之心就是天地的爱的体现，天地以

---

① 《四书集注》，第237页。

生物为心，就是指天地完全以对于万物生养的爱为心。而正是由于天地以爱为心，所以作为天地所生之物的人，也无不具有不忍人之爱心，不忍人之心即仁心。这是朱熹对孟子仁心说的宇宙论哲学论证。

不忍人之心又叫做恻隐之心，这是孟子用来说明仁心的重要方式：

> **所以谓人皆有不忍人之心者，今人乍见孺子将入于井，皆有怵惕恻隐之心。非所以内交于孺子之父母也，非所以要誉于乡党朋友也，非恶其声而然也。**怵，音黜。内，读为纳。要，平声。恶，去声，下同。乍，犹忽也。怵惕，惊动貌。恻，伤之切也。隐，痛之深也。此即所谓不忍人之心也。内，结。要，求。声，名也。言乍见之时，便有此心，随见而发，非由此三者而然也。程子曰："满腔子是恻隐之心。"谢氏曰："人须是识其真心。方乍见孺子入井之时，其心怵惕，乃真心也。非思而得，非勉而中，天理之自然也。内交、要誉、恶其声而然，即人欲之私矣。"**由是观之，无恻隐之心，非人也；无羞恶之心，非人也；无辞让之心，非人也；无是非之心，非人也。**恶，去声，下同。羞，耻己之不善也。恶，憎人之不善也。辞，解使去己也。让，推以与人也。是，知其善而以为是也。非，知其恶而以为非也。人之所以为心，不外乎是四者，故因论恻隐而悉数之。言人若无此，则不得谓之人，所以明其必

有也。①

《集注》在音读和字义讲解之后，引用二程和谢良佐有关恻隐之心的说法，其中谢氏的说法，以恻隐之心为人的真心；认为真心所发，不思而得，无所为而然，自然而然，乃是天理；凡有所为，如内交、要誉等，都是人欲。人不仅仅有恻隐之心，还有羞恶之心、辞让之心、是非之心，是非之心就是知其善而以为是，知其恶而以为非。朱熹强调，这四者是人之所以为人者，就是说，没有这四者就不成其为人了。又说这四者是人之所以为心者，意思是说，人与动物的区别在于人有心，而动物没有心，人与动物的根本不同就在于人有这四者之心。

在接下来的解释中，朱熹以理学的心性情论来解说孟子的性情说：

> **恻隐之心，仁之端也；羞恶之心，义之端也；辞让之心，礼之端也；是非之心，智之端也。**恻隐、羞恶、辞让、是非，情也。仁、义、礼、智，性也。心，统性情者也。端，绪也。因其情之发，而性之本然可得而见，犹有物在中而绪见于外也。……此章所论人之性情，心之体用，本然全具，而各有条理如此。学者于此，反求默识而扩充之，则天之所以与我者，可以无不尽矣。程子曰："人皆有是心，惟君子为能扩而充之。不能然者，皆自弃也。然其充

---

① 《四书集注》，第237页。

与不充，亦在我而已矣。"……①

孟子说恻隐之心是仁之端，朱熹解"端，绪也"，这在字义上是没有问题的。但朱熹又从他的心性论加以解释，仁是指性，恻隐是指情，心则包括性情。性是看不见的，但性通过情表现出来，于是人可以由情以见性。仁义礼智是天赋予人的性，恻隐等四者是人之本性的发端，通过恻隐等四者，性就可以表现出来了。在这个意义上，作为端绪的情之发和未发的性是两个不同层次的存在，这样的端绪就不是一个整体的开端部分，而是本性的现象表现。朱熹把性情归结为心的体用，性是心之体，情是心之用，心是包括性情的全体。从对孟子的解释来看，朱熹的这一说法，把孟子的性善、仁心、恻隐等讲法阐释为一更有条理层次的心性系统了。

正如朱熹在《集注》成书以前就完成的《仁说》一样，朱熹注重从爱来推溯和理解仁：

今有仁心仁闻而民不被其泽，不可法于后世者，不行先王之道也。 闻，去声。仁心，爱人之心也。仁闻者，有爱人之声闻于人也。先王之道，仁政是也。范氏曰："齐宣王不忍一牛之死，以羊易之，可谓有仁心。……"②

除了推原仁心的宇宙论根源外，朱熹对仁的理解的另一个特点

---

① 《四书集注》，第238页。
② 同上书，第275页。

是坚持以爱推仁,反对离爱言仁,所以他以仁心为爱人之心,以仁闻为有爱人之声闻。这些都体现了朱熹论仁的特点。

最后来看朱熹对孟子的大人之心和赤子之心的区分:

> **孟子曰:"大人者,不失其赤子之心者也。"** 大人之心,通达万变;赤子之心,则纯一无伪而已。然大人之所以为大人,正以其不为物诱,而有以全其纯一无伪之本然。是以扩而充之,则无所不知,无所不能,而极其大也。①

在《孟子》中,还提到大人之心和赤子之心,朱熹的解释认为这二者还是有所分别的,大人之心是成人后得的成熟理性,能通达各种变化,而不受任何物质的引诱;而赤子之心是原初的本心,纯一真实。朱熹认为,大人之心就是赤子之心的扩充的极致。

二 天理:以理言之谓之天

理学的根本特色,是要用理学的天理观重新解释各种涉及"天"的文本,《孟子集注》也不例外:

> **以大事小者,乐天者也;以小事大者,畏天者也。乐天者保天下,畏天者保其国。** 乐,音洛。天者,理而已矣。

---

① 《四书集注》,第 292 页。

大之字小，小之事大，皆理之当然也。自然合理，故曰乐天。不敢违理，故曰畏天。包含遍覆，无不周遍，保天下之气象也。①

与《论语集注》一样，朱熹对古代典籍中的天的概念都作了理性化的解释，即天是指天理而言，并不是指人格神上帝。从而，以天为后缀的词，也都应当这样来理解，如乐天是指人对天理的自然而然的符合，畏天是指人对天理的必然性的服从。

在与天关联的词语中，天理无疑是理学最重要的观念，也是理学的经典诠释的核心，而天理和人欲则构成了理学解释学的基本框架：

> 王曰："寡人有疾，寡人好色。"对曰："昔者大王好色，爱厥妃。《诗》云：'古公亶甫，来朝走马，率西水浒，至于岐下。爰及姜女，聿来胥宇。'当是时也，内无怨女，外无旷夫。王如好色，与百姓同之，于王何有？"大，音泰。王又言此者，好色则心志蛊惑，用度奢侈，而不能行王政也。大王，公刘九世孙。《诗·大雅·绵》之篇也。古公，大王之本号，后乃追尊为大王也。亶甫，大王名也。来朝走马，避狄人之难也。率，循也。浒，水涯也。岐下，岐山之下也。姜女，大王之妃也。胥，相也。宇，居也。旷，空也。无怨旷者，是大王好色，而能推己之心以及民

---

① 《四书集注》，第215页。

也。杨氏曰:"孟子与人君言,皆所以扩充其善心而格其非心,不止就事论事。若使为人臣者,论事每如此,岂不能尧舜其君乎?"愚谓此篇自首章至此,大意皆同。盖钟鼓、苑囿、游观之乐,与夫好勇、好货、好色之心,皆天理之所有,而人情之所不能无者。然天理人欲,同行异情。循理而公于天下者,圣贤之所以尽其性也;纵欲而私于一己者,众人之所以灭其天也。二者之间,不能以发,而其是非得失之归,相去远矣。故孟子因时君之问,而剖析于几微之际,皆所以遏人欲而存天理。其法似疏而实密,其事似易而实难。学者以身体之,则有以识其非曲学阿世之言,而知所以克己复礼之端矣。①

与人欲相对的天理,既是指天的普遍法则,也是指人心中的道德意识。在这里朱熹首先肯定,好勇、好货、好色之心,其本身并不是与天理冲突的,而是自然的普遍法则的一部分,所以是人情所常有的,问题在于,如何对待这些情欲。圣贤之学是把这些情欲看成人性的一部分,以服从道德法则为情欲满足的前提,在此前提下把这些情欲的适当满足作为君子尽性的一部分,并且谋求所有人欲望的满足。而一般人则放纵其情欲不加克制,只是追求自己在情欲上的满足,不关心人民利益,于是满足了私欲而湮灭了天理之心。朱熹认为,从意识上看,天理和人欲在出发点上,差别只在毫发之间,所以君子必须克己复

---

① 《四书集注》,第219页。

礼，遏制人欲而保存天理之心。

《孟子》书中以"诚"来说明天之道，《集注》的解释是：

> **孟子曰："居下位而不获于上，民不可得而治也。获于上有道：不信于友，弗获于上矣；信于友有道：事亲弗悦，弗信于友矣；悦亲有道：反身不诚，不悦于亲矣；诚身有道：不明乎善，不诚其身矣。** 获于上，得其上之信任也。诚，实也。反身不诚，反求诸身而其所以为善之心有不实也。不明乎善，不能即事以穷理。无以真知善之所在也。游氏曰："欲诚其意，先致其知；不明乎善，不诚乎身矣。学至于诚身，则安往而不致其极哉？以内则顺乎亲，以外则信乎友，以上则可以得君，以下则可以得民矣。"**是故诚者，天之道也；思诚者，人之道也。** 诚者，理之在我者皆实而无伪，天道之本然也；思诚者，欲此理之在我者皆实而无伪，人道之当然也。**至诚而不动者，未之有也；不诚，未有能动者也。"** 至，极也。杨氏曰："动便是验处，若获乎上、信乎友、悦于亲之类是也。"此章述中庸孔子之言，见思诚为修身之本，而明善又为思诚之本。乃子思所闻于曾子，而孟子所受乎子思者，亦与大学相表里，学者宜潜心焉。①

《集注》认为，诚是一种实在、真实的状态。朱熹更重视的是有

---

① 《四书集注》，第282页。

关诚的功夫实践，他引游定夫之言，认为《孟子》中诚身和明善的关系，如同《大学》中诚意和致知的关系；按《大学》的思想，要做到诚意，必先作致知的功夫；在《孟子》，要能诚身，必先明善。因此朱熹把明善的功夫解释为"即事以穷理"，也就是格物；把诚身的功夫解释为反求于身而实其为善之心，也就是诚意。朱熹还认为孟子所说的是发挥《中庸》中孔子的思想。所以，《孟子》这里的思想和《大学》《中庸》都是一致的。朱熹还解释说，人的诚身实际是对天的诚道的一种学习。自然而能做到诚，这是天的特质，故说诚是天道的本然特性。思诚是人努力去做到诚，人不是自然而诚的，只有经过努力修身，才能做到诚，所以思诚是人道的当然特性。天是自然的诚，本然的诚；人是当然的诚，能然的诚。就天人关系说，人就是要模仿、学习天所具有的一切特性，力求达到与天一致。

最后在这里简单提及天、天命、天下的问题。

万章曰："尧以天下与舜，有诸？"孟子曰："否。天子不能以天下与人。" 天下者，天下之天下，非一人之私有故也。……**舜、禹、益相去久远，其子之贤不肖，皆天也，非人之所能为也。莫之为而为者，天也，莫之致而至者，命也。**……盖以理言之谓之天，自人言之谓之命，其实则一而已。……**继世以有天下，天之所废，必若桀纣者也，故益、伊尹、周公不有天下。** 继世而有天下者，其先世皆有大功德于民，故必有大恶如桀纣，则天乃废之。如启及大甲、成王虽不及益、伊尹、周公之贤圣，但能嗣守先业，则天亦不废之。故益、伊尹、周公,虽有舜禹之德,而亦不有天下。①

朱熹在《集注》中提出,天下是天下人的天下,不是某一人的私有物,这是对《孟子》政治思想的重要发展,显示出民本的公天下思想在朱熹思想体系中也占有重要地位。后来明末清初的思想家也是在朱熹思想的基础上进一步发展了民本的政治思想。朱熹还指出,在君主制下,继世而为君主的人,乃是因为其祖先曾有大功德于人民,所以天允许其后人继承先业。这里的天并不是上帝,而是世界的普遍法则,也是历史发展的必然性,而归根到底,对人民是否有功,人民是否拥护,这是"天下"的真正的合法性根源。换言之,人民的因素是历史的决定因素。

三 浩然之气:天地之正气本自浩然

浩然之气的问题是孟子学中注释家历来用力的焦点,对此,《集注》的解说是:

> 曰:"敢问夫子之不动心,与告子之不动心,可得闻与?""告子曰:'不得于言,勿求于心;不得于心,勿求于气。'不得于心,勿求于气,可;不得于言,勿求于心,不

---

① 《四书集注》,第 307—309 页。

可。夫志,气之帅也;气,体之充也。夫志至焉,气次焉。故曰:'持其志,无暴其气。'"闻与之与,平声。夫志之夫,音扶。此一节,公孙丑之问。孟子诵告子之言,又断以己意而告之也。告子谓于言有所不达,则当舍置其言,而不必反求其理于心;于心有所不安,则当力制其心,而不必更求其助于气,此所以固守其心而不动之速也。孟子既诵其言而断之曰,彼谓不得于心而勿求诸气者,急于本而缓其末,犹之可也;谓不得于言而不求诸心,则既失于外,而遂遗其内,其不可也必矣。然凡曰可者,亦仅可而有所未尽之辞耳。若论其极,则志固心之所之,而为气之将帅;然气亦人之所以充满于身,而为志之卒徒者也。故志固为至极,而气即次之。人固当敬守其志,然亦不可不致养其气。盖其内外本末,交相培养。此则孟子之心所以未尝必其不动,而自然不动之大略也。①

根据朱熹的解释,告子的不动心,本来是说,当对言语(话)不能了解时,就应当把言语放置一边,不必在心里反复琢磨;当心里想不通的时候,就应当用意志力控制心,而不必用气去影响心。朱熹把"不求于心"解释为"不必反求其理于心",这就把告子说成反对儒家"反求诸身"的观点,显示出理学对孟子的尊崇和对孟子对手的贬抑。在对孟子思想的解释上,朱熹以志为心之所之,即"志"表示心(意识)之所指向,所以志

---

① 《四书集注》,第230页。

是心的范畴。就志和气的关系说，志是气的统帅。然而，就功夫来说，持志很重要，养气也很重要，二者是交相培养的关系。二者都作好了，就能不追求不动心而自然达到不动心。这里表现出朱熹在功夫论上兼顾内外本末的特点。

朱熹以"敬守"解释"持"，以"养气"解释"无暴其气"，是要从这里转接到孟子下面的养气说：

> "敢问夫子恶乎长？"曰："我知言，我善养吾浩然之气。"恶，平声。公孙丑复问孟子之不动心所以异于告子如此者，有何所长而能然，而孟子又详告之以其故也。知言者，尽心知性，于凡天下之言，无不有以究极其理，而识其是非得失之所以然也。浩然，盛大流行之貌。气，即所谓体之充者。本自浩然，失养故馁，惟孟子为善养之以复其初也。盖惟知言，则有以明夫道义，而于天下之事无所疑；养气，则有以配夫道义，而于天下之事无所惧，此其所以当大任而不动心也。告子之学，与此正相反。其不动心，殆亦冥然无觉，悍然不顾而已尔。①

朱熹把不动心归于气的方面和作用，而把知言作为养气的先导，把养气作为知言的配合。知言是明瞭道义而无所疑，养气是配合道义而无所惧，前者是不疑于理，后者是不动于气。其次，朱熹把养气解释为复其初，认为人身之气本来浩然充实，后来

---

① 《四书集注》，第231页。

因为缺乏养气的功夫而导致气馁，于是养气的最后结果实际是使气回复到本来的浩然状态。这种说法体现了理学家对本来性的偏好，不仅在性、心的问题上是如此，在浩然之气的问题上也是如此，总之，理学在理论上的特点是把所要达到的说成是本来即有的。最后，关于知言，朱熹将之解释为尽心知性，穷究其理，知其所以然，其实是以格物致知、物格知致的精神来解释知言。在此意义上，知言和养气的关系亦即是致知和存养的关系。

接着，讨论到直养无害和配义与道的问题：

"敢问何谓浩然之气？"曰："难言也。孟子先言知言而丑先问气者，承上文方论志气而言也。难言者，盖其心所独得，而无形声之验，有未易以言语形容者。故程子曰："观此一言，则孟子之实有是气可知矣。"**其为气也，至大至刚，以直养而无害，则塞于天地之间**。至大初无限量，至刚不可屈挠。盖天地之正气，而人得以生者，其体段本如是也。惟其自反而缩，则得其所养；而又无所作为以害之，则其本体不亏而充塞无间矣。程子曰："天人一也，更不分别。浩然之气，乃吾气也。养而无害，则塞乎天地；一为私意所蔽，则欿然而馁，知其小也。"谢氏曰："浩然之气，须于心得其正时识取。"又曰："浩然是无亏欠时。"**其为气也，配义与道；无是，馁也**。馁，奴罪反。配者，合而有助之意。义者，人心之裁制。道者，天理之自然。馁，饥乏而气不充体也。言人能养成此气，则其气合乎道义而为之助,使其行之勇决,无所疑惮;若无此气,则其一时所为虽未必不出于道义,然其体有所不充,则亦不免于疑惧,而不足以有为矣。①

孟子本来只说以直养而无害,则塞于天地之间,并没有说浩然之气是天地之间本来所有的。朱熹的解释中,则认为正气是天地间本来就有的,人禀受了天地正气而有了生命,因此人身的气本来是浩然的。如果人在生命活动中不戕害此气,而又能有养气的功夫,则人身本有的浩然之气就不会亏馁,而且能通于充塞天地之间的正气。如果人有私意,则浩然之气就会亏欠。朱熹这个思想是继承了二程的天人一气相通的说法而来。关于配义与道,朱熹的解释是,义指人心的正义感,道是指天理,人的浩然之气,其功能是可与道义相配合,完成勇敢的道德行为。

四 人性:性者人之所得于天之理

孟子思想最突出的部分是性善论,《集注》对此的阐发是:

孟子道性善,言必称尧舜。道,言也。性者,人所禀于天以生之理也,浑然至善,未尝有恶。人与尧舜初无少异,但众人汩于私欲而失之,尧舜则无私欲之蔽,而能充

---

① 《四书集注》,第231页。

其性尔。故孟子与世子言，每道性善，而必称尧舜以实之。欲其知仁义不假外求，圣人可学而至，而不懈于用力也。门人不能悉记其辞，而撮其大旨如此。程子曰："性即理也。天下之理，原其所自，未有不善。喜、怒、哀、乐未发，何尝不善。发而中节，即无往而不善；发不中节，然后为不善。故凡言善恶，皆先善而后恶；言吉凶，皆先吉而后凶；言是非，皆先是而后非。"①

朱熹认为，性既是人从天禀受得来的理，也是人的生命自身的理，此性此理是至善无恶的。人与圣贤的本性都是相同的，圣贤能充分发挥和实现其本性，故成为圣贤。众人沉迷于私欲而失其本性，所以只是众人。朱熹认为，孟子之所以提出性善说，是要人知道道德仁义是人的内在本性，不必外求，只要充分发挥自己的本性，圣人就可学而至，激励人用力于道德修身。朱熹也说明，他的思想是来自二程"性即理"的思想并加以发展了的，他主张善总是本源的、先在的。朱熹坚持"性本善"的同时，主张要顺性，认为如果反性便为恶。所以他说："此章言性本善，故顺之而无不善；本无恶，故反之而后为恶，非本无定体，而可以无所不为也。"

关于孟子与告子的人性论辩，《集注》这样给予分析：

> 告子曰："生之谓性。"生，指人物之所以知觉运动者

---

① 《四书集注》，第251页。

而言。告子论性,前后四章,语虽不同,然其大指不外乎此,与近世佛氏所谓作用是性者略相似。**孟子曰:"生之谓性也,犹白之谓白与?"曰:"然。""白羽之白也,犹白雪之白;白雪之白,犹白玉之白与?"曰:"然。"** 与,平声。下同。白之谓白,犹言凡物之白者,同谓之白,更无差别也。白羽以下,孟子再问而告子曰然,则是谓凡有生者同是一性矣。**"然则犬之性,犹牛之性;牛之性,犹人之性与?"** 孟子又言若果如此,则犬牛与人皆有知觉,皆能运动,其性皆无以异矣,于是告子自知其说之非而不能对也。愚按:性者,人之所得于天之理也;生者,人之所得于天之气也。性,形而上者也;气,形而下者也。人物之生,莫不有是性,亦莫不有是气。然以气言之,则知觉运动,人与物若不异也;以理言之,则仁义礼智之禀岂物之所得而全哉?此人之性所以无不善,而为万物之灵也。告子不知性之为理,而以所谓气者当之,是以杞柳湍水之喻,食色无善无不善之说,纵横缪戾,纷纭舛错,而此章之误乃其本根。所以然者,盖徒知知觉运动之蠢然者,人与物同;而不知仁义礼智之粹然者,人与物异也。孟子以是折之,其义精矣。①

告子所说的"生之谓性"本指生而具有的便是性,朱熹进一步解释,认为告子所指的是人生而具有的知觉运动的能力。他特

---

① 《四书集注》,第 326 页。

别强调，生所代表的知觉与运动是属于气。朱熹的哲学认为宇宙的基本构成是理和气，理是生物之本，气是生物之具，他根据其理气观提出一种"性—生"的二元论解释，本性来自天之理，生命来自天之气，人从天禀受了理作为本性，人又从天禀受了气而形成生命，有理有气才构成为人；人都有性，也都有气，但本性是形而上的，生命活动是形而下的。从气来看，在有知觉能运动的方面，人和物没有根本的区别；从理来看，人禀受了仁义礼智的全体，物只得到偏的部分，所以人性善，物性有不善。朱熹还强调，告子是以气为性，孟子是以理为性，而按告子的思想是无法说明人和物的区别的。这种解释无疑充满了理学世界观的特色。

关于人与物的区别，《集注》还提到：

> 孟子曰："**人之所以异于禽兽者几希，庶民去之，君子存之**。几希，少也。庶，众也。人物之生，同得天地之理以为性，同得天地之气以为形；其不同者，独人于其间得形气之正，而能有以全其性，为少异耳。虽曰少异，然人物之所以分，实在于此。众人不知此而去之，则名虽为人，而实无以异于禽兽。君子知此而存之，是以战兢惕厉，而卒能有以全其所受之理也。①

在这里，朱熹指出，人和物的区别，不仅在与人所禀受的理是

---

① 《四书集注》，第 293—294 页。

全体，物所禀受的理是部分和片面，而且在于，人所禀受的气是正的，物所禀受的气有所不正。甚至可以说，正是由于人禀受了正的气，所以能禀受理的全体并能够保全性理的本体。但人能保全其本性并不是自然的，需要有"存之"的功夫，朱熹理解的功夫主要是战兢惕厉，即戒慎恐惧和慎独的功夫。

《集注》不仅以"知觉运动"理解"生"，也以此理解"食色"：

> **告子曰："食色，性也。仁，内也，非外也；义，外也，非内也。"** 告子以人之知觉运动者为性，故言人之甘食悦色者即其性。故仁爱之心生于内，而事物之宜由乎外。学者但当用力于仁，而不必求合于义也。①

朱熹在这里一方面强调以知觉运动为性，就是以饮食男女等感性欲求为性；一方面针对告子的义外说指出，事物之宜并非由乎外，义也是内在的，是心指向事物的一种作用。

关于孟子同时的几种人性论，《集注》的分析比较简略：

> **公都子曰："告子曰：'性无善无不善也。'** 此亦"生之谓性、食色性也"之意，近世苏氏、胡氏之说盖如此。**或曰：'性可以为善，可以为不善；是故文武兴，则民好善；幽厉兴，则民好暴。'** 好，去声。此即湍水之说也。**或曰：**

---

① 《四书集注》，第 326 页。

'有性善,有性不善;是故以尧为君而有象,以瞽瞍为父而有舜;以纣为兄之子且以为君,而有微子启、王子比干。' 韩子性有三品之说盖如此。按此文,则微子、比干皆纣之叔父,而《书》称微子为商王元子,疑此或有误字。**今曰'性善',然则彼皆非与?"** 与,平声。**孟子曰:"乃若其情,则可以为善矣,乃所谓善也。"** 乃若,发语辞。情者,性之动也。人之情,本但可以为善而不可以为恶,则性之本善可知矣。若夫为不善,非才之罪也。夫,音扶。才,犹材质,人之能也。人有是性,则有是才,性既善则才亦善。人之为不善,乃物欲陷溺而然,非其才之罪也。①

针对公都子所述的几种人性论说法,朱熹认为,"性无善无不善""生之谓性""食色性也""性可以为善,可以为不善",这几个说法都是告子人性论的命题,宋代苏轼、胡宏的人性论说法也都与告子之说相近。而唐代韩愈的人性三品说,则近于先秦"有性善,有性不善"的说法。所有这些说法都是与性善论对立的。关于"乃若其情,则可以为善矣,乃所谓善也"一句的解释,朱熹认为,这句话是说,情和性的关系是,情是性的发用和表现;而情本来是只是可为善的,故可知情所表现的性是善而无恶的。朱熹用性情体用的关系,把孟子这句解释为因用证体、由情证性的思想。

最后来看四心说和朱熹的解析:

---

① 《四书集注》,第328页。

恻隐之心，人皆有之；羞恶之心，人皆有之；恭敬之心，人皆有之；是非之心，人皆有之。恻隐之心，仁也；羞恶之心，义也；恭敬之心，礼也；是非之心，智也。仁义礼智，非由外铄我也，我固有之也，弗思耳矣。故曰："求则得之，舍则失之。"或相倍蓰而无算者，不能尽其才者也。……前篇言是四者为仁义礼智之端，而此不言端者，彼欲其扩而充之，此直因用以著其本体，故言有不同耳。……以此观之，则人性之善可见，而公都子所问之三说，皆不辩而自明矣。程子曰："性即理也，理则尧舜至于涂人一也。才禀于气，气有清浊，禀其清者为贤，禀其浊者为愚。学而知之，则气无清浊，皆可至于善而复性之本，汤武身之是也。孔子所言下愚不移者，则自暴自弃之人也。"又曰："论性不论气，不备；论气不论性，不明，二之则不是。"张子曰："形而后有气质之性，善反之则天地之性存焉。故气质之性，君子有弗性者焉。"愚按：程子此说才字，与孟子本文小异。盖孟子专指其发于性者言之，故以为才无不善；程子兼指其禀于气者言之，则人之才固有昏明强弱之不同矣，张子所谓气质之性是也。二说虽殊，各有所当，然以事理考之，程子为密。盖气质所禀虽有不善，而不害性之本善；性虽本善，而不可以无省察矫揉之功，学者所当深玩也。①

---

① 《四书集注》，第328—329页。

朱熹面对的问题是：为什么孟子前面说"恻隐之心仁之端"也，而这里却直接说"恻隐之心仁也"？朱熹的解释是，本来恻隐之心是用，仁是体，体和用是有分别的。但这里孟子"直因用以著其本体"，即孟子要直接在发用上来显示其本体的流行，所以这里不用端绪的说法，而说恻隐之心就是仁。此下朱熹引用了二程、张载论性的重要语录，作为解释的背景，并指出孟子的"才"是善的，而二程说的"才"是有不善的，因为孟子的"才"是天地之性的表现，二程的"才"是气质之性的表现。他强调，气质的禀受虽然有不善，但不会改变性的本善；而性虽然本善，但如果不加改善气质的功夫，性就无法实现出来。

五　尽心：极其心之全体而无不尽

现在来看《集注》阐发的功夫论主张：

> **孟子曰："舜之居深山之中，与木石居，与鹿豕游，其所以异于深山之野人者几希。及其闻一善言，见一善行，若决江河，沛然莫之能御也。"**行，去声。居深山，谓耕历山时也。盖圣人之心，至虚至明，浑然之中，万理毕具。一有感触，则其应甚速，而无所不通，非孟子造道之深，不能形容至此也。①

---

① 《四书集注》，第353页。

朱熹在此章的解释中着重提出了心的看法，他认为圣人之心，有几个特点，一是虚明，指心的能力；二是万理皆具，强调心不是空的；三是应感而通，对外感的反应很快。

其实，在朱熹看来，这三点不仅是圣人之心，也是所有人心的本来状态：

孟子曰："尽其心者，知其性也。知其性，则知天矣。心者，人之神明，所以具众理而应万事者也。性则心之所具之理，而天又理之所从以出者也。人有是心，莫非全体，然不穷理，则有所蔽而无以尽乎此心之量。故能极其心之全体而无不尽者，必其能穷夫理而无不知者也。既知其理，则其所从出，亦不外是矣。以《大学》之序言之，知性则物格之谓，尽心则知至之谓也。**存其心，养其性，所以事天也。**存，谓操而不舍；养，谓顺而不害。事，则奉承而不违也。**殀寿不贰，修身以俟之，所以立命也。"**殀寿，命之短长也。贰，疑也。不贰者，知天之至，修身以俟死，则事天以终身也。立命，谓全其天之所付，不以人为害之。程子曰："心也、性也、天也，一理也。自理而言谓之天，自禀受而言谓之性，自存诸人而言谓之心。"张子曰："由太虚，有天之名；由气化，有道之名；合虚与气，有性之名；合性与知觉，有心之名。"愚谓尽心知性而知天，所以造其理也；存心养性以事天，所以履其事也。不知其理，固

不能履其事；然徒造其理而不履其事，则亦无以有诸己矣。……①

孟子只讲尽心，没有对心下定义。朱熹在这里对心的解说典型地代表了他对心的看法，心者人之神明，是说心指人的感觉思维活动能力；其次强调心不是空洞的知觉，心中具备众理，心中所具的理就是性；最后指出心的功能是应接事物。朱熹认为每个人的心本来都是虚灵神明，都具备众理，都能应万事，这叫莫非全体。但人心为物欲所蔽，心的神明及其具理而应事的能力无法全体地发挥出来，所以要"尽心"。朱熹把"尽心"解释为极其心之全体，就是把心本来具有的全部能力都彻底发挥出来。要克服去除心所受的偏蔽，先要穷理，达到对事物之理无所不知，这就是"知性"的境界。对事事物物的理都能知晓，也就对理之所从出的根源"天"有清楚的了解，这就是"知天"的境界。

由于孟子以"尽心知性"和"存心养性"相对，所以朱熹把它们看成二元互补的功夫，一方面是致知，一方面是践行，前者是格物以知，后者是存养以行，前者是知其理，后者是行其事，朱熹以理事、知行二元互济的角度对孟子知、存对举进行了诠释。

这种解释的方法也见于对"明""察"的分析：

---

① 《四书集注》，第349页。

孟子曰:"舜明于庶物,察于人伦,由仁义行,非行仁义也。" 物,事物也。明,则有以识其理也。人伦,说见前篇。察,则有以尽其理之详也。物理固非度外,而人伦尤切于身,故其知之有详略之异。在舜则皆生而知之也。由仁义行,非行仁义,则仁义已根于心,而所行皆从此出。非以仁义为美,而后勉强行之,所谓安而行之也。此则圣人之事,不待存之,而无不存矣。尹氏曰:"存之者,君子也;存者,圣人也。君子所存,存天理也。由仁义行,存者能之。"①

明是识其理,察是尽其理,朱熹主张格物穷理。但朱熹也指出,理有物理,有人理,物理固然需要去穷,而穷人伦之理更切合自己的身心修养。这都说明,虽然朱熹重视格物致知,但在人理和物理两方面,还是有明显的侧重的。在仁义之行方面,朱熹借中庸来区分"由仁义行"和"行仁义"二者,由仁义行的由表示内心本有仁义,行仁义则把仁义作为外在规范,朱熹以中庸的生知安行解释"由仁义行",用中庸的勉强二行解释"行仁义",本无不可,不过朱熹把"由仁义行"说成是圣人之事,引尹氏语,以行仁义为君子事,明显表达出朱熹对生知说的警惕和对存之功夫的注重。

如本文开始所说,《集注》不忽训诂音读,这是朱熹的自觉,他曾说:"本之《注疏》以通其训诂,参之《释文》以正其

---

① 《四书集注》,第294页。

音读,然后会之于诸老先生之说以发其精微。一句之义系之本句之下,一章之指列之本章之左,又以平时所闻于师友而得于心者,间附一二条焉。"① 这其实也是《孟子集注》的基本作法。可知朱熹论孟注释著作的方法是一贯的。所以《语类》中也记载了不少朱熹自己的表白:"某所集注论语,至于训诂皆仔细者,盖要人字字与某着意看。"② 他在《论语精义》序中也说到:"汉魏诸儒,正音读、通训诂、考制度、辨名物,其功博矣。学者苟不先涉其说,则亦何以用力于此?"③ 这都说明朱熹批判地吸取了汉唐经学的有益之处,融入他自己的解经著作。

但朱熹虽然兼顾训诂等,仍是以义理解经为主,而他的义理解释既在思想上继承了二程,又与二程在解释方法上有别,他曾说:"程先生解经,理在解语内;某集注论语,只是发明其辞,使人玩味经文,理皆在经文之内。"④ 这是说,二程所阐发的义理是对的,但他们解经时阐发的义理往往脱离经文的本文;而朱熹自己也注重义理,但他的《集注》在主观上力图使读者切就经文来理解经文的义理,引导读者就经文而理解其义理,是即经求理,不是离经说理。其实,朱熹的解经在很多地方也是发挥或加进了经文中没有说明的义理,这从我们在本文所述的朱熹以其哲学解释文本的例子可明显看出。这是一切义理派解经学共有的必然趋归。但朱熹不忽视训诂音读名物,注重经

---

① 《论语训蒙口义序》,《朱文公文集》七十五,第1317页。
② 《语类》十一,第191页。
③ 《语孟集义序》,《朱文公文集》七十五,第1324页。
④ 《语类》十九,第438页。

文自身的脉络，确实使得朱熹的四书著作能够经受得起汉学的批评，而又同时彰显出义理派的优长。

总之，朱熹的《孟子集注》，在大力提高《孟子》书的权威的同时，通过对于《孟子》书的注释，全面阐发了仁心说、天理说、性善说、浩然之气说、尽心说等儒学思想，使儒家思想在新的历史和文化条件下，得到了显著的发展。

朱子理气思想概论

朱熹,字元晦,一字仲晦,号晦庵,生于宋高宗建炎四年(1130),死于宋宁宗庆元六年(1200)。朱熹祖籍徽州婺源(今属江西),他的父亲因仕于福建,即居住在福建,朱熹生于福建的尤溪,长期居住在崇安、建阳讲学,因此传统称他的学派为"闽学"。朱熹是宋代理学的集大成者,也是中国学术史上最著名的思想家之一。

朱熹早年泛滥辞章,出入佛老,对各种学问有着极为广泛的兴趣。据记载,朱熹青年时赴进士考试,临行时他的老师检查他的行李,结果发现他的全部行装中唯一的一本书竟是当时一个著名禅师的语录《大慧语录》。这个故事的细节也许还可以进一步考证,但也足以说明青年时代的朱熹对佛教的热心追求。

朱熹十九岁中进士第,后任泉州同安县主簿,同安既归之后,从学于杨时的再传弟子李侗,从此走上了道学的发展道路。

后来又曾任枢密院编修官、秘书省秘书郎。他还先后在江西的南康、福建的漳州、湖南的潭州（在今长沙）做过最高行政长官，有过不少实绩。每至一处，兴政之余，从不忘聚徒讲学，在当时是最有声望的学者。绍熙五年，他六十五岁时，被召入都，除焕章阁待制兼，可是为时很短。此后，由于他卷入当时的政治斗争，被当权者夺职罢祠，他和他的学派被诬称为"伪学"，受到了很大压制。

朱熹的社会政治思想是要求正君心，立纲纪，亲忠贤，远小人，移风易俗，改变社会不良风气；认为这是富国安民、恢复中原的根本。有一次他奉召入都，路上有人对他说，皇帝不喜欢什么"正心诚意"，你见了皇帝切勿以此为言！朱熹严肃地回答："吾平生所学，惟此四字，岂可隐默以欺吾君乎？"[①] 宋孝宗晚年对朱熹的意见也还是重视的，有一次朱熹上封事，论天下六大急事，疏入时孝宗已就寝，"亟起秉烛，读之终篇"[②]。

朱熹平生不喜做官，常屡召不起，以各种理由辞免，所以他登进士第后五十余年中，"仕于外者仅九考，立朝才四十日"[③]，其余时间主要在福建崇安、建阳一带著书讲学。他少时家贫，后因很少做官，生活穷窘，学生远近来学，自负粮食，常无肉菜，仅"脱粟饭"而已。尽管如此，他和他的学生们不以此为意，著书与讲学是他一生最大的乐趣。

朱熹把《论语》《孟子》《大学》《中庸》合编为"四书"，

---

① 《宋史》卷四百二十九，第 12757 页。
② 同上书，第 12762 页。
③ 同上书，第 12767 页。

使"四书"成了宋以后高于"五经"的经典体系,他一生致力于"四书"的诠释,具有很高的造诣,这是后来他对"四书"的解释被奉为科举考试标准的原因。他以继承伊洛传统为己任,以二程思想为基础,充分吸收北宋其他理学思想家的思想营养,建立了一个庞大的"理学"的体系,他的著作极为繁富,其中重要的有《四书集注》《四书或问》《周易本义》《太极解义》《西铭解义》等,他的讲学语录《朱子语类》就有一百四十卷,他的文集《朱文公文集》亦有一百二十卷。

一　理气先后

在接触理学的时候,有一个问题会常常遇到,那就是:理是什么?理学中所说的"理"其实并不神秘,它和我们今天日常生活语言中的"物理""道理"的意义是相通的。我们在日常语言中常常会听到或说出这样的话"岂有此理""蛮不讲理""不讲道理""按道理说"等等,这些话语中的"理"一般都是指一定社会的人由理性所共同确认的道德法则、交往原则、行为规则、推理原理。在近代科学传入中国以前,"理"又常指事物具有的性质、规律和法则,如《庄子》中的"天地之理",《荀子》中的"物之理",《易传》中的"穷理"等。所以,理学中所说的"理",其中两个最主要的意义是指事物的规律和道德的原则。在理学看来,理虽然可以主要分析为这样两种不同意义,但这两者在本质上是统一的,即道德原则实质上是宇宙普遍法则在人类社会的特殊表现而已。

朱子理气思想概论

朱熹继承了二程哲学中关于理事关系的讨论,并且作了进一步的发展。他提出:"凡有形有象者,皆器也。其所以为是器之理者,则道也。"① 事、物、器是有形有象,可以由感性把握的,理或道则是指事物的本质和规律。在理事的这种区分基础上,朱熹进一步发挥了程颐关于理事的体用一源的思想。他说:

> 自理而观,则理为体、象为用,而理中有象,是一源也。显微无间者,自象而观,则象为显、理为微,而象中有理,是无间也。②

他认为,事物是显著的,理是深微的,就事物上看,一切事物中都有理。如果仅就理上看,理虽然没有形迹,但其中已包含了事物的本质,包含了事物发展的可能性,这也就是程颐所说的"体用一源,显微无间"。按照这个逻辑,事物还未存在的时候,事物的理可以预先存在,这个理决定了后来事物的必然出现和存在。程颐本来也说过"有理而后有象",只是还没有阐述得那么清楚。

朱熹则把这一"理在事先"或"理在事上"的思想明确化了,他讨论了理事的先后问题,他认为:

> 若在理上看,则虽未有物,而已有物之理,然亦但有

---

① 《与陆子静》,《朱文公文集》卷三十六。
② 《答何叔京》,同上书,卷四十。

其理而已，未尝实有是物也。①

未有这事，先有这理，如未有君臣，已先有君臣之理；未有父子，已先有父子之理。不成元无此理，直待有君臣父子，却旋将道理入在里面。②

这就是说，一类事物尚未产生的时候，这些事物的规律、法则、原理已经存在。换言之，一切事物的法则，包括人类社会的各种原则都是永恒存在，而且不会改变的。

朱熹进一步讨论了理与气的问题，张载的思想强调气，但忽视理；二程重视理，但忽视气。朱熹认为，一切事、物、器都是由理与气构成的，气是构成一切事物的材料，理是事物的本质和规则。宇宙及万物都是由理、气两个方面共同构成的。他说：

天地之间，有理有气。理也者，形而上之道也，生物之本也。气也者，形而下之器也，生物之具也。是以人物之生，必禀此理然后有性；必禀此气然后有形。③

古希腊的哲学家把宇宙万物的构成分为形式与质料两个要素，形式指每一事物所以为这一事物的理，质料是指构成事物的材料。如一个方的事物有其所以为方的理，这个方的事物则可以

---

① 《答刘叔文》，《朱文公文集》，卷四十六。
② 《朱子语类》卷九十五，第2346页。
③ 《答黄道夫》，《朱文公文集》卷五十八。

是木块，也可以是砖石，就是说可以是木头，也可以是泥土或其他什么东西组成的。泥土或木头又是由某种形式和某种材料构成的，这样推下去，最后得到的那种纯粹的没有形式的材料就叫做质料。朱熹说的理与气，也类似希腊哲学家的看法，不同之处在于，古希腊哲学家讲的理主要是指事物的形式、共相，而朱熹讲的理，主要是指事物的法则、规律。

朱熹进而探讨了理气有无先后的问题，他认为，就现实世界来说，理与气是不能分离的，天下任何事物都是由理气两方面结合而成，没有无理之气，也没有无气之理。但就本源上说，便不同了，他曾答他的学生说：

> 未有天地之先，毕竟也只是理，有此理便有此天地，若无此理便亦无天地，无人无物，都无该载了。有理，便有气流行，发育万物。①

也就是说理是先于气存在的。

朱熹关于理事先后的讨论涉及的是一般与个别的关系。一类事物的理作为这一类事物的共同本质、规律，体现在此类一切事物之中，不为此类事物中某个个别事物所私有，也不以个别事物产生、消灭为转移。因此久已有的一类事物的理对于此类中后来的某个事物来说，可以是"理在事先"，这表现了法则、规律的一般性、普遍性。但一类事物都不存在，它们的理

---

① 《朱子语类》卷一，第1页。

也就不存在。朱熹有见于一类事物的理对此类中个别事物的先在性，但据此认为一类事物的理可以先于此类事物而存在，这就把理绝对化了。而理在气先的思想显然是把理在事先的思想进一步推展到宇宙本源问题上的必然结论。认为物质世界尚不存在时，其普遍规律即已存在，这是一种哲学上的客观的观念论。

朱熹晚年意识到，断定理在气先容易引起某些不易解决的矛盾。比如，理学创始人程颐强调"动静无端、阴阳无始"，而按理先于气的说法，宇宙的阴阳就必须有个开始。在朱熹晚年的讲学记录中有一段对话：

> 或问：理在先气在后？曰：理与气本无先后之可言，但推上去时，却如理在先气在后相似。①

这就是说，理与气实际上无所谓先后，但在逻辑上有一种先后的关系，也就是说，理在气的"先"是指逻辑上的在先，而不是时间上在先。这种逻辑在先的思想，实际上仍然是认为理是本、是体、是第一性的，气则是第二性的。

二　理气动静

周敦颐的《太极图说》宣称"太极动而生阳"，太极是自身

---

① 《朱子语类》卷一，第3页。

运动的实体,这是由于周敦颐以太极为混然一气。朱熹则认为太极是理,这样一来就产生了一个问题:被朱熹规定为理的太极究竟是否能动静?

朱熹曾为周敦颐的《太极图说》作过解义,他认为:

> 盖太极者,本然之妙也;动静者,所乘之机也。太极,形而上之道也;阴阳,形而下之器也。①

朱熹认为,动静属于现象世界的表现,动静是指阴阳二气的动静,而不是指太极自身的动静。太极是作为本体存在于阴阳动静之中的理,它自身并不动静,所谓动静只是指太极所乘气机的动静。他对此进一步作了通俗的说明:

> 阳动阴静,非太极动静,只是理有动静,理不可见,因阴阳而后知,理搭在阴阳上,如人跨马相似。②

这是说周敦颐所谓阳动阴静并不是指太极自身能动静,动静的主体是阴阳,动静的根据是理,能够运动的二气与存在于二气之中而自身不动的太极,二者好像人骑马行走一样,他说:

> 太极理也,动静气也。气行则理亦行,二者常相依而未尝相离也。太极犹人,动静犹马,马所以载人,人所以

---

① 《太极图说解》,引自《周敦颐集》,第3页。
② 《朱子语类》卷九十四,第2374页。

乘马，马之一出一入，人亦与之一出一入，盖一动一静，而太极之妙未尝不在焉。①

太极是理，理无形无状，是不可能有什么动静的，因为动静是形而下者的规定。但理存在于气之中，气是可以动静的，气对于理来说，是理乘载搭寓其上的运动体，这样一来，理虽然无动无静，但因乘载在动静的气上，就有了相对的动静。正如乘于马背上的人，他虽然自己没有跑动，但因乘于跑马之上，就有了相对于地的运动。所以，如果说到太极动静，也只是指理随气而动，理乘气而动，并不是指理在气中运动或现实世界之外还有一个独立的理的世界在运动。

三　理一分殊

"理一分殊"四字是程颐在回答杨时关于《西铭》的疑问时提出来的。杨时怀疑《西铭》的提法有混同于墨家兼爱论的弊病，对此程颐回答说："《西铭》明理一而分殊，墨氏则二本而无分。分殊之蔽，私胜而失仁；无分之罪，兼爱而无义。"② 程颐的这一命题虽然强调《西铭》的万物一体说并不排斥个人对不同对象承担的义务不同，但也包含了这样的思想，即一般的道德原理可以表现为不同的具体规范，不同的具体规范中涵有共同的道德原理。在这一点上朱熹继承了程颐的思想，他说：

---

① 《朱子语类》卷九十四，第 2374 页。
② 《答杨时论西铭书》，《二程集》，第 609 页。

> 天地之间，理一而已。然乾道成男，坤道成女，二气交感，化生万物，则其大小之分、亲疏之等，至于十百千万而不能齐也。……盖以乾为父，以坤为母，有生之类无物不然，所谓理一也。而人物之生，血脉之属，各亲其亲，各子其子，则其分亦安得而不殊哉。①

程颐与朱熹都认为，个人在宇宙中处于一定关系之中，对他人他物负有一定义务，由于关系地位不同，个人对他人直接承担的义务也有所差别，如人对亲属、外人乃至对天地万物各具有不同的义务，一个人首先应爱其父母，然后及人及物。从而，仁爱的原则在实施上呈现出亲疏有等的差别。不过程朱认为，虽然施行上亲疏有等，但其间体现的道德原则是一致的，即道德基本原理表现为不同的道德规范，具体规范中又贯穿着普遍原理。朱熹进一步说明这种关系是伦理领域中普遍存在的关系：

> 理只是这一个，道理则同，其分不同，君臣有君臣之理，父子有父子之理。②
> 所居之位不同，则其理之用不一。如为君须仁，为臣须敬，为子须孝，为父须慈，物物各具此理，而物物各异其用，然莫非一理之流行也。③

---

① 《西铭解义》，引自《张子全书》卷一。
② 《朱子语类》卷六，第99页。
③ 同上书，卷十八，第298页。

统一的道德原则表现为不同的具体行为规范,各种道德行为中又包含着统一的普遍原则,这就是"理一分殊"对于作为伦理的理的意义。

前面曾经指出,"理"有几种不同的具体含义,因而"理一分殊"在不同的"理"的意义下也有不同意义。朱熹的理一分殊说还特别强调它在性理意义上的理的运用,他说:

> 合万物而言之,为一太极而一也。自其本而之末,则一理之实万物分之以为体,故万物之中各有一太极。①
>
> 本只是一太极,而万物各有禀受,又自各全具一太极尔。如月在天,只一而已,及散在江湖,则随处而见,不可谓月已分也。②
>
> 盖合而言之,万物统体一太极也;分而言之,一物各具一太极也。③

朱熹认为,把天地万物作为一个总体来看,其中有一个太极,是这整个宇宙的本体、本性,这个太极是一。而就每一事物来看,每一事物都禀受了这个宇宙本体的太极(理)作为自己的性理。由于每一事物的性理与作为宇宙本体的太极是相同的,所以事物的性理虽然禀自太极而来,却不是分有了太极的一部分,事物中充满的性理也就是该事物自身具有的太极,这个关

---

① 《通书解》,引自《周敦颐集》,第 31 页。
② 《朱子语类》卷九十四,第 2409 页。
③ 《太极图说解》,引自《周敦颐集》,第 4 页。

系就叫统体一太极，物物一太极。一物各具一太极，就是分殊。所以，在性理的意义上，理一分殊的意义是指宇宙本体的太极与万物之性的关系。总起来看，宇宙万物的本体只是一个太极，而每一事物中也都包含着与那本体的太极完全相同的太极作为自己本性。

从分殊来看，在性理的意义上，物物各具的太极是没有差别的；在伦理意义上，事物的具体规范是有差别的，这种差别，在物理的意义上更为突出。朱熹认为，事物的具体规律、性质是各个差别的，这与物物具有的太极各个相同是不一样的，而这也是一种理一分殊，他说：

> 如这片板，只是一个道理，这一路子恁地去，那一路子恁地去；如一所屋，只是一个道理，有厅有堂；如草木，只是一个道理，有桃有李；如这众人，只是一个道理，有张三有李四，李四不可为张三，张三不可为李四。如阴阳，《西铭》言理一分殊，亦是如此。①

每一类事物都有这一类事物的理，事物不同，普遍之理在事物上的具体表现也不同。一切房屋有共同的理，但房子之理是由厅堂等不同形式具体体现出来，桃李都是草木，但草木的一般规律在桃李的表现是有差异的。根据理一分殊的思想，事物的具体性质、规律是各不相同的，金木水火土各有其理，人的实

---

① 《朱子语类》卷六，第102页。

践必须依从不同对象固有的特定之理,否则就会失败。从这个方面来说,所谓万物一理,不是指万物的具体规律的直接同一,而是说从更高的层次上看,它们都是同一普遍原理的表现,而具有统一性。

四 理气同异

在朱熹和他的学生间讨论的"理气同异"问题,按其内容实即指人物之性的同异问题。因此这里的"理"是指性理,而不是指气之流行的所以然或事物的分理、伦理。按照朱熹哲学,天地间一切有生之物都是禀受理气而生,那么,万物所禀之气是否相同?更重要的是,每一个体所禀以为性的理是否相同?在朱子的论述中,对这个问题有三种不同的主张。

(一) 理同气异

早在《延平问答》中朱熹与李侗之间便讨论过人物之性(理)同异的问题。李侗死后不久,在《答徐元聘书》中他进一步讨论了这一问题:"承喻人物之性同异之说,此正所当疑当讲者。……熹闻之,人物之性本无不同,而气禀则不能无异耳。……然性只是理,恐难如此分裂,只是随气质所赋之不同,或有所蔽而不能明耳,理则初无二也。至孟子说中所引,乃因孟子之言只说人分上道理,若子思之意,则本兼人物而言之也。

性同气异，只此四字，包含无限道理。"① 朱熹在这里阐明了理（性）同气异的思想。乾道中成稿的《太极解义》以人人一太极、物物一太极、万物各具一太极这些新的理论形式把理同气异的思想表达得更为明显。

但朱熹的上述思想面临着一个重要的矛盾。按照儒家传统的思想，"天地之性人为贵"（《孝经》引孔子语），"人之超然万物之上而最为天下贵也"（董仲舒《春秋繁露·天地阴阳》），反对把人与物同等看待，反对把人之性混同于禽兽之性。特别是孟子反驳告子时曾明确向告子提出责难："然则犬之性犹牛之性，牛之性犹人之性欤！"（《孟子·告子上》）若按照《太极解义》，物物各具一太极而互无假借，万物之性都是禀受天地之理而来，可是，这样一来，由于强调仁义礼智内在的普遍性而牺牲了人之所以为人的特殊性。从而，人物各具一太极便与孟子以来儒者强调人物本性的差异存在着突出的矛盾。这一矛盾在朱熹强调理的普遍性时被忽略了。然而这一点不能回避，也就决定了朱熹不可能始终坚持理同气异之说。在《太极解义》成稿若干年后完成的《论孟集注》中朱熹对这一问题已有所觉察。

（二）理有偏全

朱熹48岁在《孟子集注》中阐述人物之性的差别说：

> 性者，人之所得于天之理也；生者，人之所得于天之

---

① 《答徐元聘二》，《朱文公文集》卷三十九。

气也。性，形而上者也；气，形之下者也。人物之生，莫不有是性，亦莫不有是气。然以气言之，则知觉运动人与物若不异也；以理言之，则仁义礼智之禀，岂物之所得而全哉？此人之性所以无不善，而为万物之灵也。①

朱熹认为，在由气所决定的有知觉、能运动、趋利避害方面，人与禽兽之物同作为生物个体是基本相同的。但从性上看，仁义礼智之性只有人禀受得全，物则禀受得不全。依此看法，就不能说人物的性理是完全相同的。总之，在如何解释孟子思想以及如何把孟子思想与他自己的各具太极说协调起来等方面，朱熹显然有一些困难。因为，对于孟子所说的人物之性的差别，不仅是一个如何解释的问题，而且涉及到朱熹必须承认的儒家传统思想的一个基本观点。

淳熙十四年朱熹58岁时在一封书信中讨论对《孟子》犬牛人性一章解释的修改时说：

> 然犬之性犹牛之性，牛之性犹人之性欤！犬牛人之形气既具，而有知觉能运动者，生也。有生虽同，然形气既异，则其生而有得乎天之理亦异。盖在人则得其全而无有不善，在物则有所蔽而不得其全，是乃所谓性也。……盖知觉运动者，形气之所为，仁义礼智者，天命之所赋。学者于此正当审其偏正全阙而求知所以自贵于物，不可以有

---

① 《告子上》，卷十一。

生之同反自陷于禽兽而不自知己性之大全也,告子一段欲如此改定,仍删去旧论,似已简径,但恐于一原处未甚分明,请更详之。①

与《孟子集注》初稿相比,朱熹进一步发展了人物之性理有偏有全的思想。他指出,人物性理的偏全是指"形气既异,则其生而有得乎天之理亦异",即形气不同致使人物所得的理也有不同。他认为告子犬牛人性相同的错误正在于实质上认为人与物所得于天的理也都相同了。这样看,朱熹在解释《孟子》告子章时是强调气异而理异的。这些思想与《太极解义》理同气异的思想便难以一致。

朱子也常常两种说法并存。如《中庸或问》说:"盖在天在人虽有性命之分,而其理则未尝不一,在人在物虽有气禀之异,而其理则未尝不同,此吾之性所以纯粹至善而非荀扬韩子之所云也。"(卷一)又说:"盖天命之性,率性之道,皆理之自然而人物之所同得也。"(卷一)人与物气禀不同,但"其理"则未尝不同,"其理"即指人物之性理。这些是理同气异之说。同时,朱熹也讲理有同异偏全。《语类》:"犬、牛、人,谓其得于天者未尝不同,惟人得是理之全,至于物止得其偏。"② 又说:"气禀既殊,则气之偏者便只得理之偏,气之塞者便是与理相隔。"③ 这就是说,朱熹既承认所禀之理受气间隔而不能完全表

---

① 《文集》五十,《答程正思十六》。
② 《语类》五十九,叶贺孙录,辛亥后。
③ 《文集》六十二,《答杜仁仲一》。

现,又承认所禀受之理本身亦有偏阙。

(三) 气异理异

晚年朱熹与学生的答问中对这些问题的讨论逐步深入。朱子门人黄商伯有疑:"《中庸章句》谓人物之生各得其所赋之理以为健顺五常之德,《或问》亦言人物虽有气禀之异,而理则未尝不同。《孟子集注》谓以气言之则知觉运动人与物若不异,以理言之则仁义礼智之禀岂物之所得而全哉? 二说似不同。岂气既不齐,则所禀之理亦随以异欤?"朱子答云:

> 论万物之一源,则理同而气异;观万物之异体,则气犹相近而理绝不同也。气之异者粹驳之不齐,理之异者偏全之或异。①

黄商伯把《孟子集注》的理有偏全说同《中庸或问》的理同气异说的矛盾直接摆到了朱熹面前。按照朱熹这里的回答,就万物一源说,天所命之理只是一个,但是万物各自得到的理则不相同。朱熹进一步谈道:

> 生之谓性之章,论人与物性之异,固由气禀之不同。但究其所以然者,却是因其气禀之不同而所赋之理固亦有异。②

---

① 《文集》四十六,《答黄商伯四》。
② 《文集》六十一,《答严时亨三》。

可以看到，前面引述的辅广提出的问题及黄商伯提出的问题，即人物之别究竟是仅仅由于气质昏明程度不一造成的还是由于气禀不同致使所赋之理亦有偏全的问题，在这里才得到明确的回答。这就是"究其所以然者，却是因其气禀之不同而所赋之理固亦有异"。《答赵致道书》在绍熙末庆元初，《答严时亨书》在庆元三年，《答黄商伯书》在庆元四年（为论述方便，故前述先引黄商伯书），大体上看，庆元后朱熹比较明确肯定了理有偏全，即由于五行之气禀受不均造成的五常之理禀受的偏颇。

按照朱熹的理禀有偏全思想，仁义礼智仍然普遍内在于一切品物，只是性理似应有质和量的双重规定。就是说，人与物都无例外地禀有仁义礼智四德，但物因气禀之偏，故所禀受的仁义礼智有偏少，或仁少，或义少，或礼少，或智少，或其中二德少，或其中三德少，或四德皆少。然虽偏或少，仁义礼智四种德性总还是有的。他反复申明物既具四德，又偏而不全，"性有偏者，如得木气多者仁较多，金气多者义较多"，① "问人具五行，物只得一行？曰：物亦具有五行，只是得五行之偏者耳"。② 但总的看，朱熹晚年更倾向于理禀有偏全而导致人物之性（理）有同异的说法，这一点应无可疑。

如果全面地讨论气禀对人物之性的作用，朱熹的基本观点是："气禀既殊，则气之偏者便是得理之偏，气之塞者便自与理相隔。"③ 即气禀不仅影响到理禀的偏全，而且会对所禀之理产

---

① 《语类》卷四，包扬录。
② 《语类》卷四，郑可学录。
③ 《文集》六十二，《答杜仁仲一》。

生蒙蔽从而妨碍理的完全表现。

这里必须区分两个不同的"理"的概念，未尝不同的理是指天地普遍之理，在人则指性理，在性即本然之性；不能不异的理是指个体人物的分理，在性即气质之性。从这里来了解理气同异的问题，"理同气异"的理是指性理即本然之性，"气异理异"的理则应指分理即气质之性，从而，这两个命题并不是对立的，而是互补的，是不同层次上的讨论。我们只能说朱子晚年更多地强调气质之性、气质之理的问题，气质之理的不同，本质上并不是"禀受"多少造成的，只是本然之理与气结合后呈现的另一层次上的理而已。

这两种不同的思想涉及到本体论上理气观的两种不同立场，如果说宇宙之间，理是作为气之中的一种实体存在的，那么就自然地导出在人性论上的性之本体说和气质蒙蔽说。如果坚持气异理异说，那么推而上之，必然得出这样的结论，即理并不是气之中的某种本体、实体，而只是气的属性，气的条理。而后一种论点就不是理学的本体论，而近于气学的气本观点了。朱子虽然也强调气异理异之说，但他并没有意识到，这一观点坚持到底，就要求在本体论上确立气本论，而他自己始终仍是一个理学的本体论者。

五　未发已发

未发已发是程颐之后，杨时、胡宏等都十分重视的问题，这个问题既有心理学说自身的理论意义，又有修养功夫的实践意义。大体上说，从杨时到朱熹的老师李侗都强调体验"未发"，而胡宏则主张在"已发"用功。

朱熹早年曾受胡宏学派的影响，认为人只要生存着，心的作用就从不停止，即使在睡眠和无所思虑时也是如此。既然生存着的人其心在任何时候都不是寂然不动，那就是说心在任何时候都处于"已发"状态。由于心总是处于已发状态，那么，"未发"就不是指心，而只能是指心之体，指性，性才是真正寂然不动的未发。因此，他反对"未发之前"一类的说法，在他看来，心总是已发，没有什么未发之前的状态；性总是未发，发了就不再是性。他把这种观点叫做"心为已发，性为未发"。这实际上是以性为体，以心为用，与《中庸》从情感发作的前后定义未发已发的意义不同。

朱熹在40岁时改变了他上述的观点（所谓己丑之悟），形成了后来他一直坚持的看法。在朱熹成熟的已发未发说中，未发、已发有两种意义：

第一，以"未发""已发"指心理活动的不同阶段或状态。朱熹说：

> ……思虑未萌、事物未至之时为喜怒哀乐之未发，当此之时即是心体流行寂然不动之处，而天命之性体段具焉。以其无过不及、不偏不倚，故谓之中，然已是就心体流行处见，故直谓之性则不可。①

---

① 《已发未发说》，《朱文公文集》卷六十七。

他认为人生至死虽然心的作用从未止息，但心的这一不间断的作用过程可以分为两种状态或阶段，思虑未萌时心的状态为未发，思虑已萌时心的状态为已发。也就是说，不再像以前那样主张心都是已发，而把心的活动分为有已发时，有未发时。思虑未萌时心的作用虽未停止，但可规定此种状态为寂然不动的未发；思虑已萌时心的作用明显活动，可规定此种状态为感而遂通的已发。所谓"中"是表征心的未发的状态，不是指性。

无所思虑时，知觉并未消昧，但此时思维作用没有主动发挥，也未被动反应，相对于显著活动的状态属于静；思虑意念产生在主体与客体相互作用后，其状态属于动。朱熹这种关于未发已发的观点是为了给静中涵养功夫一个地位。因为，如果心在任何时候都是已发，人的功夫便只是已发上用功，就容易只注意明显的意识活动的修养。而确认了思虑未萌的未发意义，就可以使人注意从事未发时的涵养。于是朱熹从这种心性论出发，把人的修养分为两方面，一种是未发功夫，即主敬涵养，一种是已发的功夫，即格物致知，他继承了程颐"涵养须用敬，进学则在致知"，提出"主敬以立其本，穷理以进其知"的学问宗旨。

第二，以未发为性，以已发为情。在朱熹对未发已发的使用中，不仅有上述第一种用法，在心性论本身，朱熹对未发已发的使用更多用以指性与情之间的体用关系。如：

性情一物，其所以分，只为未发已发之不同耳。若不以未发已发分之，则何者为性，何者为情耶？①

情之未发者性也，是乃所谓中也，天下之大本也。性之已发者情也，其皆中节则所谓和也，天下之达道也。②

朱熹认为，性是一个本质的范畴，是深微不发的，它只能通过现象的意识活动来表现。情则是一个意识现象的范畴，情是性的表现，性是情的根据和根源。他认为，"未发""已发"也适用于性情之间所谓这种看法。

六　心统性情

在胡宏的心性论中，以性为体，以心为用，体系中没有情的地位。朱熹心性论的一个主要之点就是，他虽然也主张性为体，他认为心不是用，用是情，而以心为贯统性情的总体。他说：

心主于身，其所以为体者，性也；所以为用者，情也，是以贯乎动静而无不在焉。③

仁义礼智，性也；恻隐羞恶辞让是非，情也；以仁爱，以义恶，以礼让，以智知者，心也。性者心之理也，情者

---

① 《答何叔京十八》，《朱文公文集》卷四十。
② 《太极说》，同上书，卷六十七。
③ 《答何叔京二十九》，《朱文公文集》卷四十。

心之用也,心者性情之主也。①

朱熹认为,性情不仅互为体用,而且性是心之体,情是心之用,心则是赅括体用的总体,性情都只是这一总体的不同方面。他认为这种心、性、情之间的关系,就是张载提出而未加发挥的"心统性情"。

从这个观点考察人的意识活动系统与结构,心是标志思维意识活动总体的范畴,其内在的道德本质是性,具体的情感念虑为情。系统的原理是此系统的"体",即内在、深微的原理、本质,系统的功用是此系统的"用",系统总体则包括体用、兼摄体用。所以朱熹说"心统性情"的"统"的一个主要意义是指"兼""包"。基于这样的区分,朱熹认为心、性、情三个概念各有确定对象,是不可以混淆的。性是现实意识及情感所以产生的根源,后者则是前者的外在表现。情是具体的,性则是某种一般原则,相对于性情而言的心则是指意识活动的总体、主体。

心统性情的另一主要意义是指心主性情,朱熹说:

> 性是体,情是用,性情皆出于心,故心能统之。统如统兵之统,言有以主之也。②

"心主性情"就对情而言,是指心对情的主宰作用,即意识主体

---

① 《元亨利贞说》,《朱文公文集》卷六十七。
② 《朱子语类》卷九十八,第2513页。

和理性对于情感的主导、控制，也包括道德意识对于非道德观念的裁制，这一点是容易被理解的。至于心对于性的"主宰"，则不能拘于词语，要结合朱熹关于主敬功夫的思想来看。本来，性作为意识活动总体的本质，对意识活动应起一种支配的作用，而朱熹又认为，对心的修养在一定程度上决定着性的这种支配作用能否得到正常表现和发挥。按照朱熹的思想，情之未发则为性，此时心中浑具天理，虽为未发而不可谓无心，为了保持心之未发的"中"的状态不受干扰，必须有所主宰，有所涵养。如果心在未发时没有一种涵养，没有一种主宰，就会昏乱不静。因此需要以主敬的方法保持未发时心境的清明和注意力的集中。所谓心主乎性，就是指心在未发时的主敬保证性能不受干扰地作用于人的现实思维的作用。

"心统性情"一语首先见于张载的语录，朱熹对此备加推崇，但张载对这一命题未给以具体解说，在后来宋明理学中实际发生影响的是朱熹关于心统性情的思想。

七　天命之性与气质之性

"性"的概念在朱熹哲学中有不同意义，一是指天命之性，一是指气质之性。

二程曾提出"性即理也"，从人性论上说，其意义在于强调人之本性不仅与道德法则，而且与宇宙普遍法则完全一致。在二程那里，还没有像朱熹那样，基于一种理气观，把人性说成为禀受得到的天理。朱熹认为，天地间有理有气，人物的产生都是禀受天地之气以为形体，禀受天地之理以为本性，使人之本性与天地之理有了一种直接的宇宙论的联系。朱熹认为，从人和物的角度看，人物之性都是从天禀受而来；从天的角度看，则可说是天赋予命与万物以性，他认为这也就是《中庸》"天命之谓性"的意义。因此，在朱熹哲学中，天理被禀受到个体人物身上所成的性常称做"天命之性"。

禀理为性说只讲了人具有先天的善的品质，并未说明恶的品质产生的根源，朱熹继承了程颐的思想，坚持以"论性"和"论气"相补充。他认为恶的品质同样有先天的根据，这就是气质（气禀），虽然这种先天的恶可以经过道德修养加以改变。他认为，人禀受的气质中，有清浊偏正等不同，所禀气质的昏浊偏塞是人的恶的品质的根源。气禀之不善成为恶的根源主要是由于气禀的昏浊造成了对本性的隔蔽，从而影响了人的善的本质在某些方面的表现，结果呈现出恶的性质。对每个人来说，性理都全体具备，而道德品质的先天差异完全取决于气禀的清浊是否隔蔽性理的表现。

由于一切人物兼受所禀理气两方面的影响，所以现实的人物之性不能说纯粹由理或纯粹由气所决定。为了说明人性是受理气共同制约的，并解释儒学史上人性品级差异的说法，就不仅要有天命之性和气质（气禀）的概念，还要有综合反映理气影响的人性概念，这就是朱熹提出气质之性概念的缘由。

北宋理学的气质之性概念是把气质之性作为阴阳二气及形质自身的属性，如攻取之性，用于说明禀性的刚柔迟缓，而朱熹哲学中的气质之性概念则与之不同。朱熹说：

> "人生而静"是未发时,"以上"即人物未生之时,不可谓性,才谓之性便是人生以后,此理堕在形气之中,不全是性之本体矣。然其本体又未尝外此,要人即此而见得其不杂于此者耳。①

人物的性是禀受天地之理得来的,人物未生时,天地之理流行于天地之间,理禀受到一定形气之后才成为性。但理一旦进入形气体质就不可避免地受到气质的"污染",因而朱熹认为,一切现实的人性已不是性的本来面目(性之本体)了。而这个受了气质污染,并对每个人直接发生作用的现实人性就是"气质之性"。气质之性反映出的,既有理的作用,也有气的作用,是道德理性与感性欲求的交错综合,所以朱熹说:"论天地之性则是专指理言,论气质之性则以理与气杂而言之。"② 天命之性是气质之性的本然状态,气质之性则是天命之性受气质熏染发生的转化形态。朱熹举例说,天命之性如水,气质之性如盐水。每个人的天命之性是相同的,而因人的气质不同,所以人与人的气质之性是不同的。朱熹说,以前的儒者把性分为三品,指的就是气质之性。

朱熹认为,有了这两种性的观念,哲学史上人性的争论就可以迎刃而解,所谓性恶、性善恶混、性三品,都是讲的气质之性,而气质之性的本体状态是天地之性,是纯善无恶的,因为性之本体即是理。

---

① 《答严时亨》,《朱文公文集》卷六十一。
② 《答郑子上十三》,《朱文公文集》卷五十六。

八 主敬涵养

宋明理学家大都各自有特殊的修养方法，朱熹倡导的修养方法为"主敬涵养"，在宋明理学中有较大影响。朱熹关于主敬涵养的思想是发展了程颐关于持敬和"涵养须用敬"的思想并吸收了程门弟子及他自己的修养体验所形成的，是"理学"修养论的集大成者。

朱熹的主敬涵养说有广狭两义，狭义的主敬涵养专指未发功夫而言，与穷理致知相对；广义的主敬涵养则贯通未发已发，贯通动静内外的全过程。

朱子论主敬指出：

> 敬有甚物，只如"畏"字相似，不是块然兀坐，耳无闻、目无见、全不省事之谓，只收敛身心、整齐、纯一，不恁地放纵，便是敬。①
>
> 敬不是万事休置之谓，只是随事专一谨畏，不放逸耳。②
>
> 敬只是常惺惺法，所谓静中有个觉处。③

朱子所说的主敬有以下五种意义：

---

① 《朱子语类》卷十二，第208页。
② 同上书，第211页。
③ 《朱子语类》卷六十二，第1503页。

第一，收敛，把身心收向内，不要使身心放纵散逸或四处走作，这也叫收拾精神。这个说法来自尹焞。

第二，谨畏，使内心常处于一种敬畏的状态，这种畏并不是对某一具体对象的恐惧。

第三，惺惺，就是使内心总处于一种警觉、警省的状态，惺惺又称提撕，表示与昏倦相对的警觉状态，这个说法来自谢良佐。

第四，主一，主一即专一、纯一、无适。

第五，整齐严肃。后两条直接来自程颐。

前四条可以说是内之敬，第五条是外之敬，主敬的最基本的要求就是要做到内无妄思、外无妄动。

由于朱熹区分未发与已发，注重未发时的涵养功夫，所以特别强调未发时的主敬。所谓未发时的主敬，是指在无所思虑与情感未发生时，仍努力保持一种收敛、谨畏和警觉的知觉状态，最大程度地平静思想和情绪，把注意力集中在内心，提撕此心，使之有所警省而无思虑，心境清明而不昏乱，注意力集内而不外驰，使心达到在觉醒状态下的一种特殊宁静状态。朱熹认为，这种未发的主敬修养不仅可以涵养德性，而且可以为穷理致知准备充分的主体条件。在他看来，如果没有未发的主敬，心思散乱而不清明，人就不可能认识了解事物之理，他说："主敬之说，先贤之意盖以学者不知持守，身心散慢，无缘见得义理分明，故欲先且习为端庄严肃，不至放肆怠惰，庶几心定理明耳。"①

---

① 《答彭子寿》，《朱文公文集·别集三》。

当然，朱熹主张敬贯动静，所以主敬并不是只作为致知的准备才具有意义，主敬要贯穿在知与行、未发与已发的全过程，收敛、谨畏、警省、主一、严肃要贯穿到从格物致知到治国平天下所有节目，朱熹的弟子曾概括他的主敬说为：

> 其为学也，穷理以致其知，反躬以践其实，居敬者所以成始成终也。谓致知不以敬，则昏惑纷扰，无以察义理之归；躬行不以敬，则怠惰放肆，无以致义理之实。①

这个提法用敬贯动静、敬贯始终、敬贯知行概括朱子的为学之方，是比较全面地反映了朱熹的思想的。

九　格物穷理

在秦汉之际成书的《礼记》中有一篇题为《大学》，宋代的理学家把这一篇抽出来，加以特别表彰，把它放在与《论语》《孟子》相同的地位。《大学》提出了两个重要的实践性观念"格物"和"致知"，理学家们认为从这两个基本概念出发可以衍演出一套新儒家的认识论和修养论。在这个问题上朱熹和程颐有相同的看法。他大力强调并发展了程颐关于格物的思想，使得格物论成了朱子学体系的重要理论特征。

朱熹对格物的解释是：

---

①　王懋竑：《朱子年谱》卷四，商务印书馆丛书集成初编本，第231页。

> 格,至也。物,犹事也。穷至事物之理,欲其极处无不到也。①
>
> 致知之道在乎即事观理以格夫物。格者,极至之谓,如格于文祖之格,言穷而至极也。②

朱熹所理解的"格物"有三个要点:第一是"即物",就是接触事物;第二是"穷理",即研究物理;第三是"至极",朱熹用以训格的"至"即指"极至"。朱熹认为格物的基本意义是要穷理,但穷理要到具体事物上去穷,穷理又必须穷至其极。

何谓"致知"?朱熹在孤立地训解"致知"二字时说:

> 致,推极也。知,犹识也。推极吾之知识,欲其所知无不也。③

但朱熹认为,所谓致知,并不是与格物不同的另一种功夫或方法,并不是指人去努力发挥自己固有的知识或用已知的东西去推知未知的东西,他说:

> 格物只是就一物上穷尽一物之理,致知便只是穷得物理尽后我之知识亦无不尽处,若推此知识而致之也。此其文义只是如此,才认得定,便请依此用功,但能格物则知

---

① 《大学章句》经一章,《四书章句集注》,中华书局,1983年,第4页。
② 《大学或问》卷一。
③ 《大学章句》公圣一章,《四书章句集注》,中华书局,1983年,第4页。

自至,不是别一事也。①

格物是指努力穷索事物之理,而当人们通晓事物之理后,人的知识也就完备彻底了。所以致知只是指主体通过考究物理在主观上得到的知识扩充的结果,致知作为格物的目的和结果,并不是一种与格物并行的、以主体自身为对象的认识方法或修养方法。朱熹强调,致知只是就认识实践在主体方面获得的知识成果而言,没有即物穷理,主体自身是无法扩充知识的。

朱熹认为,理普遍存在于一切事物之中,事物大小精粗莫不有理,因为格物的对象是极为广泛的,他说:

> 若其用力之方,则或考之事为之著,或察之念虑之微,或求之文字之中,或索之讲论之际,使于身心,性情之德、人伦日用之常,以至天地鬼神之变、鸟兽草木之宜,自其一物之中,莫不有以见其所当然而不容已与其所以然而不可易者。②

这表明朱熹认为格物的对象是极为广泛的,上至宇宙本体,下至一草一木,其中的"理"都必须加以研究,这种对象的广泛性也就决定了格物途径的多样性,其中主要是阅读书籍、接触事物和道德实践。

格物的目的最终要达到对事物的"所以然"和"所当然"的了解。"所以然""所当然"都是指理,"所以然"主要是指事

---

① 《答黄子耕四》,《朱文公文集》卷五十一。
② 《大学或问》卷二。

物的普遍本质和规律,"所当然"主要指社会的伦理原则和规范。所以,朱熹主张的格物穷理,就其终极目的和出发点而言,在于明善,而就格物穷理的中间过程所括的范围来说,又包含着认识事物的规律与本质,积极肯定见闻之知作为充广知识的必要途径,表现出明显的知识取向。

在朱熹为《大学》所作的注释中,他认为流传下来的《大学》本文中缺失了原有对"格物"的解释,于是他就根据二程的格物论在他的《大学章句》中作了一个《补格物致知传》,其中说:

> 所谓致知在格物者,言欲致吾之知,在即物而穷其理也。盖人心之灵莫不有知,而天下之物莫不有理,惟于理有未穷,故其知有不尽也。是以《大学》始教,必使学者即凡天下之物,莫不因其已知之理而益穷之,以求至乎其极。至于用力之久,而一旦豁然贯通焉,则众物之表里精粗无不到,而吾心之全体大用无不明矣。[①]

知是属于主体的,理是属于客体的,格物是即物穷理至乎极,其方法程序则是"用力积累"与"豁然贯通"。朱熹认为,格物的目的是最终认识宇宙的普遍之理,要达到这一点,不会只格一物便能把握万物之理,也不需要把天下万物逐一格过。根据理一分殊的思想,具体事物的物理、伦理是各个差别的,同时又都是普遍、统一的宇宙原理的表现,只有通过"今日格一物、

---

① 《大学章句》,《四书章句集注》,第 6—7 页。

明日格一物"的反复积累，人的认识才会从个别中发现普遍，逐步认识一切事物间共同的普遍规律。朱熹指出，正像人在正常认识过程中常常体验到的，经过对外部事物反复考究的渐进过程，在某一阶段上人的思想认识就会产生一个飞跃，即"豁然贯通"，按照他自己的理解，这是一个基于经验活动的由特殊到普遍的飞跃。

朱熹的格物学说中虽然也包括省察身心性情之德方面，但主要和更多地强调对于外在事物的考究，尽力在方法论上指出学习知识的重要性，在他的学说中不仅容纳了认识的客观法则和辩证过程，而且表现出鲜明的理性精神。从认识论的路线和原则看，朱熹一方面承认人的内心本有天赋的道德原则，同时又强调认识的直接对象是具体事物之理，只有通过具体的学习的积累过程才能最终使内心的原则彰显出来。他的思想中既包含一种唯理论的先验论，又包含关于认识过程的经验论。

十　道心人心

以理节欲本是孔子以来儒家哲学的固有思想，宋儒尤其注重培养理想人格，要求提高道德自觉，努力使道德意识最大限度地支配人的行为。为了这一目的，理学从二程起，大力宣讲伪《古文尚书》中所谓"道心""人心"的问题，在这一点上朱熹是二程的继承者。

朱熹认为，人心的知觉活动，按其内容可大体分为两种：

> 此心之灵,其觉于理者,道心也;其觉于欲者,人心也。①
>
> 只是这一个心,知觉从耳目之欲上去,便是人心;知觉从义理上去,便是道心。②

就是说,合于道德原则的意识是"道心",专以个体情欲为内容的意识是"人心",也就是说,道心指人的道德意识,人心指人的感性欲念。

人何以会有道心、人心两种不同知觉?朱熹说:

> 心之虚灵知觉,一而已矣。而以为有人心道心之异者,则以其或生于形气之私,或原于性命之正,而所以为知觉者不同。是以或危殆而不安,或微妙而难见耳。③

凡人之生都是禀受"气"以为形体,禀受"理"作为本性。道德意识发自作为本性的理,感性情欲根于构成血肉之躯的气。道德意识常潜存心灵深处,所以为"微";感性情欲并非皆恶,但不加控制就流于不善,所以为"危"。朱熹认为这就是伪《古文尚书》中"人心惟危,道心惟微"的意思。他提出,"必使道心常为一身之主,而人心每听命焉,则危者安,微者著,而动静云为自无过不及之差矣"④。他认为,"人心"所包括的人的

---

① 《答郑子上八》,《朱文公文集》卷五十六。
② 《朱子语类》卷七十八,第 2009 页。
③ 《中庸章句序》,《四书章句集注》,第 14 页。
④ 同上。

自然属性所决定的生理欲望并不是恶，并不是不好，因此，"人心"与理学主张去除的"私欲"是不同的，"人心"是泛指一切欲望，"私欲"则专指过分追求利欲、违背道德原则的欲念，所以私欲是"恶"，人心只是"危"。所谓"存天理、去人欲"，并不是去除一切"人心"、一切感性欲望，而是以道德意识克服违背道德原则过分追求利欲的意识。

从人的伦理生活实际来看，人的内心常常交织着道德观念与感性情欲的冲突，道德活动的基本特征是用道德意识评判裁制感性情欲，这种道德评价和自我控制的心理过程是理学道心人心说的现实依据。道德的基本特征就在于，强调在道德意识活动中用道德理性限制、压制个体的利己情欲，使人服从于社会通行的道德规范。朱熹虽然并不一概排斥或否定人的自然欲望，但他的思想总的倾向是强调把个人的欲望尽可能减低以服从社会的道德要求，表现出一种从封建等级制度出发对个体情欲的压抑，与近代以来资本主义要求打破等级、追求个人利益不受等级和封建道德原则限制的思想有很大不同，反映出理学作为前近代社会思想形态的性格。另一方面，也应看到，理学的道心人心说及天理人欲说确实看到了人类社会中社会总体利益与个体种种情欲的冲突这一基本矛盾，理学所提示的社会与个人、理性与感性、道德与情欲的伦理学矛盾具有普遍意义。

十一　知先行后

中国古代哲学中所讨论的"知行"问题，常常不是认识的来源问题,尤其在儒家思想体系中,知行问题主要是道德知识与道德践履的关系问题。由于在这些讨论中经常引用生活实践中的例子,因而也在一定程度上含有认识的意义。朱熹思想中的知行问题也包含有几种不同意义,而其中主要的是指致知与力行的关系。

朱熹论知行说:

> 致知力行,用功不可偏废。……但只要分先后轻重,论先后当以致知为先,论轻重当以力行为重。①
>
> 知行常相须,如目无足不行,足无目不见。论先后,知为先;论轻重,行为重。②

所谓道德践履是指对既定的道德观念的实行、履行,这至少逻辑上包含了道德知识在道德践履之先。因此这个意义上的知先行后说,主要是指人的知识与人把既有知识付诸行为活动这两者的关系。在这里,"行"不是泛指一切行为,而是指对既有知识的实行。"知"即知识,又指求知。因而,在朱熹哲学中,格物致知虽然是一种行为,但其活动属于明理求知,而不是行理循理,所以格物致知只被看做"知"。可见,朱熹学中"行"的意义较狭,仅指对既有知识之实行,"知"的意义则较宽,包括有求知活动在内。

朱熹讲的知先行后,就其讨论的特定问题而言,指伦理学

---

① 《朱子语类》卷九,第148页。
② 同上。

上的致知与力行的相互关系。这个思想是说，人必须首先了解什么是道德的人、道德的行为、道德的原则，才能使自己在行为上合乎道德原则，履行道德行为，成为道德的人。所以朱熹重视格物致知、读书穷理，认为只有先知晓事物的当然之则，才能做出合乎当然之则的行为，否则，人的道德实践就是一种缺乏理论指导的盲目行为。

从朱熹论轻重的讲法来看，朱熹也重视"行"。格物致知是于事事物物皆知其所当然与所以然，但这还只是具备了成圣贤的条件，特别是朱熹的格物说多偏于知性活动，往往不能直接产生德性涵养的效果，所以，朱子在主张穷理的同时，既强调涵养主敬，又强调践行力行，只有在格物致知之后，力行所知，切己修养，以及推及齐家治国平天下之诸实践，在内在外彻底践行所当然而不容已者，才能真正达到圣贤的地位。所以，格物致知还不是体系的终点，最终需要落实到践行。

另一方面，朱熹虽然主张先知后行，但并不是要人达到"知至"才去力行，不是要人达到真知才去力行，并不是让人一生为学实践中先用几十年去致知，穷尽一切理后方去行，而是主张在具体实践中"知行互发"，他主张"知与行工夫须著并到"①，"知与行须是齐头做，方能互相发"②。

朱熹是一位有很高精神修养的思想家，又是一位知识渊博的学者，他在自然科学方面也有很高的造诣。他曾提出一种类似康德式的星云假说，认为我们所在的这个天地是由一种气团

---

① 《朱子语类》卷十四，第281页。
② 《朱子语类》，卷一百一十七，第2816页。

的运动逐渐演化而来，原始的气团不停地旋转运动，于是在气团的中央聚结成块，这便是原始的大地，在它的外围的气便是天，天不息地转动，地才得以处中不动。他还提出，大地初形成时，水火起了重要作用。他根据所注意到的螺蚌化石和岩石地貌受水流冲蚀的痕迹，断定地质有一个变迁的过程。他在12世纪已经认识到化石对地质变迁的意义。

　　朱熹的思想不仅是理学的一个集大成者，也是中国哲学史发展的一个高峰，在他的内容丰富、条理清楚的体系中，始终贯穿着理性主义的精神，这种精神对宋代以后的中国文化的发展起了重要的作用。

李退溪对朱子的继承和发展

李滉,字景浩,号退溪,朝鲜时代著名的理学思想家,生于燕山君七年(1501,明孝宗弘治十四年),卒于宣祖三年(1570,明穆宗隆庆四年)。李滉生七月丧父,幼从叔父问学。早年曾任弘文馆修撰、成钧馆司成,明宗初任丹阳、丰基郡守,中岁卜居退溪之上,因以自号,学者都称他为退溪先生。此后虽曾受任成钧馆大司成、工曹判书、弘文馆大提学、艺文馆大提学、知中枢府事等职,但始终一意归退,以恬退名节。他晚年筑舍于陶山之麓,潜心味道,优游山水,自号陶翁。

发源于中国大陆的程朱"理学"于高丽后期已传入朝鲜半岛,李朝建国后朝鲜理学逐步发展起来。李退溪曾说:"吾东方理学以郑圃隐(梦周)为祖,而以金寒暄(宏弼)、赵静庵(光祖）为首，但此三先生表述无征，今不可考其学之深浅。"① 朝鲜位于中国之东，故其学者以东方自称。"理学"在丽末鲜初已在东方奠定了基础，但当时"程朱之书稍稍东来"②，学者尚少，亦无以发明。明朝崇奉朱学，颁四书、五经、《性理大全》，李朝受此影响，亦"设科取士以通'四书''五经'者得与其选，由是士之诵习无非孔孟程朱之言"③。在理学普及的基础上，16世纪中叶后，与明初心学运动兴起相对照，李朝则陆续出现了一大批以朱学为主的理学家，形成了李朝时代罕见的学术繁荣，并开始了朝鲜理学自身的学派发展。李退溪是这一时期理学发展中的划时代的代表。

当李退溪时，阳明学盛行于中国大陆，朱子学作为明王朝正统哲学面临危机，退溪以继承、捍卫程朱道统为己任，一生学问"以朱子为宗"④，"一以朱子为的"⑤。他一方面批评阳明心学，认为"今者中原人举皆为顿超之说"⑥；一方面又极力抨击罗钦顺等的主气学说。所以他的弟子说他因"中原道学之失传，流而为白沙之禅、会阳明之颇僻，则亦皆披根拔本，极言竭论以斥其非"⑦，又"以整庵之学自谓辟异端而阳非阴助、左

---

① 《言行录》卷一。
② 同上书，卷五。
③ 同上。
④ 同上书，卷一。
⑤ 同上书，卷六。
⑥ 《李退溪文集》卷二十一，《答李刚而》，以下简称《文集》。
⑦ 《言行通录》卷一。

遮右拦，实程朱之罪人"①。他死后，门人称他"其学得朱子嫡统"，为"海东朱子"，可以由此看出他作为朱学思想家的特点。

李退溪的思想发展大体可分为两个阶段。早年以《心经》（真德秀著）为宗，注重心地的实践功夫。南宋真德秀采摭古先圣贤论心格言，汇编成《心经》，其书以十六字心传为首，以朱子尊德性铭为终。后来明人程敏政又以程朱诸说为之附注，著成《心经附注》。退溪"少时游学汉中，始见此书（《心经》）于逆旅而求得之。虽中以病废，而有晚悟难成之叹，然其初感发兴起于此事者，此书之力也，故平生遵信此书亦不在四子、《近思录》之下矣"②。他自己说"吾得《心经》而后知心学之渊源、心法之精微"③，他晚年居陶山，仍鸡鸣即起诵读《心经》。宋明儒者亦常统称心性修养之学为心学，与相对于程朱的陆王心学不同。

退溪较晚才看到《朱子大全》，五十岁筑寒栖庵于退溪，始专意于朱子之学，此后他自己的思想也渐形成，所以门人说他"晚年专意朱书，平生得力处大致皆自此书中发也"④。

李退溪的主要著作有《朱子书节要》《启蒙传疑》《宋季元明理学通录》等，其思想主要保存在论学书札、杂著，及《天命图说》《圣学十图》等。《陶山全书》汇集了他的全部思想材料。

---

① 《言行通录》卷五。
② 《心经后论》。
③ 《言行录》卷一。
④ 同上书，卷二。

一 理自动静,理有体用

朱子在建立哲学体系的时候,利用了周敦颐的《太极图说》作为重要的思想资料基础,但是由于朱子以理解释太极,于是在利用《太极图说》"太极动而生阳""静而生阴"的思想材料时出现了一些新的问题,如:理自身是否会动静?理自身是否能产生出阴阳二气?按照朱子的基本思想,理自身是不会动静的。至于理能否生气,尽管朱子有一些复杂的说法,但最终还是确认理是"无造作"的,而否定理自身产生气的看法。

李退溪明确肯定理自身能动静。他的门人曾向他提出,朱子所谓"太极之有动静是天命之流行"是否指另有一个主宰者使太极有动静,退溪回答说:

> 太极之有动静,太极自动静也。天命之流行,天命之自流行也。岂复有使之者欤?[①]

在他看来,太极自身有动有静,而且太极自身的动静并没有另外的主宰者使然。他指出:

> 延平答朱子曰:"复见天地之心,此便是动而生阳之理。"按朱子尝曰,"理有动静故气有动静,若理无动静,

[①] 《文集》卷十三《答李达李天机》。

气何自而有动静乎?"盖理动则气随而生,气动则理随而显。濂溪云"太极动而生阳",是言理动而气生也;《易》言"复见天地之心",是言气动而理显,故可见也。二者皆属造化而非二致。①

李退溪不仅明确肯定理能自动自静,而且认定"理动"是"气生"的根源和根据。

朱子哲学在理气动静的问题上有两个基本命题,一是"理有动静,故气有动静",二是"太极犹人,动静犹马"。由于前者的含义较复杂,所以后来的人们习惯于从"太极犹人,动静犹马,马所以载人,人所以乘马,马之一出一入,人亦与之一出一入"这样形象的说法去理解朱子的看法。把太极动静比喻为人马,是强调理自身不会运动,乘载在气上随气之动而有动静。朱子这个比喻的缺点是,他虽然否认理自身能运动,但未能表示出理是气之动静的所以根据,不能表现出理作为所以动因对于气的能动的作用,理在人马之喻中只成了被动地附于运动物体上的乘客而已。明前期的儒者曹端、薛瑄对朱子之说提出修正,都是为了突显太极作为"所以能动静者"的性格。因而,李退溪坚持理(太极)自能动静是与明代朱学从肯定理能动静来强调理对于气的支配作用的倾向是一致的。而且,李退溪不仅克服了薛瑄由于同时主张理如日光、气如飞鸟而实质上在某些方面回到人马之喻的缺陷,他在把理的动静与气的动静

---

① 《文集》卷二十五《郑子中别纸》。

联结在一起的时候，同时把理的"动"与气的"生"联系起来，进而提出了"理动则气随而生，气动则理随而显"的命题。在这里，"理动气生"是强调理的动静是气之所以产生的根源；"气动理显"是指气的运行及其秩序显示出理的存在和作用。

李退溪进一步讨论了理生气的问题：

> （李公浩问：）"太极动而生阳，静而生阴"，朱子曰"理无情意、无造作"，既无情意造作，则恐亦不能生阴阳。若曰能生，则是当初本无气，到那太极生出阴阳然后其气方有否？勉斋曰"生阳生阴犹曰阳生阴生"，亦莫不是恶其造作太甚否？（退溪答：）朱子尝曰"理有动静，故气有动静，若理无动静，气何自而有动静乎"？知此则无此疑矣。盖无情意云云，本然之体；能发能生，至妙之用也。勉斋说亦不必如此可也。何者？理自有用，故自然而生阴生阳也。①

李公浩的问题很有见地，因为在周敦颐的《太极图说》里太极本来是可以产生阴阳的，而朱熹以太极为理，又认定理无情意、无造作，这样，按朱子哲学中的逻辑，理就不能生气，也就不能再说"太极动而生阳"。退溪在回答中指出，可不可以说理能生气，取决于如何解释，他认为，朱子所说的"无情意、无造作"，是指理的本然之体，即理自身并不是一个可以分化或产生出阴阳二气的实体；"能发能生，至妙之用也"，是说理自身虽

---

① 《文集》卷三十九《答李公浩问目》。

然并不像母生子那样生阴阳，但阴阳的产生却是理的作用和表现（用）。因而，如果从阴阳的产生是理的作用使然、是理的体现或表现这个意义上说，那就仍然可以说"理能生气"。

李退溪这一从理的本体与妙用两方面解说"太极动而生阳"的方法，使"理学"在利用《太极图说》时发生的问题得到了一种解决。在朱子哲学，既然太极是形而上的无造作之理，势必得出太极自身不能产生阴阳的结论，但如何从这样的立场上诠释"太极动而生阳"，从朱子到黄干（勉斋）并未真正解决。李退溪曾持的"理动则气随而生"的说法实际上也就是李公浩所引黄干"太极动而阳生"的思想，指太极虽自身不产生出阴阳，但太极的动静是导致阴阳产生的根源与动因。退溪晚年则在理动气生思想的基础上进而提出理有体用说，这就能够在不必把"太极动而生阳"改为"太极动而阳生"的情况下来说明朱学的立场。他对周敦颐和朱子的这种调和是他对朱子学的一个发展，体现了他对理的认识的进一步深化，也表现出他在"理学"的表述方面达到了较高的造诣。

理有体用说是退溪理学思想一个有特色的表现，正如他在把理有体用说用于物格理到问题时指出的，如果仅仅强调理的本体的无造作，而不能同时从理的妙用方面说明理是所以能生者，那就"殆若认理为死物"[①]，这与曹端批评"理为死理而不足为万化之源"及薛瑄批评"使太极无动静则为枯寂无用之物"的基本立场是一致的。

---

① 《文集》卷十八，《答奇明彦别纸》。

二 四端理之发，七情气之发

朱子心性论对于性情关系的基本看法是"情根于性，性发为情"①，以性为情的内在根据，情是性的外发表现。《孟子》曾把恻隐、羞恶、辞让、是非之心称为"四端"。朱子的解释是："恻隐、羞恶、辞让、是非，情也。仁、义、礼、智，性也。"② 《中庸》说"喜怒哀乐未发谓之中，发而皆中节谓之和"，朱子解释说："喜怒哀乐，情也，其未发，则性也。"③ 朱子哲学中的"情"有两种用法，一指四端（《孟子集注》说），一指七情（《中庸章句》说）。四端是道德情感，纯善无恶；七情则泛指一切情感活动，有善有恶。朱子以"四端"发于仁义礼智之性，这合于"性发为情，情根于性"的基本原则。而如果说喜怒哀乐等"七情"有善恶邪正，那就碰到一个问题，即七情中发而不善的情感是否也是发于仁义礼智的本性？如果说不善之情也是发于全善之性，这显然是有矛盾的。而且朱子从未肯定七情中不善者不是发于本性，这是朱子学中没有解决的一个问题。

朱子哲学曾提出，人是由理气共同构成的，气构成人之形体，理则为人之本性。李退溪根据这一看法，提出了四端七情分理气说，主张道德情感（四端）发自人的本性（理），而一般生理情感（七情）发自人的形体（气）。"四端发于理，七情发于

---

① 《朱子文集》卷三十二，《答张敬夫》。
② 《孟子集注》卷三。
③ 《中庸章句》第一章。

气"这一命题的提出，使朱子学性情论的矛盾得到了一种解决。

在这个问题上李退溪曾与奇大升（高峰）反复论辩，成为李朝性理学史的一大事件。奇大升反对"四端是理之发，七情是气之发"的提法，他认为七情泛指人的一切情感，四端只是七情中发而中节的一部分，因而四端作为部分应与作为全体的七情共同发自同一根源，即皆发于仁义礼智之性。奇大升这个说法以朱子《中庸章句》说为据，并可在朱子学体系内找到较多支持，但无法解决朱子心性论自身的矛盾。在李退溪，以为"七情"有两种用法，一种同于奇说，即"以混沦言之"，在这个意义上，四端包容在七情之内；一种则以七情与四端相对而言，以七情为四端以外的其他情感，包括反映人的生理需要的各种情感以及非道德情感等。退溪正是在后一种用法的意义上，认为七情不是发于性，而是发于气。

退溪的说法虽在朱子哲学中所能找到的根据较少，但显然力图在朱子基础上有所发展，使朱子学体系更加完备。李退溪认为，四七分理气，并不是说四端仅仅是理，七情仅仅是气，四端与七情都是兼乎理气的。他说"二者皆不外乎理气"[1]，"四端非无气"，"七情外无理"[2]，认为四端七情作为现实情感无不兼乎理气，因为心是理气之合，情也是理气之合，但二者"虽同是情，不无所从来之异"[3]，二者虽皆兼乎理气，但就所发的初始根源说，四端发自性理，七情发于形气。他说：

---

[1] 《退溪答高峰四端七情分理气辩》。
[2] 《退溪答高峰非四端七情分理气辩第二书》。
[3] 同上。

> 大抵有理发而气随之者，则可主理而言耳，非谓理外乎气，四端是也。有气发而理乘之者，则可主气而言耳，非谓气外乎理，七情是也。①

认为四端与七情虽然都兼乎理气，但二者的根源与构成方式不同。从性理发出而气顺随加入而成的是四端，从形气发出而理随之乘驭而成的是七情，所谓四七分理气，并不是说四端纯是理，七情纯是气，只是说四端发于理、主于理，七情发于气、主于气。退溪的这一思想，把人的情感区分为反映或适应生理需要的自然情感（七情）和反映社会价值的道德感情（四端），并认为二者形成的根据与方式不同，前者根于人的生理躯体，后者来源人的道德本性，这些思想较之以前"理学"的处理更进了一步。

表面上看来，相对于奇高峰的主张，李退溪四七分理气的思想在朱子思想材料中的根据较少，但在实质上，是对朱子处理道心人心思路的一个扩展。按照朱子思想，人的意识被区分为"道心"和"人心"，道心指道德意识，人心则指感性欲念。朱子认为"人心道心，一个生于血气，一个生于义理"，②这也就是认为道心理之发，人心气之发。李退溪四端理之发、七情气之发的思想实际上是朱子道心人心说应用于情感分析的一个完全合乎逻辑的发展。

四七理气的问题其直接意义是区分自然情感与道德情感的不同来源与根据，并不意味着理发一定为善或气发一定为恶。

---

① 《退溪答高峰非四端七情分理气辩第二书》。
② 《朱子语类》卷六十二，第1487页。

善恶的分别还决定于人调整自己、修养自己的努力，李退溪说：

> 四端之情理发而气随之，自纯善而无恶；必理发未遂而掩于气，然后流为不善。七者之情，气发而理乘之，亦无有不善；若气发不中而灭其理，则放而为恶也。①

所以，四端虽发于理而无不善，但并非一切理发者皆为善，理发的过程中如果因气的冲击而不能保持原来的方向，则流于不善。七情发于气，如果气发的过程受到理的控制与有力引导，则可以为善；如果理不能在气发的过程中及时控制引导，则流为不善。可见善恶之几的关键还在于发作过程中理气的相为胜负。这里说的理气胜负实际上就是指道德的理性与感性的情欲之间的矛盾关系，"其发也，理显而气顺则善，气掩而理隐则恶"②，只有在意识活动的过程中使理性能驾驭、控制、引导感性即"以理驭气"③，思维情感才能呈现为善。

李朝儒学讨论的四七问题，在中国"理学"中虽有涉及④，但始终没有以"四端""七情"对举以成为讨论课题，更未深入

---

① 《圣学十图·心统性情图说》。
② 《朱子文集》卷二十五，《答郑子中讲目》。
③ 《朱子文集》卷十一，《答李仲久》。
④ 按朱子门人黄干（勉斋）亦曾论及此类问题，如黄干与李方子书云："发于此身者，则如喜怒哀乐是也；发于此理者，则仁义礼智是也，若必谓兼喜怒哀乐而为道心，则理与气混然无别矣，故以喜怒哀乐为人心者，以其发于形气之和也；以仁义礼智为道心者，以其原于性命之正也。"（《勉斋黄公肃先生文集·复李公晦》）黄干即以喜怒哀乐（七情）为发于形气之和，而以四端为发于性理之正。

揭示朱子性情说中的矛盾和问题。在这一点上，李朝性理学是有很大贡献的。

三　物格理到

对于《大学》开始一段文字中讨论的八个条目及其前后逻辑关系，在中国理学中争论最多的是"格物"的问题，而对于"物格而后知至，知至而后意诚，意诚而后心正……"则很少讨论，认为"物格""知至"以下不过是大学用功条目从格物、致知到治国平天下的依次完成与实现。朝鲜"理学"把格致到治平称为功夫，把物格到天下平称为功效，这是合于本文及朱子解释的。

《大学》经一章朱注格物云："格，至也。物，犹事也。穷至事物之理，欲其极处无不到也。"这里的"无不到"是指要彻底地穷究事物的道理。同章物格注："物格者，物理之极处无不到也。"这是指事物之理被彻底考究完毕。补传释物格："众物之表里精粗无不到。"这里的里、精即物理之极处，指事物最精妙深微的道理无不被穷索至尽。"物格"只是格物的被动的、完成的语态，表示从结果上格物的功夫已经完成、目的已经实现。朱子《大学或问》释物格也说："物格者，事物之理各有以诣其极而无余之谓也。理之在物者既诣其极而无余，则知之在我者亦随所诣而无不尽也。"① 物理极处无不到、事物之理诣其极，

────────
① 《大学或问》卷一。

其主体都是人,都是指被人所穷到至极。

由于朱熹着力于格物的解释,对物格比较不注意,加上对物格的说法中主体并未明确指出,使得朝鲜理学在把"物格""无不到"转换为民族语言时发生了一系列问题,其中核心是"到"的主体的问题,是心到理的极处,还是理自到于极处。这是朝鲜理学特有的问题。

在这个问题上,李退溪与奇大升再度发生论争,奇把"物理之极处无不到"解释为"理自到于极处",其说可称为理到说。退溪开始的时候反对理到说,指出所谓格物的"无不到"是指"理在事物,故就事物而穷究其理到极处",即人穷究到物理的极处;而物格的无不到只是指"已到""已至"。他说:

> 比如有人自此历行郡邑至京师,犹格物致知之功夫也。已历郡邑、已至京师,犹物格知至之功效也。①

因此,至者为主,极处为宾,否则,"则已历者非人,乃郡邑也;已至者非人,乃京师也。推之以释物格,则格者非我,乃物也;释极处,则到者非我,乃极处也,此不成言语,不成义理"②。退溪这些论述已经从朱学的原有立场说明了物格的意义。

奇大升不同意退溪之说,坚持理自到于极处,退溪宣祖初在都下曾与奇论及此说,彼此未合。至退溪临终前数月,奇大

---

① 《俗说辩疑答郑子中》,《文集》卷二十六。
② 同上。

李退溪对朱子的继承和发展

升找出数条他认为对他有利的材料寄给退溪,退溪仔细思量,认为"理到之言未为不可"。引起李退溪重新思考而不得不让步于奇大升的,是奇大升所引用的朱子关于《通书》的一个解说,《朱子语类》载:"充,广也;周,遍也。言其不行而至,盖随其所寓而理无不到。"① 朱子这个说法本指圣人之德而言,与物格理到无关,但由于古汉语的丰富性、灵活性,使退溪在论敌把这个说法当做论据时感到为难,李退溪有见于此,并参考了朱子《大学或问》中关于"理虽散在万物,而其用之微妙实不外乎一人之心"② 的说法及语录中对这个说法的补充"理必有用,何必又说是心之用"③,从而提出:

前此滉所以坚执误说者,只知守朱子理无情意无计度无造作之说,以为我可以穷到物理之极处,理岂能自至于极处,故硬把物格之格、无不到之到皆作已格已到看。……盖先生(朱子)之说见于补亡章或问中者,阐发此意如日星之明……其"理在万物而其用实不外乎一人之心"则疑若理不能自用,必有待于人心,似不可以自到为言,然而又曰"理必有用,何必说是心之用乎",则其用虽不外乎人心,而其所以为用之妙,实是理之发见者随人心所至而无所不到、无所不尽,但恐吾之格物有未至,不患理不能自到也。然则方其言格物也,则是我穷至物理之极处;及其

---

① 《朱子语类》卷九十四,第 2397 页。
② 《大学或问》卷一。
③ 《朱子语类》卷十八。

> 言物格也，则岂不可谓物理之极处随吾所穷而无不到乎？是知无情意造作者，此理本然之体也；其随寓发见而无所不到者，此理至神之用也。向也但有见于本体之无为，而不知妙用之能显行，殆若认理为死物，其去道不亦远甚矣乎。①

李退溪在朱子"理必有用"说的启发下，如同处理理之生气问题一样，用理有体用的方法来解决理到问题上的困难。他并不简单地赞同奇大升的理到说，他认为，根据朱熹的思想，理是万物的本体，因而人心也是理的表现（用），从这个观点来看理到说，既然人心是理的表现，那么，理的表现的程度也正是随着人心的认识所达到的程度、境地而转移的。从而，在格物致知的过程中，随着格尽物理、人心无所不到，理的表现也就完全了（无所不到）。所以，从理的本身来说，是不能自到于极处的，但从理的表现、发见（至神之用）来说，又是随着人心所至而得到表现的。这样，从理的发用和表现来说，就可以说有一个"无不到""到极处"的问题。这里的"到"即是表现。在这个意义上退溪认为"理到之言未为不可"。

物格理到的问题本来是从朱子知识论中衍生出来的，但朝鲜"理学"中对此的讨论并不具有知识论的意义，李退溪自己实际上最后是以本体论的方式去处理这一本来属于知识论的问题，从而使得这一问题成了显示退溪"理学"本体论思维的一

---

① 《文集》卷十八，《与奇明彦别纸》。

个问题，从中可以看到李退溪处理这一类问题的方法和立场。

李退溪是朱子哲学的继承者，从理学发展的历史来看，重要的不在于李退溪复述了朱熹的哪些思想，而在于他对朱熹思想的发展。总的说来，李退溪对朱子哲学有深刻的理解，对朱子哲学的某些矛盾有深入的认识，并提出了进一步解决的积极方法，揭示出某些在朱子哲学中隐含的、未得到充分展示的逻辑环节。从东亚文化圈的观点来看，朱子学及其重心有一个东移的过程，明中期后，朱学在中国大陆再没有产生出有生命力的哲学家，虽然朱学从明中至清代仍然维持着正统哲学的地位，作为有生命力的哲学形态在中国已日趋衰落。而与"心学"的盛行刚好对应，嘉靖后朱学在朝鲜获得进一步发展的活力。退溪哲学的出现，一方面表明朝鲜理学的完全成熟，一方面表明朱子学重心已移到朝鲜而获得新的生命，为此后在东亚进一步扩大影响准备了条件。

（本文为参加 1985 年日本筑波大学举办的国际退溪学会议的论文；并收入《第八届退溪学国际会议论文集》，筑波大学，1987 年）

李退溪与奇高峰的四七理气之辩

14世纪末,李氏朝鲜建国,为了进一步加强思想统治,采取了推崇儒学的政策,中国的程朱理学,特别是朱熹的哲学,在高丽后期已经传入朝鲜半岛,在李朝时期居于正统地位,于16世纪发展到高峰。以李滉(退溪)等人为代表的这一时期朝鲜朱子学继承并发展了中国的朱子哲学,兴盛一时,后人比之于中国北宋元丰、元祐出现周(敦颐)、张(载)、程(颢、颐)、邵(雍)及南宋乾道、淳熙出现朱(熹)、张(栻)、吕(祖谦)、陆(九渊)的哲学繁荣,所谓"赵文正之后,儒术之盛,又可以追踪于宋之丰祐乾淳"①。

这里所说的性情理气之辩,是指16世纪50年代末到60年代发生在李朝朱子学家李滉与奇大升之间有关理学哲学中"四

---

① 宋时烈:《圃隐先生诗集序》。

端"与"七情"、"理"与"气"之间相互关系的一场论辩,当时简称为"四七之辩"或"四七理气之辩"。

李滉,号退溪,字景浩,谥文纯。李朝的儒学哲学到李退溪发展到一个高峰。李滉及其学说有很大影响,李滉本人在当时"蔚为师宗",后来被称为"海东朱子"。他的活动时期(1501—1570)在中国阳明学派的鼎盛时期,在王守仁(1472—1528)稍后,与王门诸高弟王畿、钱德洪、邹守益等人约同时。奇大升,字明彦,号高峰(1527—1572)。《两先生往复书跋》云:"先生(指奇大升)释褐之初,羽仪王朝,始拜文纯(李滉)于京邸,遂自居以及门之列。"奇大升以退溪及门弟子自居,论辩中亦以"先生"称李滉。在李滉晚年,奇大升与李滉间有过几次重要的论辩,这些论辩表明奇大升对朱熹哲学也有相当深入的理解,而"四七理气之辩"是李、奇之间最重要的一次争论。通过对这一论辩的研究可以使我们对朝鲜儒学是怎样继承朱熹哲学并深化朱熹哲学中某些问题的讨论有一个初步的了解。

李、奇二人四端七情理气之辩,往复长达数万余言,后来编为上下二编刊行于世。本文引用的原文系据成均馆大学校出版的《高峰全集》所收的《四七理气往复书》,并参照了延世大学校出版的《儒学资料集成》所收的《退溪先生文集》中的《与奇明彦书》等。

一 四七理气辩始末

孟子曾说:"恻隐之心,仁之端也;羞恶之心,义之端也;

辞让之心，礼之端也；是非之心，智之端也。"① 按照朱熹哲学，仁义礼智称为四德，为性；恻隐羞恶辞让是非称为四端，为情。性是情的内在根据，情是性的外发表现。在《中庸》里曾提出："喜怒哀乐未发谓之中，发而中节谓之和"，朱熹对此的解释是："喜怒哀乐，情也；其未发，则性也，无所偏倚，故谓之中。发而中节，情之正也，无所乖戾，故谓之和。"② 这是说性作为内在本质是通过外在情感来表现的，因此称性为"未发"，情为"已发"。照《中庸章句》所说，性借以表现的情不是仅指四端，而是泛指喜怒哀乐等七情。这样，朱熹哲学中的"情"就有不同的意义，一指四端，一指七情。于是就出现了一个问题，朱熹心性论的基本观点是"情根于性，性发为情"③，如果说"四端"这些道德情感发自于性，在朱熹哲学中可以自圆其说，但是"七情"中包含有不善的情感这也是朱熹确认的，而这些非道德的情感是否也是从仁义礼智的本性上发出来的呢？如果说七情也都是发自本性，为什么纯善的本性会发出不善的情感？如果说七情不是或者不全是发自本性，又应如何解释朱熹《中庸章句》所谓喜怒哀乐未发即性的思想？况且朱熹从未声明"性发为情，情根于性"这一基本命题不适用于七情。这显然是一个矛盾，是朱熹心性论没有解决的一个很重要的问题。而四七之辩正是朝鲜朱子学试图在朱熹哲学范围内进一步解决这一问题的表现。

---

① 《孟子·公孙丑上》。
② 《中庸章句》第一章。
③ 见《朱子文集》卷三十二，《答张敬夫》。

李退溪与奇高峰的四七理气之辩

朱熹哲学有一个基本看法，即人是由理与气共同构成的。天地之间的理与气"妙合而凝"构成万物，气构成人物的形体，理则成为人物的本性。根据这一基本立场，李滉提出"四端七情分理气"说，主张四端发于理（性），七情发于气。据李滉说，在他之先郑之云所作《天命图》中也有"四端理之发，七情气之发"的说法，而据奇大升说，以七情发于形气，更早一个时期在朝鲜就已经是一个流传颇广的普遍说法了。李、奇之间的辩论正是由于奇大升反对四端七情分理气而发生的。辩论的具体过程是：

1553年癸丑，李滉见郑之云（字静而，号秋峦居士）所作《天命图》，他肯定了郑图包括"四端理之发、七情气之发"在内的基本思想，并协助郑将《图》进一步完善。该年冬至次年正月，李、郑分别为此图做《后序》《序》，流传渐广。1558年戊午奇大升赴举，在都下与郑之云论《天命图》，当即向郑表示不赞成四端七情分理气说。李滉得知奇、郑论图事后，于1559年己未正月作书致奇大升，把"四端理之发、七情气之发"改为"四端之发纯理故无不善，七情之发兼气故有善恶"。同年三月五日奇大升答李滉书并作《四端七情说》。该年秋李滉得奇书，即作答书与之论辩，即《退溪答高峰四端七情分理气辩第一书》。1560年庚申夏，奇大升两致郑之云书论四七理气，说明了他对李滉辩四七第一书的大体看法，并表示他正在就对李进行答辩作准备。八月奇大升致李滉书，将李书分为十三节逐节辨析，并做一后论。同年秋李滉得书后即作回复，而于是年冬始作正式答复，即《退溪答高峰非四端七情分理气辩第二书》，前面附以他对自己第一书的详细修改，但基本思想未变。在这封信的结尾李还表示，这样论辩下去，徒以口舌相争，有害而无益，不如中止。1561年辛酉正月奇大升答退溪再论四端七情书，就一些问题进一步加以讨论，并同意暂停争论。李滉得书后没有继续争论，只在奇书中若干处作了一些简略按语，此下至1566年两人往复书不再论四七理气问题。1566年丙寅七月奇大升作《四端七情总论》《后说》各一篇寄给李滉，表示接受四端理发、七情气发的提法，该年秋至冬李滉两次作书，对奇的《总论》《后说》表示赞赏，至此，四七理气之辩结束。

虽然，后来李朝理学由四七之辩进一步分化出理学和气学的对立，并与李朝的政治背景发生联系，但在李、奇争论当时，四七之辩尚属心平气和的平等的学术讨论。两人在论辩中表现出的严肃态度与认真精神，及辩论的深入与细致，在中国哲学类似的论辩中都是颇为罕见的。

二　奇大升说

李、奇四七之辩往复达数万言，其繁芜盘错，正所谓"牛毛茧丝，无不辨晰"。因此，如李滉所说，若研究分析"一一从本文次第而为之说，则其势难免于散漫重复，反至于雾昏而榛塞"。为便于分析，我们把两人几次来往的讨论综合起来，分别讨论奇说和李说。

李滉的说法有两种，一种是《天命图》说的"四端理之发，七情气之发"，另一种是己未正月书的一种修正说法，即"四端之发纯理故无不善，七情之发兼气故有善恶"。奇大升对这两种说法都不赞成，他的具体观点如下：

（1）奇大升最主要的观点是用整体与部分规定七情与四端的关系。他认为七情泛指人的一切情感，而四端不过是指七情中善的情感，因此就两者关系来说，七情中包含有四端，而四端并不是七情之外的情感。所以他说："非七情之外复有四端也。"① 主张四端"非能出于七情之外也，乃七情中发而中节者之苗脉也"②。在这个意义上，他强调说："四端七情者初非有二义也"③。这个说法意在指出四端属于七情的一部分，并不是与七情并立的完全不同的两类情感。但这个说法有语病，容易使人理解为四端与七情无所区别，李滉复书时也这样批评他。所以后来他申明说："若四端七情初非有二义云者，盖谓四端既与七情中发而中节者同实异名，则推其向上根源信非有两个意思也云尔，岂有直以为元无异义也！"④

（2）奇大升认为，既然四端只是七情的一部分，就应当与其他情感共同出自一个根源，不能说七情中有一部分出于理，有一部分出于气，不能说发而中节的喜怒出于理，发不中节的喜怒出于气。而且，从逻辑上说，如果确认七情出于气，那也就蕴涵着作为七情一部分的四端也同出于气。因此，奇大升主张，如果不与七情气之发相联而对说，仅仅说"四端是理之发"

---

① 《高峰上退溪四端七情说》。
② 同上。
③ 同上。
④ 同上。

是可以的，在朱熹哲学中也有充分的根据。其次，四端是七情的一部分，故不仅四端发于理，七情也都是发于理的。他说："……四端者，此固纯是天理所发，然非能出于七情之外也。"①"愚谓四端固发于仁义礼智之性，而七情亦发于仁义礼智之性也，不然朱子何以曰'喜怒哀乐，情也；其未发则性也'乎？又何以曰'情是性之发'乎？"②朱熹《中庸章句》喜怒哀乐未发为性的说法是奇大升反对七情发于气的一个很有力的根据。所以他坚持"四端七情同发于性，则恐不可各就所发而分之也"③。奇大升认为，既然七情也是情，那么说七情发于气就意味着七情不出于性，也就与朱熹"情发于性"的基本思想相矛盾。

（3）按照奇大升辩论的逻辑，七情皆发于性。退一步说，七情中发而中节为善者与四端是完全相同的，因此，如果说四端是理之发，至少应当同时承认七情中的中节之情也是理之发，这样也就不能笼统地说七情都是气之发了。如果否认四端即是七情中的中节之情，那么发于理的四端是善的，而发于气的七情中之中节者也是善的，结果就造成七情中的善不是从性中来的，这就与性善论发生矛盾，所以他说："则是理中但有善，气中有善恶，而七情为性外之物而性外有善矣。"④。

（4）奇大升认为，情就其根源说，发于性（理），而就情自

---

① 《高峰上退溪四端七情说》。
② 《高峰答退溪论四端七情书》。
③ 《高峰答退溪再论四端七情书》。
④ 《高峰答秋峦书第二》。

身而言，属于心的范畴。既然朱熹哲学中心是理气相合而后有的，所以一切现实的情感既不仅仅是理，也不仅仅是气，而是兼乎理气的。他说："愚谓四端七情无非出于心者，而心乃理气之合，则情固兼理气也，非别有一情但出于理而不兼乎气也。"① 根据这个观点，虽然情发于性（理），但没有一种情感是以赤裸裸的理的形式出现的。因此，如果照李滉说，"四端之发纯理故无不善，七情之发兼气故有善恶"，则容易使人认为四端纯粹是理，只有其他情感才兼理气。所以奇大升说："是七情不出于性而四端不乘于气也，此语意不能无病。"② 就是说如果四端是赤裸裸的纯理，又怎么能为现实的情感呢？其实李滉所谓纯理云者，只是说四端发于理而又完全合于理，并不是指四端就是赤裸裸的理，但他以纯理兼气对言，也有语病。后来李滉也申明他同意四端七情都是兼理气的。而奇大升认为既然七情四端皆兼理气，就不能用"纯理""兼气"来分别四端七情。

奇大升的上述思想，绝大部分是以朱熹哲学体系中占主导地位的观点为根据的。而且，可以看出，他主要反对的不是"四端理之发"，而是"七情气之发"。他认为情感虽然是性的表现（发见），但由于情感本身是兼乎理气的，由于"理弱气强，理无朕而气有迹，故其流行发见之际不能无过不及之差，此所以七情之发或善或恶，而性之本体或有所不能全也"③。就是说情之有善恶不在乎根源上有善恶，从根源上说，都是性之所发，

---

① 《高峰答退溪论四端七情书》。
② 《高峰上退溪四端七情说》。
③ 同上。

是善的，只是情感在发作过程中由于气有偏差，而形成善恶不同。如同水的源头都是清澈的，到了下流才有清浑的不同。

三 李退溪说

李滉以四端发于理，七情发于气，这个思想目的在于说明人的道德情感和非道德情感所以产生的根据。朱熹哲学对道德意识和非道德意识产生的根据有明确的说明。朱熹说："心者人之知觉，主于身而应事物者也。指其生于形气之私者而言则谓之人心，指其发于义理之公者而言则谓之道心"[1]，"人自有人心道心，一个生于血气，一个生于义"[2]。"道心"指人的道德意识，"人心"指一切生理的本能、欲望。按这个思想，也可以说道心是理之发，人心是气之发，从产生的根据不同说明人何以会有道德意识与非道德意识。但是，在朱熹哲学中没有对情感作类似这样的一个分析。李滉的四端七情分理气说实际上正是依据朱熹对道心人心问题处理的思路与方法进一步来解决道德情感和非道德情感的根据问题。

（1）李滉在开始提出四七分理气的时候，对四端和七情的严格规定似乎未加认真考虑。他实际上以四端为善的情感，以七情为指善的情感以外的其他情感，这一点他虽然没有明确说明，但可以看出他开始时对七情是有这样的一种理解，而这就与奇大升视七情为泛指一切情感的出发点有所不同。由于朱熹

---

[1] 《书解·大禹谟》。
[2] 《朱子语类》卷六十二，页八。

李退溪与奇高峰的四七理气之辩

从未说过七情是四端之外的情感,所以奇大升指出:"论人心道心则或可如此说,若四端七情则恐不得如此说,盖七情不可专以人心观之也。"①

(2)李滉反驳奇大升的一个主要论点是用本体论的理气关系论证情性论的四七关系。他说:"四端情也,七情亦情也,均是情也,何以有四七之异名耶?来喻所谓所就以言之者不同,是也。盖理之与气,本相须以为体,相待以为用,因未有无理之气,亦未有无气之理。然而所就而言之不同,则亦不容无别。从古圣贤有论及二者,何尝必滚合为一物而不分别言之耶?"②李滉这里主要是反驳奇大升对于他关于以四端为纯理,七情为兼气说法的批评。奇大升认为,如果说四端纯是理而不兼气,那么这个理就脱离气了,而理气本来不可分离。李滉也肯定理气不相离,但他认为既然理气的不相分离,并不妨碍我们从理、气两方面把握事物,分别进行讨论,那么也就应当允许把四端和七情分别讨论。李滉这个论证有些问题,因为在他这个论点中包含有一个未加论证的前提,即认为四七关系与理气关系是完全相同的,所以应把用于理气分析的原则无条件地移用于对四七关系的分析。然而,实际上无论从哪个方面说,四七关系都与理气关系不同,比如,理与气具有本质和现象的区别,而四端七情都是指现实的情感表现,两者间不存在本质与现象的关系,而是同一层次的概念。

(3)李滉用来捍卫自己观点的另一主要论点,是用人性论

---

① 《高峰上退溪四端七情说》。
② 《退溪答同峰四端七情分理气辩第一书》。

的本然之性与气质之性的关系来论证四七分理气说。他说:"愚尝妄以为情之有四端七情之分,犹性之有本性气禀之异也。然则其于性也既可以理气分言之,至于情独不可以理气分言之乎?"① 李滉的这一说法不是很明确。他没有论证何以能说四端七情的关系同于本然之性与气禀之性的关系,这样,正如前面一点,在这个论点中也有一个未加论证的前提。特别是他把朱熹哲学中的"气质之性"当作"指气而言之",把"本然之性"与"气质之性"的关系断言为理气的关系,这个说法也是不合朱熹哲学的本意的。以朱熹讲的气质之性为指气的某些性能,是研究朱熹哲学常常发生的错误理解。朱熹哲学认为,一切现实的人性都是气质之性,气质之性是理堕入人的血气形体之后形成的,这个性已经不是理的本来面目了。因此相对于现实的气质之性而言,称理为"本然之性"。如果用个通俗比喻来说,气质之性是经过色染的布,本然之性则是指未经印染的本色布。所以朱熹常称本然之性为"性之本体"。宋儒所谓"本体"不是今天我们从西方哲学引入的本体概念,而是指某一事物的本然状况。由此可见,气质之性是指受到形气熏染的理,并不专指气或气的性质,而是从理与气两方面对人发生影响。四端和七情之间并不存在这种本然之性与气质之性的关系。所以,奇大升根据朱熹哲学上述观点说:"盖既谓之性(指气质之性),则虽堕在气质之中,而不可专以气目之也"②。又说:"若就性上论,则所谓气质之性者即此理堕在气质之中耳,非别有一性也。

---

① 《退溪答高峰非四端七情分理气第一书改本》。
② 《高峰答退溪论四端七情书》。

然则论性而曰本性曰气禀云者,非如就天地及人物上分理气而各自为一物也,乃以一性随其所在而分别言之耳。"① 都是说气质之性不是指气,本然之性与气质之性的关系不是理气关系,从而也就不能说四端七情的关系是理气关系。奇大升还据朱熹所谓"论气质之性则以理与气杂而言之"提出,既然气质之性是理与气杂,那么说七情发于气质之性就意味着七情是兼发于理气的,这样也就不能讲七情仅仅是气之发了。

(4) 李滉承认四端七情皆兼理气,但主张两者产生的根据不同。李滉在答复奇大升对他关于纯理、兼气说法的批评时申明,他同意"理气之不相离,七情之兼理气"及"四端非无气""七情非无理"②。他说所谓四端是理、七情是气,不过是指发于理并以理为主或发于气并以气为主,他说:"二者虽曰皆不外乎理气,而因其所从来,各指其所主与所重而言之,则谓之某为理、某为气,何不可之有?"③ 李滉始终坚持认为四端七情"虽同是情,而不无所从来之异"④,他后来把四端七情与理气的关系进一步概括为:"四则理发而气随之,七则气发而理乘之耳。"⑤ 他说:"大抵有理发而气随之者,则可主理而言耳,非谓理外于气,四端是也。有气发而理乘之者,则可主气而言耳,非谓气外于理,七情是也。孟子之喜、舜之怒、孔子之哀与乐,气之顺理而发,无一毫有碍,故理之本体浑全。常人见亲而喜,

---

① 《高峰答退溪论四端七情书》。
② 《退溪答高峰非四端七情分理气辩第二书》。
③ 《退溪答高峰四端七情分理气辩第一书》。
④ 《退溪答高峰非四端七情分理气辩第二书》。
⑤ 同上。

临丧而哀，亦是气顺理之发，但因其气不能齐，故理之本体亦不能纯全。"① 这是说一切现实的情感都兼乎理气，但四端发自理，而气顺从理发无有不善。七情则发于气，理虽乘之而难免有过或不及。两者的来源和根据还是不同的。

李滉与郑之云初订《天命图》提出"四端理之发、七情气之发"时，主要是根据自己对朱熹哲学的理解和企图对朱熹性情论作进一步发展，并没有注意到《语类》中辅广的记录。所以在奇大升提出论难的时候，李滉"亦自病其下语之未稳"，"不敢以其所见为必是而无疑"。但在李滉准备答辩书信的过程中，反复翻检《语类》，发现其中有朱子门人辅广所录一段："四端是理之发，七情是气之发"。这对李滉是一个十分有力的支持。但是，在朱熹全部《文集》《语类》及各类著作里这个提法只出现了一次，与朱熹对"情出于性"的反复强调成为明显的对照。何况，理学家的语录出于弟子追记，以己意而增损之是常常发生的事情。李滉注意到这个困难，他说这一条记录是"单传密付之旨"，谓朱子秘密单独传授给辅广，这一说法就十分勉强。所以奇大升指出："朱子平生著书立言以诏后学，焕然如日月行天，使有目者皆可睹，岂有靳密宗旨以付一人之理哉？"② 但是，《语类》中毕竟有这一条记录，奇大升也就不能无视这一点，而最终向李作出让步。

---

① 《高峰答退溪论四端七情书》。
② 同上。

四 论辩结果及其评价

奇大升丙寅所作《四端七情后说》和《四端七情总论》是论辩最终结束的标志。这个论争如果从戊午年算起，由始至终，长达八年。从李滉再未对二说提出异议来看，可以认为，在总论及后说的基本观点上两人达到了一定的统一，奇大升在这两说中的主要观点是：

(1) 坚持七情发而中节者即为四端。他说："然而七情之发而中节者则与四端初不异也。盖七情虽属气，而理固在其中，其发而中节者乃天命之性本然之体，则岂可谓是气之发而异于四端耶？"①

(2) 承认四端是理之发，七情是气之发。他说："四端是理之发者是固然矣"，"七情是气之发者不亦然乎？"② 关于四端发于理，奇说本来也是赞成的，这里的改变在于承认七情是气之发。

(3) 奇大升虽然承认可以讲七情是气之发，但显然不是无条件的。上述（1）即是第一个限制。既然不能说七情中发而中节者是气之发，那么实际上奇大升只是主张四端发于理，而四端以外的情感发于气，并不是真正承认全部七情发于气。不仅如此，承认四端以外的情感是气之发在他也还有进一步的限制。他说："七情兼理气、有善恶，则其所发虽不专是气，而亦不无

---

① 《四端七情后说》。
② 同上。

气质之杂，故谓是气之发，此正如气质之性之说也。"① 这个说法明显是向李滉让步。但真正说来，奇大升并未全部接受李滉的说法。他仍强调七情所发"不专是气"，并说"七情兼有理气之发，而理之所发或不能以宰乎气，气之所流亦反有以蔽乎理"②。而李滉前此始终认定理气发自不同来源，并未确认七情兼发于理气。

由此看来，虽然奇大升后来说"因复思之，乃知前日之说考之有未详而察之有未尽也"③，实际上他的一些基本思想并未真正改变，而在李滉，则因奇大升已作出让步，也没有必要继续争论，未必全部赞同总论后说的观点。

前面已经指出，朱熹哲学性情论的基本命题是情根于性、性发为情，主张情是性的外在表现，而性是情的内在根据。这一观点用于说明仁义礼智之性与恻隐、羞恶、辞让、是非之情方面可以自圆其说。同时，在朱熹哲学中又肯定情有善恶，这样一来，就必须说明人的不善情感或者说道德情感以外的其他一切情感是否也是性之所发。可是朱熹哲学反复强调前一点而没有说明后一点，这就在他的性情体用思想上留下了一个缺口。

李朝儒学的四七之辩正是看到朱熹哲学尚未解决这一问题而力图继续在朱学体系的范围内加以解决。奇大升以《中庸章句》为据，主张七情都发自仁义礼智之性，而李滉则以辅广所录为说，主张四端发于理，七情发于气。虽然比较起来奇说的

---

① 《四端七情总论》。
② 同上。
③ 《四端七情后说》。

根据较多，但双方各在朱熹言论中找到支持，这就决定了不可能由一方彻底说服另一方，李滉极力回避《中庸章句》的思想，而奇大升最终也不得不承认理发气发的说法。

李、奇辩论中争论点很多，但核心问题是两个：第一，四端是否为七情中发而中节的一部分；第二，能否说四端以外的其他情感是发于气而不是发于性（理）。第一点对奇大升是很重要的。按照他的逻辑，若四端只是七情中善的情感，那么四端作为部分就应当与作为总体的七情共同发自同一根源。而且既然七情中有一部分（四端）是理之发，也就不能笼统地断定七情都是气之发了。李滉意识到这一点对他的论证不利，故尽力回避奇提出的"四端不在七情之外"的问题。实际上，更重要的是第二点。倘若我们避开四端七情概念的交叉，把问题改为：四端理之发，四端以外的情感为气之发，这一点李滉或可以接受，而奇大升仍然是不能同意的。而这里才应当是李说的实质所在，就是说李滉是主张道德情感与非道德情感分别产生于不同的来源和根据。奇大升的种种说法虽然较合朱熹原意，但停止在朱学原来的基础上并不能解决朱熹学说的矛盾。而对比来看，李滉之说则表现出力图对朱熹原有学说有所发展，使这个体系更加完备。

相对于奇说而言，李说所能找到的文字依据要薄弱得多，论证方法也不得力。其次，如前所说，李说可以从朱熹解决人心道心的基本思路上找到很有力的支持。既然朱熹以道心出于本性，人心根于形气，用理发气发来说即道心理之发，人心气之发，即可以对意识的不同内容作这样的处理，从逻辑上说，对人的情感也应允许作这样的处理,即把道德情感(四端)看作理之发,而把四端以外的其他情感看作根于形气而发,但李滉始终没有从这个方面去论证。

关于四端七情的问题在我国明代理学中并不是毫无接触。如明末刘宗周曾说:"《中庸》言喜怒哀乐,专指四德而言,非以七情言也。喜,仁之德也。怒,义之德也。乐,礼之德也。哀,智之德也。而其所谓中,即信之德也。"① 按照刘宗周的这个思想,(《中庸章句》所谓喜怒哀乐未发为性,并不是指七情未发为性,而是以借用《中庸》的思想资料,以喜怒哀乐的形式讲四端未发为性。这就意味着不承认七情都是发自仁义礼智本性的。他对《中庸》的解释也可以看作是对奇大升论难的一种答复或说明,但是总的说来,在中国的宋明理学中始终没有像李滉与奇大升那样细致地研究四端七情与理气间的关系问题,没有充分地揭示出朱熹心性论自身的矛盾。

我们看到,朝鲜李朝朱子学对中国的朱熹哲学确实有相当深入的研究和理解,并在某些问题和方面有所发展。他们注意到并讨论了一些在中国理学发展中未曾给以注意的问题。这说明,加强对朝鲜李朝时期儒学哲学发展的研究,不但对搞清中国古代哲学与朝鲜古代哲学的相互关系有重要意义,而且对于我们研究中国哲学史来说,也是深化宋明理学研究的一个不可忽视的途径,它提示我们应当把研究视野扩展到儒教(东亚)文化圈中去寻找中国哲学发展的某些逻辑环节。近年以来,由

---

① 《明儒学案》卷六十二《蕺山学案》。

于缺少资料,我们对朝鲜儒学的研究很少。本文只是从接触到的材料中作一些初步的探讨和分析,以期促进在这一领域的研究。

(本文写于1984年,发表于《北京大学学报》1985年第3期,原题作:"略论朝鲜李朝儒学李滉与奇大升的性情理气之辩")

李退溪心学之研究

李退溪一生学问以朱子为宗,批评罗整庵主气之说,抨击陈白沙、王阳明主心之论,后人以为得朱子嫡统,称其为"海东朱子"。从现代学术的立场来看,退溪的朱子学思想自属"理学"无疑。本文标题所谓退溪心学之研究,并不是以退溪为与程朱"理学"相对立的陆王"心学",而是指退溪思想中论心之学说而言。"理学"或"心学"之用,在宋明理学(Neo-Confucianism)中本无严格的对立,退溪自己亦多用"心学"自勉,在把"心学"理解为对心的认识与修养的意义上,"心学"是一个可为朱子学者广为接受的提法。

我曾强调,对于研究朱子学或理学思想史来说,在退溪学研究中应当注意,重要的不在于退溪复述了哪些朱子的思想,而在于退溪的思想在哪些方面与朱子有所不同,对朱子有所发展,只有这样,我们才能站在整个理学发展的高度认识退溪的意义，也才能给予退溪一个适当的定位。本文的研究仍然一本这一出发点，由于我曾有专文讨论过四七理气之辩，因而在本文中将不再涉及四七的讨论。

一　心动性动

性动之说首见于《礼记》之《乐记》："人生而静，天之性也，感于物而动，性之欲也。"宋儒亦多用性动之说，如周濂溪云："五性感动而善恶分。"① 程伊川也说："自性之有动者谓之情。"② 朱子明确说："性不能不动，动则情矣。"③ 又说："未动为性，已动为情。"④ 可以说，在儒家哲学中，性动为情、情根于性，是一个普遍的看法。这里的"动"也就是"发"。性动为情的思想是与未发已发的思想联系在一起的。朱子认为，性为未发，情为已发，即情以性为内在根据，性以情为外在表现，所以未发已发是适用于性情体用关系结构的一种用法。由于性的未发到情的已发常常是一种由静到动的过程，因而动静就成为适用于性情体用关系过程的一种用法，这两种用法并没有本质的差别。

然而，在宋明理学中，心是一个标志现实意识活动的范畴，心是不断活动、流行不息的。如果说对"性"可以使用动静去

---

① 周敦颐：《太极图说》。
② 程颐：《程氏遗书》卷二十五。
③ 朱熹：《知言疑义》，《朱子文集》卷七十三。
④ 朱熹：《答冯作肃》，《朱子文集》卷四十一。

描述，而心也可以以动静来描述，那么，当意识主体对于外感作出反应时，性的动与心的动有什么关系？是否可以说性的动与心的动有先后？这个问题在中国宋代理学中并未明确提出来，而在李朝的性理学中则成为一个较为突出的问题。根据金而精与退溪书，宋圭庵主张"性先发"，李晦斋主张"性或先发或后发"，① 他还引述：

> 许草堂问："性先动？心先动？"一斋翁答曰："心性与理气浑是一物，而古人为学者，或分而言之，或先后言之。盖自本体以论之，理先于气；自用工以论之，气先于理。夫宋、李之说，想必因此而混言，使人莫知先后之分，其为学问，未免择焉而不精之病耳。以心性动静之先后论之，外物之来，心固先动矣。朱子曰：'蔼然四端、随感而见'，释之者曰：'感者自外而动于内也，见者自内而形于外也。盖感者心感也，见者性发也。'由此观之，心先动明矣。古今学者不达此理，或谓性先动于心，此必狃于以'性发而为情、心发而为意'为主而差了。"②

李退溪认为性发心发不可分先后，因而他不赞成上述几种"强分先后"的看法，他在答金而精书中说：

---

① 引自《答金而精》，《增补退溪全书》第二册，第95—96页。以下只注册页。
② 同上。

心先动、性先动之说，窃恐未然。盖心具此理而能动静，故有性情之名，性情非与心相对而为二物也。既曰非二物，则心之动即性之所以然也。性之动即心之所能然也。然则，何以不可分先后耶？心非性无因而为动，故不可谓心先动也。性非心不能以自动，故不可谓性先动也。故孟子论四端处，性情皆以心称之。张子云"心统性情"，朱先生亦云"动处是心，动底是性"。所谓动底者，即心之所以动之故，非外心别有性之动也。①

退溪认为，心之所以动，乃性使之然也，这叫作"心之动即性之所以然也"，就是说性是心所以动的根据。因而，在逻辑上，不能说心先于性而动。另一方面，意识主体对于外感作何反应或如何作出反应，在根本上是由性决定的，但性自身并不发（动），性的决定作用必须通过心的活动才能实现，只有通过心的活动，才能说在外感的刺激下性动为情，因而，不能说性先于心而动。这就叫作"性之动即心之所能然也"。在李退溪看来，性是所以动，心是所能动，用朱子的话来说，"动处是心""动底是性"，② 意思是说，心在动，性则是心所以能动的根据和原因。因此，所谓性的动就是指对于心的活动的决定作用，并不是在心的活动之外还有什么性的动。

李退溪强调，性动心动不可分先后，但并不是说性与心像

---

① 《答金而精别纸》，第二册，第89页。
② 《朱子语类》卷五，中华书局1986年标点本，第一册，第88页。以下所引语类皆同此本，不再注明。

两台机器同时开动一样，因为心性并不是二物：

> 性非有物，只是心中所具之理。性具于心，而不能自发而自做。其主宰运用，实在于心。以其待心而发，故不可谓性先动也；以其由性而动，故不可谓心先动也。且凡言"俱"者，有二物偕并之谓。心性既不可以先后分言之，则又安有二物而可谓之俱动耶？……前者鄙说谓"心之动即性之所以然也，性之动即心之所能然也"，非谓俱动，即谓心之所能动实性之所以动云耳。①

这都是说明"动者是心，而其所以动之故是性"，② 心与性并不是两个同时动静的二物，二者是动与所以动的关系，而动与所以动在实际上并无先后可言。

对退溪这个说法，当时金而精提出一个诘难，这就是：根据退溪论四七所提出的"理发气随，气发理乘"之说，理与气的发动是可以有先后的，如果性即理，而心是气，那么照理发气随的说法，就可以得出性动先于心动的结论。对于这个诘难，退溪指出，性虽然是理，但心不就是气，心是理气之合。因而理发气随、气发理乘的模式不适用于心与性。他说："心先动之心字，又岂专指气而言乎？理发气随、气发理乘之说与今所论心性先后之说所指不同。"③ 认为心动性动与理发气随是不同的问题。

---

① 《答金而精》，第二册，第 89—90 页。
② 同上。
③ 同上。

二　心发性发

与心动性动是朝鲜性理学特别讨论的问题一样，心发性发也是朝鲜学者注意的问题。心动性动的问题实际上是心性关系的问题，而心发性发的问题则是情与心性的关系问题。

如果注意一下心动性动的讨论，可以看出，在退溪思想中，更多地是用性动为心的说法，而不是性动为情的说法。在朱子心性论中，以性为未发，情为已发，性情对说，而退溪则主张："性不可云对情而言，只是就心之全体所具之理而言。"① 朱子曾说："性对情言，心对性情言，合如此是性，动处是情，主宰是心。"② 退溪则以为"性情非与心相对为二物"。③

在朱子哲学中，既说"情是性之发"，④ 又说"意者心之所发"，⑤ 认为"情是发出恁地，意是主张要恁地"。⑥ 在朱子思想中，以情为根于性而自然作出的反应，而以意为意识的一种积极活动，故有性发心发的不同说法。心发表示心的运用，情则是不假思虑自然流出的，故不说是心之运用。退溪答李宏仲对此详加讨论，他说：

---

① 《答李宏仲问目》，第二册，第233页。
② 《朱子语类》卷五，第一册，第89页。
③ 《答金而精别纸》，第二册，第89页。
④ 《朱子语类》卷五，第一册，第95—96页。
⑤ 同上。
⑥ 同上。

意者心之所发，此段看得支离蔓衍、牵合附会，皆不是元来本然底道理，务为穿凿，杜撰说出来，此乃为学之深病也。大抵情意二字，先儒以性发心发分别言之，既已明白无可疑处，朱子又就二者相为用处说，尤更分明，"发出恁地"谓发出如此，如见入井而恻隐自然发出如此；见喜事而喜自然发出如此是也。"主张要恁地"谓主张要如此，如当恻隐而主张要如此经营拯救，当喜事而主张要处置这喜事是也。①

退溪又说：

盖心是合理气、统性情底物事，故非但意为心之发，情之发亦心所为也。理无形影，而盛贮该载于心者，性也。性无形影，而因心敷施发用者，情也。因情之发而经营计度主张要如此、主张要如彼者，意也。先儒以情是自然发出，故谓之性发，意是主张要如此，故谓之心发，各就其重处言之。惟孟子知此意，故曰"恻隐之心仁之端"。恻隐，情也；而谓之心者，情因心而发故也。②

《记善录》亦载：

问："或问于德弘曰：'心统性情，何以看得？'答曰：

---

① 《答李宏仲问目》，第二册，第233页。
② 同上。

'心如器也,性犹水也,情则水之流也。'未知是否?"先生曰:"此言似无妨,但情虽性之发,而实为心之所发也。器则不得与水流,以此为譬,少有未安者。"①

从这些说法看来,退溪是主张强调情是心之所发,而不强调情是性之发,他不赞成以性对情说。在朱子哲学中,对性的规定基本有二,一谓性者心之理,一谓性者情之未发。退溪则认为性只是就心之理而言,不可对情而言。因而对于情来说,他强调情实为心之所发。

退溪认为,在区别情与意问题上使用的性发心发的说法,是为了指出情的自然与意的计度的不同。在朱子哲学中,"由未发之性到已发之情,一般需要以外部事物的接触为条件。当外部事物与人发生接触的时候,相对人之性而言,是一种'感',对于这种'感',性自然地作出反应,这是'应'。性所作的反应即表现为一定的情感发生,孺子入井是感,仁性动而生恻隐之情,这是应。这种感应的过程就是所谓性动为情的过程。"②因而情一般被了解为自然的反应,意则是一种思考、算计、计划。退溪认为,以性发心发来区别情意的这种差别是可以理解的,但他提出,由于心是统性情的,既然心包括乎性情,那么,意识活动系统的每一方面,不仅是意念思虑,情也应当说是心之发。退溪这个思想是从意识活动的总体上着眼,在他看来,性是整个意识结构的理,而不仅仅是情的根源。以性对情言,

---

① 《李子粹语》卷一,第五册,第213页。
② 拙著《朱熹哲学研究》,中国社会科学出版社,1988年,第148页。

就会使性对于心之全体的作用变得不清楚。另一方面，心与情的区别，是为了突出心作为意识活动的主宰对于情感的控制作用，而在整体上，心统性情，情是包含在心之中的，在这个意义上，"情之发亦心所为也"。

由于情、意等心理范畴本来就包含在广义的"心"的概念之内，所以在朱子哲学中，虽然严格地把性情分为未发已发，却也在许多地方含糊地使用"心之发"，如说："喜怒哀乐未发，只是这心未发耳。"① 这意味着恻隐、羞恶、喜怒、哀乐皆为心之发。朱子又说："性是理，心是包含该载、敷施发用底。"② 敷施发用即涵情在其中。朱子说："据性上说寂然不动处是心，亦得；据情上说感而遂通处是心，亦得。"③ "四者之萌皆出于心"，"恻隐，情也，此是情上见得心"，"性无不善，心所发为情，或有不善"。④ 由于朱子以性为心之体，情为心之用，所以退溪以情为心之发的提法，与朱子之间不一定有矛盾。

退溪主张情为心之发，可能与他的四七说有一定关系。照退溪四七分理气说，情或理发气随，或气发理乘，因而不能说一切情都是理（性）之发。心是理气之合，情不管气发理发，从心统性情的观点来看，都仍在心的范围之内。由于退溪有了四七分理气说，所以他不必顾虑放弃性发为情说的损失。

---

① 《朱子语类》卷五，第一册，第 87—88、90—92 页。
② 同上。
③ 同上。
④ 同上。

最后，应当指出，性发的"发"，与心发的"发"在意义上有所不同。性发的发是指内在深微的体表现为外在的用，心发的发则指意识处于明显活动的状态，这个区别也就是我所说的"性情的未发已发"与"心的未发已发"的区别。①

三　道心人心

道心人心的理论是程朱学派的重要主张之一。朱熹认为："此心之灵，其觉于理者，道心也；其觉于欲者，人心也。"②根据这个提法，道心人心都属于知觉，即道心人心皆属已发之心，并不是未发时心，并不是性。朱熹又说："心之虚灵知觉，一而已矣。而以为有人心道心之异者，则以其或生于形气之私，或原于性命之正。"③朱熹这个思想实际上是认为道心是理之发，人心是气之发，但是他并没有作理发气发的表述。

退溪以四端为理之发，七情为气之发，在逻辑上，实际是把朱子对道心人心的区别方式运用于情感分析的结果。不过，至少在退高之辩时，退溪对此并未有明确的自觉。

在正嘉时期的理学家中罗整庵关于道心人心说的思想较有影响。罗钦顺的思想与朱子不同，他主张："道心，性也；人心，情也。"④认为道心不是已发，"若以道心为已发，则将何

---

① 拙著《朱熹哲学研究》，第115页。
② 《朱子文集》卷五十六，《答郑子上》。
③ 《朱子文集》卷七十五，《中庸章句序》。
④ 《答黄筠溪亚卿》，《困知记》附录。

者以为大本乎？愚于此不能无异于朱子"①。李退溪站在朱子本有的立场上，不赞成罗整庵以体用论道心人心的作法，他说："盖舜之本语'道心惟微'，既谓之心，则乃指心之发用处言，非指理之显微而言。"②他批评罗整庵说：

> 若罗氏《困知记》，则又谓"道心性也、人心情也。至静之体不可见，故曰微；至变之用不可测，故曰危"，此其为说颇近似，而非湛氏之比，然其为害则尤甚。夫限道心于未发之前，则是道心无与于叙秩命讨而性为有体无用矣；判人心于已发之后则是人心不资于本原性命而情为有恶无善矣。③

退溪批评整庵仅把道心看作未发，他认为，如果道心仅是未发之性，就不能成为道德意识而在已发之心发挥作用。如果不说明人心作为已发之情，有理发气随和气发理乘的机制，就不能说明情有善恶及其根源。

如前所说，四端七情分理气的思想在实质上与朱子人心道心说是一致的，因而后来退溪也说："人心，七情是也，道心，四端是也。"④但是不久他又对这个说法作了一些修正，退溪答李平叔书载：

---

① 《诸儒学案中一》，《明儒学案》卷四十七。
② 《答赵士敬别纸》，《李退溪全集》卷二十三。
③ 《答友人论学书今奉寄明彦》，《李退溪全集》卷十七。
④ 《答李宏仲问目》，《李退溪全集》卷三十六。

（平叔问：）向蒙垂喻，云人心道心不可谓七情四端，而今见李德弘录云"人心七情也，道心四端也"，敢问其所以异？（退溪答：）人心为七情、道心为四端，以《中庸序》朱子说及许东阳说之类观之，二者之为七情四端固无不可。滉前日答李宏仲云云者，此也。但若各就其名实而细论之，则人心之名已与道心相对而立，乃属自家体段上私有底。盖既曰私有底，则已落在一边了，但可听命于道心而为一，不得与道心浑沦为一而称之。至如七情，则虽云发于气，然实是公然平正之名，非落在一边底。故如《乐记》《中庸》《好学论》皆包四端在其中，浑沦而为说。是以子思谓"喜怒哀乐未发谓之中、发而皆中节谓之和"则可，若曰"人心之未发谓之中"云云则不可。程子云"其中动而七情出焉"则可，曰"其中动而人心出焉"则不可。若夫道心之与四端，虽与人心七情之说不同，然道心以心言，贯始终而通有无；四端以端言，就发见而指端绪，亦不能无少异，所以答平叔云云也。然善观之，则亦不害其为同归矣。①

根据朱子的说法，人心生于形气之私，道心发于义理之公，因此人心与发于气的七情，道心与发于理的四端，是相当的。但是，"相当"还不是"相同"，退溪认为，在气发理发的意义上，粗略地说人心为七情、道心为四端，并不是不可以的，而严格

---

① 《答李平叔》，第二册，第259页。

地说，这几个范畴以及它们各自在成对的范畴结构中的意义则是有差别的。退溪指出，从人心与七情的方面来看，与道心相对的人心，固被规定为发于"形气之私"，始终落脚在个体的感性自我，因而这个"人心"具有一定的消极意义，这个"人心"是不可能包含道心的。而七情虽然也发于气，但"七情"并不具有像"人心"那样的否定意义，按退溪的用法，七情除与四端相对外，七情还可用以指一切情感，在这后一种用法中，即七情指一切情感的用法中，"七情"是包含四端在其中的，这种关系与人心道心的关系就不相同。因此，他认为人心与七情是不能等同的。从道心与四端的方面看，四端既是"端"，只是一种初始的表现；而道心是"心"，心不限于初始的表现，心是贯始终通有无的，所以道心与四端也不是完全等同的。

人心与人欲的关系，自程朱以来，有不少不同的说法。二程有"人心私欲故危殆，道心天理故精微"[①]的说法，以人心为人欲，道心为天理。朱子则说"人心人欲也，此语有病"[②]。退溪进一步发挥了朱子的思想，他说：

> 人心者人欲之本，人欲者人心之流。夫生于形气之心，圣人亦不能无，故只可谓人心，而未遽为人欲也，然而人欲之作，实由于此，故曰人欲之本。陷于物欲之心，众人遁天而然，故乃名为人欲，而变称于人心也，是知人心之

[①] 《程氏遗书》卷二十四，又可见卷十一。
[②] 《朱子语类》卷七十八。

初本不如此，故曰人心之流。①

根据这个说法，生于形气的"人心"本来并不是恶。只是人心的放任流荡才变成"人欲"，人欲才是恶。因而一方面，人欲的根源是人心，故说"人心为人欲之本"。另一方面，人欲并非人心的正常发展，是人心偏离规范的轨道而形成的异化，故说"人欲者人心之流"。

退溪关于道心人心的思想与朱子基本上是一致的，但他所建立的表述，对于正确理解人心与人欲的关联与差别，是有意义的。

四　疏养性情

退溪学与朱子相比，除了继续强调"敬"的修养之外，很注意怡养性情。这一点是朱子在延平死后不大注意的方面。朱子一生虽亦多山水之游，而心力多在著书，又每批评陆象山及江西之学的"曾点之乐"，这使得朱子的修养论具有十分严肃的特点。

退溪则于主敬之外，"每遇佳山丽水、幽闲迥绝之处，则或携壶独往，命侣俱游，徜徉啸咏，终日而归，皆所以开豁心胸、疏瀹精神，资养性情之一事"②。正如退溪自己所说，这种山林

---

① 《答奇佥问目》，第二册，第307页。
② 《李子粹语》卷二，第五册，第302页。

之乐不是道家式的"慕玄虚事高尚",而是"悦道义怡心性而乐"①。退溪十分重视追求延平的"冰壶秋月"的气象与境界,他说"延平之学已到得通透洒落处,故气象如冰壶秋月"②。他始终倾心"心神洒落、胸次无碍,无一点些事,如春日正暖,百物和畅、溪水潺湲、山花烂开、林鸟嘤鸣"的"好境界"③。这个境界也就是周濂溪"人品甚高,胸怀洒落,如光风霁月"的境界,退溪说:"滉平日极爱此等处,每夏月绿树交荫、蝉声满耳,心未尝不怀仰两先生之风。亦如庭草一闲物耳,每见之辄思濂溪一般意思也。"④周濂溪窗外草不除,以为与自家意思一般,退溪对此十分景仰,这是他在襟怀洒落方面有过于朱子的原因。

退溪已达到很高的精神境界,对此有得于心,他说:"大抵圣人,心如明镜,如止水,虽怒而不为血气所动,虽避寇难而亦信寇不能违天,虽不忘德而终无滞物之累,虽履虎尾而无恇怯失措之心。"⑤常人之病,多在心气之患,退溪论涵养心气云:"心气之患正缘察理未透而凿空以强探,操心昧方而揠苗以助长。……第一须先将世间穷通得失荣辱利害一切置之度外,不以累于灵台,如是而凡日用之间,少酬酢,节嗜欲,虚闲恬愉以消遣。至如图书花草之玩,溪山鱼鸟之乐,苟可以娱意适情者,不厌其常接,使心气常在顺境中,无咈乱以生嗔恚,是

---

① 《李子粹语》卷二,第五册,第302页。
② 《言行录》,第四册,第33页。
③ 同上。
④ 《答李仲久》,第一册,第299页。
⑤ 《答赵伯起问目》,第二册,第277页。

为要法。"① 所以退溪治心气之患,不主养气,而重养心。

养心功夫除了适情山水之外,最重要的是"不忘不有""不迎不留"。退溪说:

> 来不迎,去不追。比如一家主人翁镇常在家里做主,干当家事,遇客从外来,自家只在门庭迎待了,去则又不离门庭,以主送客如是,虽日有迎送,何害于家计?②

退溪答金惇叙论此心法极详:

> 示喻"心中不可有事",此乃持敬之法,尹和靖所传程门旨诀也。夫具众理应万事者心也,今曰"不可有一事",其言若甚异。足下之疑之也,当矣。而又疑善事亦不可常有者,尤不易穷究到此也,如愚之见,亦以为既谓之不可有一事,则奚择于事之善恶乎?虽事之善者,固不可著一毫矣。何以明其然也?昔程先生有云"罪己责躬固不可无,然亦不可常留在心中为悔"。延平先生尝举此以训晦庵曰"若常留在胸中,却是积下一团私意也,于此就本源处推究涵养之气渐明,即此等固滞私意当渐化矣"。……来喻所云"欲行道""欲格物"之类,虽曰皆非恶念,而其不可有诸胸中,则一而已矣,且事未来而先有期待底心,事已应了久,却常存在胸中不能忘却,此二者与所谓胸中不可有一

---

① 《李子粹语》卷二,第五册,第297—298、282页。
② 同上。

事者，同一心法也。盖不可不豫者事也，而有期待之心则不可；不可不应者物也，而存留不忘则不可。圣门之学，心法之要，正在于此。……心于事物，未来而不迎，方来而毕照，既应而不留，本体湛然如明镜止水，虽日接万事，而心中未尝有一物。①

退溪十分重视程明道关于"先事而迎，忘则涉乎去念，助则近于留情"的思想。他在继承程朱主敬之学时，除了坚持整齐严肃，在容貌辞气上作功夫外，尤重"无将迎""廓然大公、物来顺应"的心法，而这一点却是亲学于延平的朱子所不重视的。在退溪看来，人们理想的精神境界是"心中不可有"，这并不是说心应该脱离外界或停止任何意识活动，而是强调"未来而不迎""既应而不留"，事物未至时不必先怀期待，事物已过后不必积留不忘，人能做到这一点，就可以实现心气常顺的境界，要达到这样的境界，用孟子的话来说，就是"勿忘勿助"。

因此，心不能不应事，只是要做到不迎不留，退溪说："事不能为心之病，而有之则为病。"② 迎留便是"有"，退溪又答金惇叙云：

> 事无善恶大小，皆不可有诸心中。此"有"字，泥著系累之谓。正心助长，计功谋利，种种病痛，皆生于此，

---

① 《答金惇叙》，第二册，第63页。
② 《李子粹语》卷二，第五册，第291页。

故不可有。若如三省之类,有事于心,即孟子所谓"必有事焉"之有,此岂所当无耶?……彼庄列之徒,徒知厌事求静,而欲以坐忘为道之极致,殊不知心贯动静、该事物,作意忘之,愈见纷絮。①

退溪在这里明确指出,"有"即泥著系累,"不有"即无累无著,退溪把这个"不可有"的工夫与境界视为"圣门之学、心法之要",这样的提法,在朱子思想中是没有的。表面上看,这种对"不可有"境界的提倡似乎受到道家的某些影响,而实际上,对于退溪来说,这个"不可有",从工夫上说,正是他所理解的主敬工夫的一部分,他认为,"不迎不留"正是主一的题中应有之义,而"不有不著"是尹和靖到李延平所传的程门持敬之一法。他还指出:"君子之心所以能廓然而大公者,以能全其性而无内外也。所以能物来而顺应者,以一循其理而无彼此也。"② 因而在退溪看来,只有儒者的全其性、循其理才能达到真正的廓然大公、物来顺应的境界,而道家的"作意忘之",不仅不能真正达到廓然顺应,反而会产生纷絮之患。

退溪心学的主旨是发明朱子之说,而其中不少讨论,如性动心动、心发性发等说,与四七理气说一样,使朱子学说中一些内在的尚未充分发掘的课题得到进一步的深入展开,朱子学的一些内在逻辑也得以明朗,为朱子学说中的某些方面建立了新的表述,这些都是对朱子学的发展。另一方面,退溪十分注

---

① 《答金惇叙》,第二册,第71页。
② 《答李达李天机》,第一册,第353页。

意从周濂溪到李延平所注重的气象与境界，无著无累，不迎不留，以得养心之乐，这对于过分理性主义的朱子无疑是一种补充，使得退溪心学具有了一种更为醇粹的特质，也显示出朝鲜朱子学所达到的深度和水平。

（本文写于 1991 年，发表于《退溪学报》第七十辑，1991 年，原题作："李退溪心学的再研究"）

李退溪性理学的再研究

退溪中年之后，用力于朱子之书，涵泳体贴，深造有得，晚而卓然超群，蔚成大宗。退溪哲学坚守朱子哲学的立场，着力吸收朱门高弟黄勉斋等及元末明初理学诸儒的思想，并对正嘉时的其他学术流派从朱子学的立场上作出积极的回应和批判，因而使得他的讨论呈现出许多超越前人的地方，也使得朱子学本身获得更加细密的深化和发展。对退溪哲学中理有体用，四七之辩，物格理到以及心学之发明，我都曾有专文论述，本文则抉其精彩片段而未成系统者，集为一篇，以成余论。

一 当然之理与所以然之理

"理"的观念是理学最重要的中心观念，不同的理学家对理的理解侧重不同。退溪自幼受学，颇重理字之义，"尝言吾十二岁受鲁论于叔父松斋先生及子张篇，问凡事物之是底是理乎？先生曰然。闻来心即释然，如有得焉"。① 晚年亦说："古今人学问道术之所以差者，只为理字难知故耳。所谓理字难知者，非略知之为难，真知妙解到十分处为难耳。若能穷究众理到得十分透彻。洞见得此个物事至虚而至实，至无而至有，动而无动，静而无静，洁洁净净，一毫添不得，一毫减不得，能为阴阳五行万物万事之本，而不囿于阴阳五行万物万事之中，安有杂气而认为一体，看作一物耶？"② 足见退溪对"理"的重视与用心。退溪关于理的解释无疑承继了朱子的说法，但更为强调"理"所具有的"当然"的意义：

> 问理字之说，曰："知之似难而实易，若从先儒造舟行水，造车行路之说仔细思量，则余皆可推也。夫舟当行水，车当行路，此理也。舟而行陆，车而行水，非其理也。君当仁，臣当敬，父当慈，子当孝，此理也。君而不仁，臣而不敬，父而不慈，子而不孝，则非其理也。凡天下所当行者，理也。不当行者，非理也。以此推之，则理之实处可知也。"③

北宋理学如程伊川，特别强调理作为"所以然"的意义，但程门弟子如谢上蔡转而重视理作为"是处"的意义，朱子以为物

---

① 《李子粹语》卷二，《增补退溪全书》（以下简称《全书》）五，第 264 页。
② 《答奇明彦别纸》，《全书》一，第 424 页。
③ 《李子粹语》卷一，《全书》五，第 188 页。

物一太极,一物必有一理,其弟子往往不解,常常提出"物之无情者亦有理否"一类的问题,朱子回答说:"固是有理,如舟之只可行之于水,车之只可行之于陆。"① 在朱子哲学中,"理"的意义与用法可大致区分为五种②,但就朱子"舟之可行之于水,车之可行之于陆"这个说法,这里所说的理是指舟车自身具有的某种客观属性和法则。在朱子哲学关于理的讨论中,也常常区分作为事物客观属性的理和人在实践中为适应事物客观属性而规定的实践准则,如说:"水之润下,火之炎上,金之从革,木之曲直,土之稼穑,一一都有性,都有理。人若用之,又著顺他理始得。若把金来削作木用,把木来熔作金用,便无此理。"③ 物之客观属性是理,人顺其行而行之,亦是理。如金之理为从革,人宜以之从革用,此"宜"亦是理。换言之,物之属性为"必然",是理;人之行为有"当然",亦是理。

朱子于《大学或问》中更提出"使于身心性情之德,人伦日用之常,以至天地鬼神之变,鸟兽草木之宜,自其一物之中,莫不有以见其所当然而不容已与其所以然而不可易者"④。又说:"天下之物则必各有所以然之故与其所当然之则,所谓理也。"⑤ 这个提法影响很大。从退溪的"凡天下所当行者是理也,不当行者非理也"的说法来看,退溪与朱子略不同,偏重于强调理的"当然之则"的意义。就是说,退溪心中的理主要

---

① 《朱子语类》卷四,中华书局,第 61 页。
② 参见拙著《宋明理学》"引言",辽宁教育出版社,1991 年。
③ 《朱子语类》卷九十四,第 2484 页。
④ 《大学或问》卷二。
⑤ 同上书,卷一。

是指"当然之则"而言。退溪后来与郑子中、奇明彦论当然所以然也显示出这一点。关于朱子对《大学》的解释，其弟子曾有疑："问所以然而不可易，是指理而言，所当然而不容已，是指人心而言？"朱子针对此问指出，所当然不是指人心而言，"只是指事而言，凡事固有所当然而不容已者"①。站在朱子学的立场，人之社会实践与社会关系中无不有其所当遵行的规范和准则，如君当仁，臣当敬，父当慈，子当孝之类。若从心学的立场来看，君仁、臣敬、父慈、子孝都是指人心面对社会关系和社会实践时自然呈现的内心法则；因此，仁敬慈孝并不是事物客观固有之则，而是人心的自我立法；从而，当然之则不是事物的客观规律，而是意志的自律。

由此可知，理学是以所当然指事而言，心学则以所当然指心之条理而言。心学的提法当然有其理由，因为，人是道德实践的主体，主体在从事道德实践时，最根本和最直接的活动是意识之中的价值选择，由"心"来决定准则的选择。但从理学的立场来看，人心所肯认的当然之则实即是理性对于事物客观关系与客观规定的意识，而且，事物之中的理又是宇宙普遍原理的体现。退溪在答郑子中与奇明彦论学书中也强调："究极论之，当然者为理之说为长，盖君仁臣敬之类，皆天命所当然之理，实精微之极至也。"② 退溪虽肯定理之客观性，但更注重当行之理，这当与明初理学的变化有关。

---

① 见《答郑子中奇明彦论当然所以然是事是理》，《全书》二，第4—5页。
② 同上。

二 血气之知行与义理之知行

知行之说,自二程之后,成为理学特别注重的道德实践论。正德中王阳明特倡"知行一",影响甚大,而议之者少。即湛若水、罗钦顺亦多辩其格物说之非是,未尝以知行合一与之辩(惟顾东桥与之辩)。退溪对此有所讨论。

在《传习录》上一开始,有徐爱与阳明问答,徐爱问知行合一之说:"如今人尽有知父当孝,知兄当弟者,却不能孝,不能弟,便是知与行分明是两件。"阳明答曰:"此已被私意隔断,不是知行的本体了。圣贤教人知行,正是要复那本体,故《大学》说个真知行与人看,说如好好色。"①对此退溪提出辩难:

> 辩曰:阳明谓:"今人且讲习讨论,待得知得真了,力做行的工夫,遂终身不行,亦遂终身不知。"此言切中未学徒事口耳之弊,然欲救此弊,而强凿知行合一之说。此段虽极细辩说,言欲巧而意欲远。何也?其以"见好色","闻恶臭"属知,"好好色","恶恶臭"属行,谓见闻时已自好了,不是见了后,又立心去好。不是闻了后,又立个心去恶,以此为知行合一之证似矣,然而阳明信以为人之见善而好之果能如见好色自能好之之诚乎?人之见不善而恶之果能如闻恶臭自能恶之之实乎?孔子曰:"我未见好

---

① 《传习录》上,《阳明全书》卷一。

德如好色者。"又曰:"我未见恶不仁者。"盖人之心发为形气者,则不学而自知,不勉而自能,好恶所在,表里如一,故才见好色即知其好,而心诚好之。才闻恶臭即知其恶,而心实恶之。虽曰行寓于知,犹之可也。至于义理,则不然也。不学则不知,不勉则不能,其行于外者未必诚于内,故见善时已自好,可乎?见不善而不知恶者有之,知恶而心不恶者有之,谓之知恶时已自恶,可乎?故《大学》借彼表里如一之好恶以劝学者之毋自欺,则可;阳明欲引彼形气之所为以明此义理知行之说,则大不可。故义理之知行,合而言之,故相须并行而不可缺一;分而言之,知不可谓之行,犹行不可谓之知也,岂可合而为一乎?①

王阳明哲学中,知的意义仅指意识或主观形态的知,是一个纯粹主观性的范畴;其范围比朱子所用来的狭小。而行的范畴在阳明哲学中则较宋儒所用来的宽泛,行不仅可指人的一切行为,还包括人的心理行为,如见好色、闻恶臭,"见""闻"属于知觉,阳明属之为"知"的范畴,"好"好色,"恶"恶臭是一种心理行为,阳明认为与纯粹知觉不同,故属之为行的范畴。在阳明看来,"好"美色是以"见"美色为前提的,要先"见"之才能好之。阳明强调"见"与"好"之间并没有一个时间差,"只见那好色时已自好了,不是见了后又立个心去好",对于美色,见了立即就好了,对于恶臭,闻了立即就恶了。阳明认为

---

① 《传习录论辩》,《全书》二,第333页。

这种知行紧密连接的情况是属于"真知行",证明知行本来是"合一"的。如果见了好色,要另立一个心去"好",以及知得孝而不能孝,要待人教诲了才去孝,这都是失了知行的"本体"了。

退溪认为,阳明这个用《大学》中"好好色""恶恶臭"所做的论证表面上是可以成立的,但知行合一本来是指道德实践而言,在道德实践中,人可能像"见好色自能好之"那样也做得到见善而自好之吗?如果人不可能,或极难作到这一点,说知行合一是本体就没有什么意义了。退溪特别引述孔子"未见好德如好色""未见恶不仁者"之说,说明人对道德的善恶是不可能作到像对美色那样具有直觉的好恶。

由此,退溪提出,心,即人的意识具有不同的内容,来自不同的根源。照朱子说法,人心知觉可大致区分为"人心"和"道心",人心"生于形气之私",道心"原于性命之正",① 退溪哲学中进而主张"四端理之发,七情气之发",实际上意味着道心理之发,人心气之发。根据这一点,退溪论知行提出,发于形气的人心是不学自知,不勉而能,知行合一的,如王阳明所举才见美色即实好之,才闻恶臭即实恶之。可是,知行合一虽然可以适用于发于形气的人心,却不能自然适用于以义理为对象的意识活动。即是说,人心对于欲望的对象是可以知行合一的,而人心对于理性的对象不一定能知行合一。义理之知不是天赋的,义理之行也不是良能的。父之当慈,子之当孝,君

---

① 《中庸章句序》。

之当仁,臣之当敬,这些当然之则的义理"不学则不知",知了以后还不等于就自能实行之,所以"不勉则不能"。即使行了善,心中是否真正好善恶恶,还不一定,故"其行于外者,未必行于内"。退溪由此指出,与好好色恶恶臭的良知良能不同,"有善而不知善者有之",故学教而后知其为善。"知善而心不好者有之",虽知仁敬之为善,但不能像好好色那样发于内心而实好之。所以,王阳明说人在道德实践上的知行能如在感性领域一样自然合一,是不可能的。

这样,在退溪哲学中,出现了一个重要的区分:"义理之知行"与"情欲之知行"。"欲之知行"又可称为"形气之知行"或"血气之知行",退溪虽未明用此语,但其思想中的区分是很清楚的。由于退溪区分了血气之知行与义理之知行,所以他就可以说:"阳明乃欲引彼形气之所为,以明此义理知行之说,则大不可。"义理之知行当然需要并进,但其知与行是有明显分别的,"知不可谓之行,犹行不可谓之知也,岂可合而为一乎?"

退溪继续展开其知行之辩:

> 且圣贤之学,本诸心而贯事物,故好善不但心好之,必遂其善行于事,如好好色而求之必得也;恶恶则不但心恶之,必去其恶于行事,如恶恶臭而务决去之也。阳明之见,专在本心,怕有一毫外涉于事物,故只就本心上认知行合一,而衮合说去。若如其说,专事本心而不涉事物,则心苟好好色,虽不娶废伦,亦可谓之好好色乎?心苟恶恶臭,虽不洁蒙身,亦可谓之恶恶臭乎?阳明亦自知其说

之偏,故以不分知行为知行本体,以分知行为私意隔断,然则古圣贤为知行之说者皆私意耶?①

退溪这个思想实际是批评阳明知行观的结果必为知而行,因为阳明论证知行合一时把心理行为也看作是行,阳明还说过"一念发动,便即是行了"②。阳明论知行本体也是从本心良知的完全呈现入手,没有强调"行"一定是外部的行为。退溪对此加以批评,认为圣贤之学不但"本诸心",而且要"贯事物",所以,好善,既要以心好之,又要在事上行其善。如果只在主观上讲知行合一,或只讲心地工夫,不讲格求外物,最终只能是以知废行,亦即后来王船山所说"销行以归知"③。退溪质问阳明说,如果只有讲知行合一才是揭出知行本体,那么,难道古来圣贤以知行分说者都是以私意隔断吗?

退溪最后指出:

> 至如"知痛已自痛,知寒已自寒,知饥已自饥",其为说亦可谓巧矣。然痛与饥寒,乃身之所值之事,缘境而得名者耳,非义理知行之称也。知疾痛而处得其道,方可谓疾痛之知行,知饥寒而处得其道,方可谓饥寒之知行。若但痛而谓之行,则所行者血气耳,非义理也。若但饥寒而谓之行。则所行者人心耳,非道心也。且痛而知痛,饥寒

---

① 《传习录论辩》,《全书》二,第333页。
② 《传习录》下,《阳明全书》卷三。
③ 《说命中》,《尚书引义》。

而知饥寒,涂人、乞人与禽兽皆能之,若是而可谓之知行,何贵于学问为哉?夫以知痛痒,识饥饱为性,此本出于告子"生之谓性"之说,阳明所见正惯于此,故信口说出,以饰其辩。然而其说但可施于形气之欲,而不能喻于义理之知行,故于孝于弟,不曰知孝已自孝,知弟已自弟,但曰人之称孝称弟者,必已行孝行弟,则于前后语意不相谐应,终言古人所以既说知又说行处,未免只依旧分做两个说。盖道理本如此,终衮合不得故也。①

退溪指出,阳明所谓知行合一之说"但可施之于形气之欲,而不可喻于义理之知行",即是指仅可适用于感性血气之知行,而不适用于理性义理之知行,退溪把知行分为感性的知行与理性的知行,是在朱子学的立场上对知行问题所做的进一步分疏。

确实,阳明在论证知行合一时,常常举出知寒知痛为例证,如"夫人必有欲食之心,然后知食,欲食之心即是意,即是行之始矣"②,阳明这里所说的知显然不是伦理领域的知识或认识领域的理论,而是属于包括动机、欲望在内的意志范畴。③ 退溪的思想正是从把"欲望"和"知识"相区别的立场,把"感性"和"理性"相区别的立场,将形气之知行和义理之知行加以区别,强调在道德实践领域,知不等于行,行不等于知,知与行并不能自然地合一。退溪的这一分析代表了朱子学对阳明

---

① 《传习录论辩》,《全书》二,第333页。
② 《答顾东桥》,《阳明全书》卷二。
③ 参见拙著《有无之境——王阳明哲学的精神》,人民出版社,第99页。

知行合一论做了一个相当重要的回应。

当然，退溪所代表的朱子学立场也不是没有矛盾，如依退溪哲学，四端发于理，七情发于气，然而，为什么发于气的人心自能知行合一，而发于理的道心却不能知行合一？为什么发于形气者不学而自知，不勉而自能，而"至于义理则不然也，不学则不知，不勉则不能"呢？在这一点上，退溪哲学尚未及作出进一步的解说。

三　论心之体用

伊川、朱子皆强调心有体用：寂然不动者体，感而遂通者用；心之未发为体，心之已发为用；性是心之体，情是心之用等等。这些关于心的体用的区分不一定是完全相对应的，但是明确表现出体用分析方法对宋儒心性论的影响。阳明学也未否定心有体用，只是主张不可以动静分体用，只能说静可见心之体，动可见心之用，① 这表明王阳明还是承认心有体用的。

退溪曾因金而精所示莲老心无体用说，而做《心无体用辩》。莲老之说，载之不详，大略以为"心固有体用，而探其本则无体用也"，"动静者实理也，体用者虚说也，道理本无体用，而以动静为体用也"，"体字起于象上，用字起于动上，动之前何尝有用，象之前何尝有体"。又引邵雍"易本无体"之说而申之曰"无体则无用可知"②。此说似乎以为，动静是客观的现象

---

① 见《传习录》上，《阳明全书》卷一。
② 见《心无体用辩》，《全书》二，第329页。

或实在，体用并不是客观的现象或实在，只是人所设定的主观范畴，用以把握实在。故说动静为实有，体用为虚说。此说还以为，"体"是指示有形有象之实体，所以说体字起于象上；"用"则以指有形象之实体的动作和运动，所以说用字起于动上。根据上述说法，离开了实在的形象就谈不上"体"，离开了运动就谈不上"用"，从而象未著时无体，动未形时无用。此种对体的了解发生甚早，唐代崔憬云："体者即形质也，用者即形质之妙用也。"① 宋学则不然。伊川谓"至微者理也，至著者象也，体用一源，显微无间"②。是以象为用，以理为体，即以道为体，以器为用。退溪本于宋学的立场，自不能赞同莲老之说。所谓"心固有体用，然探其本则无体用也"，其意义不十分清楚，可能是指心实有其动静，可以动静为体用。而就其本来情况而言，心只有动静，无所谓体用。也可能是指心之念虑思绪有体用（动静），本心则无体用（动静）。这两种意思可能都有。据退溪说："以体用为粗浅，故指其前无体用者，以为道之妙，亦以为心之妙。殊不知其所谓妙处，只在一体一用，一动一静之间，此外别无妙处也。"③ 这表明，莲老心无体用之说是认为，心、象、器都是有动静体用的，而"本"代表的本源则是无体用的，这无体用的"本"才是道之本源，"无体用"的状态才是心之妙处。这一说法当然与朱子学说不同，按朱子说"象

---

① 见李鼎祚《周易集解》引。
② 《程氏文集·易传序》。
③ 见《心无体用辩》，《全书》二，第329页。

数未形而其理已具"①，故象之前亦有体（理）；"动之前又有静，静之前又有动"②，动静无端，阴阳无始，而太极之体无不在焉。

自然，就个体意识而言，不可以说无始，但从朱子学的立场，却不可以说无体，只要有心，便有心之理，所以退溪着重指出"体"有不同的用法：

> 滉谓体用有二，有就道理而言者，如舟之可行水，车之可行陆，而舟车之行水行陆是也。故朱子答吕子约书曰："自形而上者言之，冲漠者固为体，而发于事物之间者为用；若以形而下者言之，则事物又为体，而其理之发见者为之用云云。"今以舟车之形象为体，而以行水行陆为用，则虽谓之象前无体，动前无用，可也。若以冲漠为体，则斯体也，不在象之前乎？以万象之具于是者为用，则斯用也，不在动之前乎？以此观之，莲老所谓体起于象，用起于动，只说得形而下事物之体用，落在下一边了，实遗却形而上冲漠无朕，体用一源之妙矣。③

退溪明确指出，体用有两种最基本的用法，一是以"体"指有实在形质的事物，以"用"指其功能功用；二是指事物内在深微之原理，即形上冲漠无朕的道。"形而上者谓之道"出于《易

---

① 《易学启蒙》卷一。
② 《朱子语类》卷九十四，第2373页。
③ 见《心无体用辩》，《全书》二，第329页

系辞》①,"冲漠无朕,万象森然已具"出于《遗书》②,在这个意义上,"体"指理,"用"指理形诸于外的具体表现。体用的这两种用法在朱子学中都已有之,退溪则把这两种用法的区别更加明确化了。根据这一立场,退溪指出,莲老以体起于象的说法,只是在第一种用法上强调有形象的实在,而忽略了体也可以指内在深微的原理;从形而上的角度看,理先于气,先于象,当然就不能说象之前无体(理)了。

于是,退溪以朱子学的立场指出:

> 呜呼!冲漠无朕者,在乾坤则为无极太极之体,而万象已具;在人心则为至虚至静之体,而万用皆备。其在事物也,则却为发见流行之用,而随时随处无不在。③

如退溪指出的,"象之前何尝有体,动之前何尝有用"之说,实质上是在现象世界之外导出一个超越动静体用的虚冥的"绝对"。而在理学的立场上,绝对即在相对之中,"妙处只在一动一静之间,此外别无妙处也",道体、心体皆是如此。不过,莲老推崇这样一个无体用无动静的本心究竟有何工夫论和境界论的含义,在退溪书中尚未反映出来。

关于心之体用的问题,退溪学中还有个围绕《大学》正心说的讨论。《大学》经一章提出"欲修其身者先正其心",此章

---

① 《周易·系辞传》。
② 见《近思录·道体》。
③ 见《心无体用辩》,《全书》二,第329页。

朱注云："意既实,心可得而正矣。"传之七章阐述经义云:"所谓修身在正其心者,身有忿懥则不得其正,有所恐惧则不得其正,有所好恶则不得其正,有所忧患则不得其正,心不在焉,视而不见,听而不闻,食而不知其味,此谓修身在正其心。"朱注:"盖是四者,皆心之用,而人之所不能无者。然一有之而不能察,则欲动情胜,而其用之所行,或不能不失其正矣。"①

朱子以后理学对正心及其注解提出的问题是,经文"正心"是指心之体,还是心之用？传文"不得其正"是指心之体还是心之用？朱注以传文指心之用。其他学者,据退溪当时看到的材料,对此有四种看法：一、朱克履认为《大学》经文"正心"是兼心之体用而言,传文"不得其正"则指心之用。二、胡云峰认为经文"正其心"的"正"指工夫,盖心之用有不正,故不可不正之；而传文中"不得其正"的"正"是指心体的善而无邪的特质。三、罗整庵也认为传文"不得其正"一句指心体而言,"心不在焉"以下两句是说心之用。四、程徽庵依据朱子《大学或问》认为,传文是言心之用,未尝言心之体；经之或问中"不得其本然之正""心之本体物不能动而无不正"才是说心之体。这样,"正心"的"正"也不是说心之体,而是说功夫。程氏特别指出,正心并不是专指静时功夫,以正心专属求静之功,"此乃异端之事,非吾儒事也"②。

退溪作《"得其正""正其心"分体用之说,"心不在焉""在躯壳在视听"之辩》,对此提出：

---

① 《四书章句集注》。
② 见《得其正正其心分体用之说之辩》,《全书》二,第336页。

滉谓人心未发之前，体之不偏，固可谓之正；已发之后用之各当，独不可谓之正乎？故《章句》以用说"不得其正"之"正"字。朱克履所谓专以用言者，正得其意。徽庵所讥或者之说，即云峰，整庵之意。其中胡氏之说虽有精彩，有警发人处，然《传》者之意未必然也。徽庵力辩或说之误，当矣，则云峰，整庵皆为误矣。①

退溪也主张传文"不得其正"是专指心之用而言，因为心之用也有正与不正（若其用不正，则亦须正之以归于正）。事实上胡罗两说以正指功夫，指心之用上说，是正确的。但"不得其正"，如退溪所说，可以有两层意思，既指本体无不正，又指发用是否得其正。胡罗说"不得其正"包括了本体无不正的思想，固然不错，但不能把"不得其正"仅仅说为指本体而言，因为发用本身也有正与不正。

四　论义与利

《周易·文言传》提出"利者义之和"，又谓"利物足以和义"。② 指利可以与义相配合，有助于义之实现。或者说，义之实现，以物之各得其利为条件。在这个命题里，义与利不是相冲突的，利是作为义的补充、配合物而被肯定的。汉儒董仲舒

---

① 见《得其正正其心分体用之说之辩》，《全书》二，第336页。
② 《周易·文言传》。

提出了著名的伦理原则"正其义不谋其利,明其道不计其功"①,在这里,利与义变成对立的,利成为被否定的了。朱子作白鹿洞书院学规亦以董说列为"处世之要"②,然而,这两种义利观如何协调呢?退溪答黄仲举书提出:

> 自利之本而言之,利者义之和,非有不善。如《易》之"利""不利",《书》之"利用"之类是也。自人之为利而言,在君子则为心有所为之害,在众人则为私己贪欲之坑堑,天下之恶皆生于此。利之为言,随处不同如此。③

这是说,"利"字之本义指顺而无害,与厚生利用。这个意义上的"利"非有不善,与义不构成对立。"为利"则是指追求私己的利益好处,这个意义上的利便是万恶之源。因而"利"的意义往往有所不同。退溪进一步指出:

> 夫以利为义之和,则利不在义外,正义而利在其中矣。乃复言"不谋其利",则又似利在义外为二物,有欲其为此不为彼之义。此来喻所以疑其抵牾,而其实非抵牾也。盖利虽在义之和,毕竟与义相对为消长胜负者,非利之故,人心使之然也。故君子之心,虽本欲正义,而临事或不能一于义而少有意向于利,则乃有所为而为之,其心已与义

---

① 《汉书·董仲舒传》。
② 《朱子文集》卷七十四。
③ 《答黄仲举》,《全书》一,第477页。

背驰，而所谓利者非复自然义和之利矣。利字初非不好，缘彼谋之之心便不好了。人将粗着眼看，以此"利"字为贪欲之利，"谋"字为营求之谋，其于仁人心法，毫厘之辩，相去远矣。①

这是说，利本来是义之和，无有不善，只是人心求利才使之与义对立。也就是说，利既指物对人的一种关系，又指人的求利之心；前者与义相配合，后者与义相对立。退溪再答黄仲举书进而论此：

盖"利"字之义，循其本而言，只是顺遂便宜之名。君子之处事以义，未尝不顺遂便宜，故曰"利者义之和"。如云循天理，则不求利而自无不利是也。若以利为人欲，则天理中一毫著不得，何云"义之和"耶？大抵此"利"字"私"字皆与寻常"利"字"私"字迥然不同。所指处虽异（形气之私指知觉发用处而言，义利之利指操术谋为处言），而类例则相似（私是自家所有而已，非私欲也；犹利是顺遂便宜而已，非私欲也）。②

依照这个说法，利与私就其本来意义而言是无恶的。利只是顺遂便宜，私只是己之所独。这个意义上的利只是一个标示事物状态与人的相互关系的范畴，一个事物性质、状态满足人之需

---

① 《答黄仲举》，《全书》一，第477页。
② 同上书，第480页。

要程度的范畴。换言之，义和之利具有客观的意义，而求利之利则是一种意识状态，正如"色"无所谓不善，"好色"则是与"义"相冲突的而被否定。退溪对义利之辩的这种分疏是很有其特点的。

五　退溪与自然

理学对于自然的态度，从思想来源上说，受到先秦孔孟与北宋道学的影响很大。孔子曾有"仁者乐山，智者乐水"的说法①，山水之乐成了历代儒者怀仰圣贤、涵泳性情的重要途径。孔子又有"吾与点也"之叹，赞乎曾点"浴风舞雩"的情怀和志趣。② 这使得"乐"自然成了儒家哲学精神的一个特点。北宋道学将此种对于自然的态度进而提升至宇宙意识，二程以"天只是以生为道"③，"仁者浑然与物同体"④，认为宇宙生生不已的性质体现了"仁"的普遍性，而仁者要与宇宙合一，就要与生生不已的大自然合为一体。周敦颐窗前草不除⑤，正是为了保养"生生不已"的"意思"。程明道观鸡雏⑥，张横渠观驴鸣⑦，也都是体味与自然生命融合一体的境界。程明道自己说

---

① 《论语·雍也》。
② 《论语·先进》。
③ 《遗书》二上。
④ 同上。
⑤ 《遗书》三。
⑥ 同上。
⑦ 同上。

过,自再见周茂叔后,有吾与点也之意。①

退溪继承了这一精神,"每夏月绿树交阴,蝉声满耳,心未尝不怀仰两先生之风。庭草一闲物耳,每见之辄思濂溪一般意思也"。② 退溪雅好山林风水,花草之玩,溪山鱼鸟之乐,皆常接以娱意养心,③ 每遇佳山丽水,幽闲迥绝之境,则或携壶独往,命侣俱游,徜徉啸咏,终日而归,以此开豁心胸,资养性情。④ 退溪说:"按脉之流动相续,而见仁之愤盈融溢生生不息意思;观鸡之稚嫩可怜,而识仁之生理霭然恻怛慈爱意思。"⑤

从周濂溪到李退溪,理学自然观的一大特点是,从主体性的立场看待自然。理想的人对于自然的态度不是认识自然、征服自然、物质性地利用自然;而是观赏自然,体验自然蕴涵的宇宙精神,精神性地借助自然。理学理想的对于自然的态度,不是认识论的态度,而是类似美学的态度,把自然主要作为观悦的对象,作为借以提升精神境界的条件,甚至作为人的存在不可分割的一部分。仁者乐山,智者乐水,山水风月草木鱼虫成了儒者精神生命存在不可或缺的部分。人与自然的关系,不是剥取自然以发展物质性满足,而是通过与自然建立某种和谐的关系以发展精神性的满足。

当然,应当注意,本质上,严格地说,儒者的山水之"乐",并不是一般所说的审美体验,它所指向的不是感性的愉

---

① 《遗书》三。
② 《李子粹语》二,《全书》五,第278页。
③ 同上书,第297页。
④ 同上书,第302页。
⑤ 《李子粹语》二,《全书》五,第223页。

悦，而是精神的怡然自得。这种对于山水自然的态度背后是儒学对"天地之大德曰生"的宇宙信念。宇宙是一生生不已的大用流行，盎然生机是宇宙一切存在与运动之所以然的内在动力，也是人类社会价值法则的根源。"仁者"要达到的精神境界就是蔼然慈爱、与物同体的广大胸怀。①

（本文发表于《退溪学报》七十五、七十六合辑，1993年，原题作："退溪哲学片论"）

---

① 《周易·系辞传》。

李栗谷理气思想研究

一般认为，朝鲜时代16世纪的理学中，李栗谷的思想接近朱子而与李退溪的立场相反，集中体现在有关四端七情的讨论。本文将指出，其实，栗谷更多的是围绕道心人心之根源与发动的讨论，其观点是和朱子不同的；而在四七理发、气发的问题上，栗谷的真正思想却与退溪的立场并不都构成矛盾。

朱子心性论对于性情关系的基本看法是"情根于性，性发为情"[1]，以性为情的内在根据，情是性的外发表现。《孟子》曾把恻隐、羞恶、辞让、是非之心称为"四端"。朱子的解释是："恻隐、羞恶、辞让、是非，情也。仁、义、礼、智，性也。"[2]《中庸》说"喜怒哀乐未发谓之中，发而皆中节谓之

---

[1]《朱子文集》卷三十二《答张敬夫》。
[2]《孟子集注》卷三。

和",朱子解释说:"喜怒哀乐,情也,其未发,则性也。"① 朱子哲学中的"情"有两种用法,一指四端(《孟子集注》说),一指七情(《中庸章句》说)。四端是道德情感,纯善无恶,七情则泛指一切情感活动,有善有恶。朱子以"四端"发于仁义礼智之性,这合于"性发为情,情根于性"的基本原则。而如果说喜怒哀乐等"七情"有善恶邪正,那就碰到一个问题,即七情中发而不善的情感是否也是发于仁义礼智的本性?如果说不善之情也是发于全善之性,这显然是有矛盾的。而且,朱子从未肯定七情中不善者不是发于本性。这是朱子学中没有解决的一个问题。

朱子哲学曾提出,人是由理气共同构成的,气构成人之形体,理则为人之本性。李退溪根据这一看法,提出了四端七情分理气说,主张道德情感(四端)发自人的本性(理),而一般生理情感(七情)发自人的形体(气)。退溪"四端发于理,七情发于气"这一命题的提出,主张四端与七情的内在根源是不同的,使朱子学性情论未解决的问题得到了一种解决。退溪的思想在当时受到奇高峰的质疑,退溪死后栗谷继续对退溪思想提出了批评。

退溪高峰的理发气发之辩,主要关注的是四七"发于"何处的问题,在此前提下又涉及了四七"发用"的过程和机制的问题。也就是说,在退溪和高峰的四七辩论中,所谓理发气发的"发"的讨论包含二义,一个是"发于",如情发于性;另一个是"发用",如性发为情。"情发于性"和"性发为情",这两个命题在表达性情的体用关系上是一致的,而在表达的方向顺

---

① 《中庸章句》第一章。

序上不同，其中"发"所连接的介词不同，从而造成了有关理发气发讨论的不同具体意义。"发于"指向的是"未发"，"发用"指向的是已发。在退溪高峰的讨论中，"发于"的问题是主要的。对于退溪、栗谷的四七讨论，学者已有不少讨论，但对栗谷理发气发的思想，仍有进一步分析讨论的余地。

以下，我们以栗谷答成浩原书数则为基本资料，来梳理、分析栗谷有关理发气发以及理气关系的思想，以具体、深入地了解栗谷的思想特色和哲学立场。

一

嘉靖壬申年即 1572 年，栗谷时年三十七岁（据《栗谷全书》年谱），其有答成浩原书云：

心一也，而谓之道、谓之人者，性命形气之别也。而或曰四、或曰七者，专言理、兼言气之不同也。是故人心道心不能相兼而相为终始焉，四端不能兼七情而七情则兼四端。道心之微，人心之危，朱子之说尽矣。四端不如七情之全，七情不如四端之粹，是则愚见也。人心道心相为终始者，何谓也？今人之心直出于性命之正而或不能顺而遂之，间之以私意，则是始以道心而终以人心也。或出于形气而不咈乎正理，则固不违于道心矣；或咈乎正理而知非制伏，不从其欲，则是始以人心而终以道心也。盖人心道心兼情意而言也，不但指情也。七情则统言人心之动有此七者，四端则就七情中择其善一边而言也。固不如人心道心之相对说下之相为始终矣，乌可强就而相准耶？今欲两边说下，则当遵人心道心之说，欲说善一边，则当遵四端之说，欲兼善恶说，则当遵七情之说。不必将柄就凿纷纷立论也。四端七情正如本然之性气质之性，本然之性则不兼气质而为言也，气质之性则却兼本然之性，故四端不能兼七情，七情则兼四端。朱子所谓发于理发于气者，只是大纲说，岂料后人之分开太甚乎？学者活看可也。且退溪先生既以善归之四端，而又曰七者之情亦无有不善，若然，则四端之外亦有善情也，此情从何而发哉？……大抵未发则性也，已发则情也，发而计较商量则意也。心为性情意之主，故未发已发及其计较皆可谓之心也。发者气也，所以发者理也。其发而直出于正理，而气不用事，则道心也，七情之善一边也。发之之际，气已用事，则人心也，七情之合善恶也。知其气之用事精察而趋乎正理，则人心听命于道心也。不能精察而惟其所向，则情胜欲炽而人心愈危道心愈微矣。精察与否皆是意之所为，故自修莫先于诚意。今若曰"四端理发而气随之，七情气发而理乘之"，则是理气二物或先或后相对为两岐，各自出来矣。人心岂非二本乎？情虽万般，夫孰非发于理乎？惟其气或掩而用事，或不掩而听命于理，故有善恶之异。以此体认，庶几见之。……人心道心皆发于性，而为气所掩者为人心，不为气所掩者为道心。①

---

① 《答成浩原》（壬申），《栗谷全书》卷九。

栗谷在此书中提出了几个主要论点，一是讲四端七情的关系，四端专指理，七情兼涵理气；七情是全体，四端是七情中善的一部分；故四端不能兼七情，七情可以兼四端。二是讲人心道心的关系，四端与七情的关系是全体和部分的关系，全体可以兼部分，但人心与道心的关系不是全体和部分的关系，七情可以兼四端，而人心不能兼道心，人心道心是相为对立终始的关系。三是认为四端七情的关系如同本然之性气质之性的关系，七情可以兼四端，气质之性可以兼本然之性，二者类同。四是认为四端七情都是情，而道心人心兼包情感与意识，指涉更广。但栗谷在后面并没有把这个观点坚持到底。

最后，栗谷提出"理"是"所以发者"，"气"是"发者"，他承认情都是"发于理"的，也就是说理是情之发作的内在根源，也就是所以发。就这个意义上说，他是赞成理发的。同样是发于理，为何有四端七情之异，为何有道心人心之异？在朱子和其学生黄勉斋之间曾对此讨论说：

> 黄勉斋曰：……《记》曰：人生而静，天之性也。程子曰："其本也真而静，其未发也五性具焉。"则理固有寂感，而静则其本也，动则有万变之不同焉。尝以是质之先师，答曰："未发之前，气不用事，所以有善而无恶。"至哉此言也！①

---

① 《宋元学案》，《横渠学案上》。

栗谷与退溪一样，采取了朱子学的"气已用事"或"气不用事"的说法，认为虽然一切情意（七情）都是发于理的，但发的过程中或为气所掩蔽，或不为气所掩蔽；为气所掩蔽则发为人心，或不为气所掩蔽则发为四端、道心。然而，栗谷这里的说法有不清楚的地方，气不用事则发为道心，气已用事则发为人心，则道心之发时气似未曾参与，故未产生影响，这和他后来所说道心也是气发的观点似有所不同。尤其是他说："情虽万般，夫孰非发于理乎？惟其气或掩而用事，或不掩而听命于理，故有善恶之异。""人心道心皆发于性，而为气所掩者为人心，不为气所掩者为道心。"他在这里承认七情皆发于理，道心人心皆发于性，惟发之过程中是否被气所掩，而分别成为善恶。但是退溪所说的理发，也主要是指发于理，发于性，可见他后来反对退溪的理发说，认为只能讲气发，并没有全面表达出他的立场，在理论上是有缺陷的。

二

壬申年栗谷又有答成浩原书，这是李栗谷与成浩原论辩中有关理发气发最重要的一封信，此书开首言道：

> 数日来，道况何如。前秉心性情之说，自谓详尽，而及承来示，又多不合。三复以还，不觉怃然。吾兄志学二十年，非不读圣贤之书，而尚于心性情，无的实之见者，恐是于理气二字，有所未透故也。今以理气为说，幸勿挥

斥。夫理者，气之主宰也，气者，理之所乘也。非理则气无所根柢，非气则理无所依著。①

理者气之主宰，是朱子思想的命题，气者理之所乘，朱子虽然没有这样明确讲过，但也符合朱子对《太极图说》的解释，即"太极者本然之妙，动静者所乘之机"。此外，朱子也说过："气由道义而有，而道义复乘气以行。"② "性本自然，及至生赋，无气则乘载不去，故必顿此性于气上，而后可以生。"③ 尤其是朱子所说："太极理也，动静气也。气行则理亦行，二者常相依而未尝相离也。太极犹人，动静犹马；马所以载人，人所以乘马。马之一出一入，人亦与之一出一入。盖一动一静，而太极之妙未尝不在焉。"④

栗谷接着说：

既非二物，又非一物。非一物，故一而二。非二物，故二而一也。非一物者，何谓也？理气虽相离不得，而妙合之中，理自理、气自气，不相挟杂，故非一物也。非二物者，何谓也。虽曰理自理、气自气，而浑沦无间，无先后无离合，不见其为二物，故非二物也。是故，动静无端，阴阳无始。理无始，故气亦无始也。⑤

---

① 《答成浩原》（壬申），《栗谷全书》卷之十，页二。
② 《语类》卷五十二。
③ 《语类》卷六十二。
④ 《语类》卷九十四。
⑤ 《答成浩原》（壬申），《栗谷全书》卷之十，页二

理气妙合，不离不杂，这个说法也是合乎朱子思想的，太极图说中的"无极之真，二五之精，妙合而凝"，朱子便解释为理气的凝合。只是，朱子并没有用"一而二，二而一"的说法讲理气关系。朱子也说过，理气决是二物，故可说非一物。

> 夫理，一而已矣，本无偏正通塞清浊粹驳之异。而所乘之气，升降飞扬，未尝止息，杂柔参差。是生天地万物，而或正或偏，或通或塞，或清或浊，或粹或驳焉。理虽一而既乘于气，则其分万殊。故在天地而为天地之理，在万物而为万物之理，在吾人而为吾人之理。然则参差不齐者，气之所为也。虽曰气之所为，而必有理为之主宰，则所以参差不齐者，亦是理当如此，非理不如此而气独如此也。①

栗谷所立的命题是理乘于气，表达了栗谷的基本思想，他用理乘于气为基本命题，去贯通朱子学的理气论及理一分殊论，形成了他有特色的理气论体系。

> 天地人物，虽各有其理，而天地之理，即万物之理。万物之理，即吾人之理也。此所谓统体一太极也。虽曰一理，而人之性非物之性。犬之性，非牛之性。此所谓各一其性者也。推本则理气为天地之父母，而天地又为人物之父母矣。②

---

① 《答成浩原》（壬申），《栗谷全书》卷之十，页二。
② 同上，页三。

以理气为天地之父母，这个说法不见于朱子，这是表达理气是天地的根源，天地之理即万物之理，万物之理即一人之理，这是讲万物一理，并不是讲统体一太极。各一其性是指气质之性，犬牛各不相同。

  天地，得气之至正至通者，故有定性而无变焉。万物，得气之偏且塞者，故亦有定性而无变焉。是故，天地万物，更无修为之术。惟人也得气之正且通者，而清浊粹驳，有万不同，非若天地之纯一矣。但心之为物，虚灵洞彻，万理具备。浊者可变而之清，驳者可变而之粹。故修为之功，独在于人，而修为之极，至于位天地育万物，然后吾人之能事毕矣。于人之中，有圣人者，独得至通至正至清至粹之气，而与天地合德。故圣人亦有定性而无变，有定性而无变，然后斯可谓之践形矣。然则天地，圣人之准则，而圣人，众人之准则也。其所谓修为之术，不过按圣人已成之规矩而已。若万物，则性不能禀全德，心不能通众理。草木之全塞，固不足道矣。禽兽之或通一路者，有虎狼之父子，蜂蚁之君臣，雁行有兄弟之序，睢鸠有夫妇之别，巢穴有预知之智，候虫有俟时之信，而皆不可变而通之；其得各遂其性者，只在吾人参赞化育之功而已。夫人也，禀天地之帅以为性，分天地之塞以为形。故吾心之用，即天地之化也。天地之化无二本，故吾心之发无二原矣。①

---

① 《答成浩原》（壬申），《栗谷全书》卷之十，页三。

天地有定性而无变,万物亦有定性而无变,圣人亦有定性而无变,惟有人无定性而可变。天地的定性,是圣人的标准,圣人的定性,是众人的标准,当然是不能变的。万物得气之偏塞,是应该变,但改变不了。只有人有心,能按照圣人的标准规矩通过修为改变自己的气质,达到位育的境界。

> 人生而静,天之性也。感于物而动,性之欲也。感动之际,欲居仁,欲由义,欲复礼,欲穷理,欲忠信,欲孝于其亲,欲忠于其君,欲正家,欲敬兄,欲切偲于朋友,则如此之类,谓之道心。感动者,固是形气,而其发也,直出于仁义礼智之正,而形气不为之掩蔽,故主乎理而目之以道心也。如或饥欲食,寒欲衣,渴欲饮,痒欲搔,目欲色,耳欲声,四肢之欲安佚。则如此之类,谓之人心。其原虽本乎天性,而其发也,由乎耳目四肢之私,而非天理之本然,故主乎气而目之以人心也。①

这一段是解释和说明道心人心的。栗谷从道心人心的界定开始而不是从四端七情的说明开始,这对于他接续退溪以来的四七之辩,并不有利。他从《乐记》的感动说开始,首先认为一切欲念的产生都是感动者引起的,而感动者都是形气。道德的欲念是道心,自然的欲望是人心。他认为,就欲念的发生而言,道心出于仁义礼智,而且没有受到形气的遮蔽;人心也是源于

---

① 《答成浩原》(壬申),《栗谷全书》卷之十,页四。

本性，但其发生由乎耳目形气之私。在这一点上，栗谷的说法开始不清楚起来，照他的说法，道心、人心都应在本源上出自仁义礼智的本性，只是道心在发生的过程中没有受到形气的遮蔽，而人心在发生的过程中受了形气的影响而异变了。这个说法，如果用退溪、高峰的理发气发的说法，应当属于道心人心皆理发说，就是道心人心都"发自"于理的本性。这就与朱子不同。栗谷的不清楚之处在于，他既说人心本乎天性，又说人心由乎形气，这样一来，人心究竟发自理的本性，还是发自形气之私，就被"由乎"一词变得不清楚了。本来，如果与朱子一样，栗谷只需要说道心发自本性，人心发自形气，就不会发生什么问题。但栗谷既要说明人心根源于本性，又要说明人心来自形气，于是便不清楚了。

这里还涉及一个根本问题，即栗谷所用的"发"字，如"其发也"是指发自、发于（如退溪），还是发出、发为？是表达未发的根源，还是已发的过程和形态？[①]

　　道心之发，如火始燃，如泉始达，造次难见，故曰微。
　　人心之发，如鹰解鞲，如马脱羁，飞腾难制，故曰危。人

[①] 我早在1994年论宋时烈的一篇论文中曾提出对栗谷思想的分析：他的中心论点是：发者为气，所以发者为理。因此对他来说，发是指现象的活动，和活动的现象，故只能说"气发"。而对他来说，"理发"的说法是不通的，因为理不是现象，不是活动。由于栗谷所用的"发"是指"表现"，而非"发自"，所以一方面他说的发是心之发，指意识现象，而非溯其本质（根源），另一方面，在追溯意识的本质时栗谷严格地使用"原""本"，而避免使用"发"。（《宋尤庵与李朝中期的朱子学》，《学人》辑刊第七辑，1995年）

> 心道心虽二名，而其原则只是一心，其发也或为理义，或为食色，故随其发而异其名。若来书所谓理气互发，则是理气二物，各为根柢于方寸之中。未发之时，已有人心道心之苗脉。理发则为道心，气发则为人心矣。然则吾心有二本矣，岂不大错乎。朱子曰：心之虚灵知觉，一而已矣。吾兄何从而得此理气互发之说乎。其所谓或原或生者，见其既发而立论矣。其发也为理义，则推究其故，何从而有此理义之心乎。此由于性命在心，故有此道心也。其发也为食色，则推究其故，何从而有此食色之念乎。此由于血气成形，故有此人心也云尔。非若互发之说或理发或气发而大本不一也。①

照上面的说法，"其发也或为理义或为食色"，这里的"其发也"乃是已发的形态。他说道心人心是已发，故随其发作而异名，见其既发而立论，这一点是合乎朱子思想的。此下栗谷开始反驳道心人心理气互发说，但他的说法因"由于"而再次不清，他承认，朱子关于道心原于性命，人心生于形气的思想是从既发推本至根源，也就是从已发的状态推至未发的根源，朱子关于道心人心根源的思想与退溪有关四端七情根源的说法是一致的，但栗谷认为朱子这个说法与退溪的理发气发或理气互发的说法是不同的。

---

① 《答成浩原》（壬申），《栗谷全书》卷之十，页四。

> 大抵发之者气也，所以发者理也，非气则不能发，非理则无所发。（发之以下二十三字，圣人复起，不易斯言。）无先后，无离合，不可谓互发也。①

这一段是栗谷此信的关键性表述，所以他自诩为圣人复起，不易斯言。发之者气也，所以发者理也，这是他在上一封答成浩原书中已经提出的命题，根据上面的分析，栗谷这里所说的"发之者"，是指已发而言，"所以发者"是指已发的欲念的内在根源。因此，按照退溪时代的讨论的用法，应该说，栗谷这个思想是属于理发，因为退溪所说的理发气发都首先是指内在的根源而言。虽然栗谷在这里还没有确定这个说法是对人心道心而言或是对四端七情而言，如果包含了对四端七情的看法，那就与高峰的看法一致，即四端七情都发于理、发于性。后面我们还会看到，栗谷所谓气发还可指已发与未发之间的过程状态，但都不是指发自于（作为根源的）气。从而，栗谷的"气发"与退溪的"气发"是不同的。

> 但人心道心，则或为形气，或为道义，其原虽一，而其流既岐，固不可不分两边说下矣。若四端七情，则有不然者，四端是七情之善一边也，七情是四端之总会者也。一边安可与总会者，分两边相对乎？朱子发于理、发于气之说，意必有在，而今者未得其意，只守其说，分开拖引，

---

① 《答成浩原》（壬申），《栗谷全书》卷之十，页五。

则岂不至于辗转失真乎。朱子之意，亦不过曰四端专言理，七情兼言气云尔耳，非曰四端则理先发，七情则气先发也。①

栗谷认为，道心人心，本原是一个，都是发自本性之源，它们的不同是流的分别。他认为，四端七情与道心人心不同，道心和人心可以说是两个不同的东西，而四端是七情的一部分，不能说作为部分的四端和作为整体的七情是两个不同的东西。这一点也是与高峰一致的。他认为，朱子所说的四端理之发，七情气之发，与退溪的理解不同，其实有别的意思，今人都没有理解。

退溪因此而立论曰，四端，理发而气随之；七情，气发而理乘之。所谓气发而理乘之者，可也，非特七情为然，四端亦是气发而理乘之也。何则？见孺子入井，然后乃发恻隐之心，见之而恻隐者，气也，此所谓气发也，恻隐之本则仁也，此所谓理乘之也。非特人心为然，天地之化，无非气化而理乘之也。是故，阴阳动静，而太极乘之，此则非有先后之可言也。②

于是栗谷对退溪的四端七情说明确提出意见，认为退溪的"气发而理乘"的说法是可以成立的，但退溪以七情为"气发而理

---

① 《答成浩原》（壬申），《栗谷全书》卷之十，页五。
② 同上。

乘之",认为四端不是气发而理乘之(而是理发而气随之),这是栗谷不同意的,因为栗谷主张七情、四端都是气发而理乘之的。这个说法就在形式上不仅与退溪不同,也与高峰不同了。但是应该提醒读者的是,退溪所说的"气发而理乘之",与栗谷所说的"气发而理乘之"并不相同,退溪所说的气发是发自于形气,而栗谷所说的气发是已发的情意心。栗谷进一步说,见孺子入井而恻隐,这是气,就是气发,而理乘载其上。把恻隐说成气,说成气发,这是与朱子不同的。他认为,气和理的这种关系是普遍的,不限于四端七情,整个天地之化都是如此。

前面我们分析栗谷的说法是一种理发说,但栗谷对发的理解与退溪不同,故他自己明确表示不赞成退溪的理发说,或理发气随说:

> 若理发气随之说,则分明有先后矣,此岂非害理乎。天地之化,即吾心之发也,天地之化,若有理化者气化者,则吾心亦当有理发者气发者矣。天地既无理化气化之殊,则吾心安得有理发气发之异乎。若曰吾心异于天地之化,则非愚之所知也。(此段最可领悟处,于此未契,则恐无归一之期矣。)①

他认为,天地之化都是气发理乘,天地之化并没有理发气发之分,既然天地之化没有理发气发之分,人的心也必然没有理发

---

① 《答成浩原》(壬申),《栗谷全书》卷之十,页五。

气发之分。他在这里把天地之化只说成是气化理乘，并屡屡强调气发理乘，无形中遮掩了理作为气之主宰的意义，似显示出他理气论的偏向（虽然他也提到理是主宰和根柢）。

由以上可见，栗谷的思想特点是，第一，四端七情与道心人心不同，道心人心可以两边说其根源，四端七情不能两边说，只有一个根源；两边即所谓互发，即是二本。第二，即使朱子主张道心人心两边说，栗谷也不赞成，主张道心人心其实只是一个根源，朱子的说法是不得已。第三，四端是七情的一部分，四端七情是一个根源而发。第四，栗谷的讨论的关注点已经从根源转向已发，用气发理乘为普遍命题贯通天地之化与人心之动，在哲学上即转向流行的现象世界。

他说：

> 且所谓发于理者，犹曰性发为情也。若曰理发气随，则是才发之初，气无干涉，而既发之后，乃随而发也，此岂理耶。退溪与奇明彦论四七之说，无虑万余言，明彦之论，则分明直截，势如破竹，退溪则辨说虽详，而义理不明，反覆咀嚼，卒无的实之滋味。明彦学识，岂敢冀于退溪乎，只是有个才智，偶于此处见得到耳。①

照这里的说法，退溪发于理的说法，是说性发为情，栗谷对此不持异议。也就说明他认可情发于性、发自理。而他关注的是

---

① 《答成浩原》（壬申），《栗谷全书》卷之十，页六。

"发为情"的过程机制。从而他讲的"发",主要不是"发自",而是"发为"。栗谷反对的是"理发气随"的说法,认为这样在理发与气随之间就有了时间的距离,理发在前,气随在后,这是他所反对的。他认为他自己所讲的"气发理乘"并不设定二者有时间的距离。

> 窃详退溪之意,以四端为由中而发,七情为感外而发,以此先入之见,而以朱子发于理发于气之说,主张而伸长之,做出许多葛藤,每读之,未尝不慨叹,以为正见之一累也。易曰:寂然不动,感而遂通。虽圣人之心,未尝有无感而自动者也。必有感而动,而所感皆外物也。何以言之?感于父则孝动焉,感于君则忠动焉,感于兄则敬动焉。父也君也兄也者,岂是在中之理乎,天下安有无感而由中自发之情乎。特所感有正有邪,其动有过有不及,斯有善恶之分耳。今若以不待外感由中自发者为四端,则是无父而孝发,无君而忠发,无兄而敬发矣。岂人之真情乎。今以恻隐言之,见孺子入井,然后此心乃发,所感者,孺子也。孺子非外物乎,安有不见孺子之入井,而自发恻隐者乎?就令有之,不过为心病耳,非人之情也。①

栗谷强调,四端七情,人的一切心,都是感于外物而动的,没有能够无感而动的;感有正邪,动有过有不及,于是有了善恶

---

① 《答成浩原》(壬申),《栗谷全书》卷之十,页六。

之分。栗谷这个说法有未尽之处,这就是,心感外物而动,外物的感是必要的条件,但心的发动完全是以外物为条件吗?有没有内在的根据呢?朱子、退溪关于道心人心、四端七情的讨论,都重视心所发自的内在根源为何的问题。

夫人之性,有仁义礼智五者而已,五者之外,无他性。情有喜怒哀惧爱恶欲七者而已,七者之外,无他情。四端只是善情之别名,言七情则四端在其中矣,非若人心道心之相对立名也。吾兄必欲立而比之,何耶。盖人心道心,相对立名,既曰道心,则非人心,既曰人心,则非道心。故可作两边说下矣。若七情则已包四端在其中,不可谓四端非七情,七情非四端也。乌可分两边乎?七情之包四端,吾兄犹未见得乎。夫人之情,当喜而喜,临丧而哀,见所亲而慈爱,见理而欲穷之,见贤而欲齐之者,(以上喜哀爱欲四情)仁之端也。当怒而怒,当恶而恶者,(怒恶二情)义之端也。见尊贵而畏惧者。(惧情)礼之端也。当喜怒哀惧之际,知其所当喜所当怒所当哀所当惧,(此属是)又知其所不当喜所不当怒所不当哀所不当惧者,(此属非,此合七情而知其是非之情也)智之端也。善情之发,不可枚举,大概如此。若以四端准于七情,则恻隐属爱,羞恶属恶,恭敬属惧,是非属于知其当喜怒与否之情也,七情之外,更无四端矣。①

---

① 《答成浩原》(壬申),《栗谷全书》卷之十,页七。

栗谷坚持,七情包括四端,四端作为善的情,是七情中的一部分,这是与道心人心的关系不同的。如前所说,这是与高峰对退溪的异议是一致的。

> 然则四端专言道心,七情合人心道心而言之也。与人心道心之自分两边者,岂不迥然不同乎。吾兄性有主理主气之说,虽似无害,恐是病根藏于此中也。本然之性,则专言理而不及乎气矣。气质之性,则兼言气而包理在其中。亦不可以主理主气之说,泛然分两边也。本然之性与气质之性分两边,则不知者,岂不以为二性乎,且四端谓之主理,可也,七情谓之主气则不可也。七情包理气而言,非主气也。人心道心,可作主理主气之说,四端七情,则不可如此说,以四端在七情中,而七情兼理气故也。①

栗谷认为,道心人心与四端七情的关系不同,但四端七情也可以与道心人心对应来看,四端对应于道心,七情则包括道心人心。他认为四端与七情的关系类似于本然之性与气质之性的关系,因为四端专主理,七情包理气,本然之性专指理,而气质之性包括理和气,所以气质之性是包括本然之性在其中的。因此他反对四端主理、七情主气的说法,认为四端和七情一样,七情主气则四端也主气,七情主理则四端也主理,二者不能分两边说。四端主于理,则七情必然不能仅仅主气,必须包含主

---

① 《答成浩原》(壬申),《栗谷全书》卷之十,页七。

理的部分,故说七情兼理气。

退溪高峰的理发气发之辩,主要关注的是四七"发于"何处的问题,在此前提下又涉及了四七"发用"的过程和机制的问题。此外,在退溪高峰的辩论中,四端七情的兼理气问题,本来是与理发气发问题不同的讨论,但在二人的论辩中被混淆了。高峰认为,一切现实的情感既不仅仅是理,也不仅仅是气,而是兼乎理气的。他说:"愚谓四端七情无非出于心者,而心乃理气之合,则情固兼理气也。"退溪也是如此,他说:"二者皆不外乎理气,四端非无气,七情非无理。"退溪关于主于理、主于气的说法也都是指已发而言。其实在朱子哲学中,一般来说,已发之情,不必再用理气来加分析,甚至朱子也从未说过情是气,① 也就不会有气发理乘的讲法。由于退溪、高峰他们不仅以理气来说明四端七情之所发的根源,也用理气来直接说明作为已发的四端七情本身,这是导致栗谷把四七的讨论从未发转向已发的重要原因。

他又说:

> 子思论性情之德曰:喜怒哀乐之未发,谓之中,发而皆中节,谓之和。只举七情而不举四端。若如兄言七情为主气,则子思论大本达道,而遗却理一边矣,岂不为大欠乎。道理浩浩,立论最难。言之虽无病,见者以私意横在

---

① 朱子最多只同意情包含气,如说:伊川谓"性禀于天,才禀于气",是也。只有性是一定。情与心与才,便合哈气了。(《朱子语类》卷第五,性理二性情心意等名义)

胸中，而驱之牵合，则未尝不为大病。故借圣贤之言，以误后学者亦有之矣。程子曰：器亦道，道亦器。此言理气之不能相离，而见者遂以理气为一物。朱子曰：理气决是二物。此言理气之不相挟杂，而见者遂以理气为有先后。近来所谓性先动心先动之说，固不足道矣。至如罗整庵以高明超卓之见，亦微有理气一物之病。退溪之精详谨密，近代所无，而理发气随之说，亦微有理气先后之病。老先生未捐馆舍时，珥闻此言，心知其非，第以年少学浅，未敢问难归一，每念及此，未尝不痛恨也。向与兄论理气，所见不异，私心喜幸，以为吾两人于大本上，虽不可谓真见，亦可谓识其名义矣。今承来示，靡靡欲趋于理气二歧之病，岂再数长廊柱而差误耶？何其见之不定耶？兄既以明彦及鄙人之论为明白直截，而又疑道理更有如此者，尤不可晓也。二说一是则一非，不可两可而俱存也。若道理既如此，而又有如彼者，则是甘亦可唤做苦，白亦可唤做黑也，天下安有定论乎？兄若不信珥言，则更以近思录定性书及生之谓性一段，反覆详玩，则庶乎有以见之矣。此是道理筑底处，大头脑处者，诚如来喻，于此差却，则不识大本，更做甚事无已。而必以人心道心为辞，欲主理气互发之说，则宁如整庵以人心道心作体用看，虽失其名义，而却于大本上，未至甚错也。如何如何。世上悠悠之辈，既不足以骤语此，而吾两人相从于寂寞之滨，不可各尊所闻各行所知。故急欲归一。而不觉倾倒至此。伏惟恕其狂僭而徐究深察，幸甚。[1]

在这里，栗谷赞成理气不杂，但反对理先气后说，他认为罗钦顺强调理气一物，对理气不杂有所忽略；他认为退溪强调理发气随，有理气分先后的弊病。理气应当是始终合一、不离的。与退溪相比，他的理气观更接近罗钦顺，但比起罗钦顺更接近朱子。关于栗谷对罗钦顺、李退溪的评价，我们在最后一节会再加讨论。

三

在接下来的一封信中，栗谷大量使用譬喻的说法，来表达他的有关理发气发的观点：

> 即承委问，以审道履如宜，感仰感仰。珥粗保，感兄愤悱，知其将有所悟，不惮缕缕，毕呈鄙见，而不被挥斥，乃蒙领略，何幸如之。道理不必聪明绝人者乃得见之，虽气禀不能高明通彻，而若积诚用功，则宁有不见之理乎。聪明者见之易，故反不能力践而充其所见。诚积者用功之深，故既见之后，易于力践矣。此所见望于吾兄者也。理气之说与人心道心之说，皆是一贯。若人心道心未透，则是于理气未透也。理气之不相离者，若已灼见，则人心道

---

[1] 《答成浩原》（壬申），《栗谷全书》卷之十，页八、九。

> 心之无二原，可以推此而知之耳。惟于理气有未透，以为或可相离，各在一处，故亦于人心道心，疑其有二原耳。理气可以相离，则程子所谓阴阳无始者，为虚语也。此说岂珥杜撰乎，特先贤未及详言之耳，昨为长书，待兄之需，辨说颇详，譬喻亦切，一览可以契合矣。如此而犹有疑，则姑置此事，多读圣贤之书，更俟后日之有见，可也。珥则十年前，已窥此端，而厥后渐渐思绎，每读经传，辄取以相准。当初或有不合之时，厥后渐合，以至今日，则融会吻合，决然无疑。千百雄辨之口，终不可以回鄙见。但恨气质浮驳，不能力践而实之，每用慨叹自讼耳。①

人心道心无二源，明显是针对朱子《中庸章句序》对道心人心来源不同的讲法，他认为说理气不相离与道心人心无二源，是一致的。承认理气合一、理气不离，就必然肯定道心人心无二源。在他看来，理气论是性情论的基础，所以他对理气关系作了不少讨论。

> 理，形而上者也，气，形而下者也。二者不能相离，既不能相离，则其发用一也。不可谓互有发用也。若曰互有发用，则是理发用时，气或有所不及，气发用时，理或有所不及也。如是则理气有离合，有先后，动静有端，阴阳有始矣。其错不小矣。但理无为而气有为。故以情之出

---

① 《答成浩原》，《栗谷全书》卷之十，页十一。

乎本然之性,而不掩于形气者,属之理。当初虽出于本然,
而形气掩之者,属之气。此亦不得已之论也。①

他反对理气互发说,认为讲理气互发必然导致理气有先后,理气有离合,动静有端,阴阳有始,而陷于错误。在他看来,情皆出于本然之性,这里的"出于"等同于退溪所说的"发于",发于本性而不受形气遮掩的四端之情,属之于理;发于本性而被形气遮掩的情,属之于气。② 这应该是指朱子四端理之发、七情气之发这种说法,他认为这是不得已的讲法。还可以看到,就他所说的属之气的情,"出于本然,而形气掩之者",其说法即同于退溪所说的理发而气掩之。用退溪学的语言来分析,他实际认为四端七情都是理发,即发自于理,这与高峰一致。从退溪高峰论辩的意义上看,栗谷实际上认可四端是理发而直遂,四端以外的其他情感则是理发而气掩。

  人性之本善者,理也,而非气则理不发。人心道心,
夫孰非原于理乎?非未发之时,亦有人心苗脉,与理相对
于方寸中也。源一而流二,朱子岂不知之乎。特立言晓人,
各有所主耳。程子曰:不是善与恶,在性中为两物相对,
各自出来。夫善恶判然二物,而尚无相对,各自出来之理,
况理气之混沦不离者,乃有相对互发之理乎。若朱子真以

---

① 《答成浩原》,《栗谷全书》卷之十,页十二。
② 朱子学中"发于"有时也说为"出于",如"可学窃寻〈中庸序〉,以人心出于形气,道心本于性命。"(《语类》六十二)

为理气互有发用，相对各出，则是朱子亦误也，何以为朱子乎？人心道心之立名，圣人岂得已乎。①

人心道心皆源于理，即人心道心皆发于理。非气则理不发，是说没有气则理不能发之为情感。

理之本然者，固是纯善，而乘气发用，善恶斯分。徒见其乘气发用有善有恶，而不知理之本然，则是不识大本也。徒见其理之本然，而不知其乘气发用，或流而为恶，则认贼为子矣。是故，圣人有忧焉，乃以情之直遂其性命之本然者，目之以道心，使人存养而充广之；情之掩乎形气而不能直遂其性命之本然者，目之以人心，使人审其过不及而节制之，节制之者，道心之所为也。夫形色，天性也，人心，亦岂不善乎。由其有过有不及而流于恶耳。若能充广道心，节制人心，使形色各循其则，则动静云为，莫非性命之本然矣。②

这一段又说到道心人心。栗谷认为，理之本然即是性，性发为情的过程就是理乘气发用的过程，情在发作过程中能直接遂成其性命之理，这样的情就被看作道心。情在发作过程中被形气所掩蔽而不能直遂其性命之理，这样的情就被看作是人心。这里所说仍然是理发直遂为道心，理发气掩为人心。需要指出的

---

① 《答成浩原》，《栗谷全书》卷之十，页十二。
② 同上，页十三。

是，理发气乘的说法在《朱子语类》中亦有之："敬子谓：'性所发时，无有不善，虽气禀至恶者亦然。但方发之时，气一乘之，则有善有不善耳。'"①

　　此从古圣贤心法之宗旨。此与理气互发之说，有何交涉？退溪之病，专在于互发二字。惜哉，以老先生之精密，于大本上，犹有一重膜子也。北溪陈氏之说，未知亦知朱子之意之所在乎，抑真以为互发如退溪之见乎。是则未可知也。道理决是如此。但当持守此见，力行而实之。不当狐疑不定，使异同之说，乱吾方寸也。释徒之言曰：金屑虽贵，落眼则翳。此譬圣贤之说虽贵，误见则为害也。此言甚好。圣贤之言，意或有在，不求其意，徒泥于言，岂不反害乎。夫子曰：丧欲速贫，死欲速朽，虽曾子尚以为当然，若非有子之辨，则后世之丧家者，必弃粮委货，而送死者，必以薄葬为是矣。此岂圣人之意乎。朱子或原或生之说，亦当求其意而得之，不当泥于言而欲主互发之说也。罗整庵识见高明，近代杰然之儒也，有见于大本，而反疑朱子有二岐之见。此则虽不识朱子，而却于大本上有见矣，但以人心道心为体用，失其名义，亦可惜也。虽然，整庵之失，在于名目上。退溪之失，在于性理上，退溪之失较重矣。（如此段议论，岂可骤卦他眼乎，不知者，必以为谤毁退溪矣，苏斋于人心道心，欲从整庵之说，此亦以

---

① 《语类》卷四。

互发之说为不然故也，其见本是，但不必资于互发之说，而人心道心，亦各得其名义矣，何必乃尔。今以此议论，质于苏斋，则似有契合之理，但非其时，故不敢尔。)①

这里栗谷再次对朱子道心源于性命、人心根于形气的说法表示怀疑，认为对这种说法应该求其意而得之，不必泥其言语。他认为罗钦顺主张理气合一，在大本上是正确的，但在人心道心的问题上，以道心为体已人心为用，这是不对的。他认为退溪在大本上有所失，以下栗谷用了长篇的比喻来说明他的主张：

物之不能离器而流行不息者，惟水也。故惟水可以喻理，水之本清，性之本善也。器之清净汙秽之不同者，气质之殊也。器动而水动者，气发而理乘也。器水俱动，无有器动水动之异者，无理气互发之殊也。器动则水必动，水未尝自动者，理无为而气有为也。圣人气质清粹，性全其体，无一毫人欲之私，故其发也，从心所欲，不逾矩，而人心亦道心也。譬如清净之器储水，无一点尘滓。故其动也，水之本清者倾泻而出，流行者皆清水也。贤者则气质虽清粹，未免有少许浊驳杂之故，必资进修之功，然后能复其本然之性。其发也，有直遂其本然之性，而不为形气所掩者，有虽发于性而形气用事者。形气虽用事，而人心听命于道心，故食色之心，亦循轨辙。譬如储水之器虽

---

① 《答成浩原》，《栗谷全书》卷之十，页十三。

清净,而未免有少许尘滓在里,必加澄净之功,然后水得其本然之清,故其动也,或有清水倾出,尘滓未动者,或有清水虽出,而尘滓已动者,必止其尘滓,使不混淆,然后水之流行者,乃得其清也。不肖者,气质多浊少清,多驳少粹,性既汨其本然,又无进修之功。其发也,多为形气所使,是人心为主也,间有道心杂出于人心之间,而不知所以察之守之,故一任形气之私,至于情胜欲炽,而道心亦为人心也。譬如储水之器,汙秽不净,泥滓满中,水失其本然之清,又无澄净功。其动也,泥滓汨水而出,不见其为清水也。间有泥滓未及汨乱之际,忽有清水暂出,而瞥然之顷,泥滓还汨,故清者旋浊,流行者皆浊水也。性本善而气质之拘,或流而为恶,以恶为非性之本然则可,谓之不本于性,不可也。水本清而泥滓之汨,遂成浊流,以浊为非水之本然则可,谓之非水之流则不可也。中人之性,在贤不肖之间,推此而可知之矣。理不离气,真如水不离器也。今日互有发用,则是或器先动而水随而动,或水先动而器随而动,天下宁有此理乎。①

栗谷这个比喻,以器动而水动比喻气发而理乘,以器水俱动比喻理气没有先后互发。以器动喻气发,强调气发的原动性,理在这里无所作用,只是受气的带动而动。其强调理的无为,合于朱子关于理无造作的讲法;但器动而水动如同马行载人一样,

---

① 《答成浩原》,《栗谷全书》卷之十,页十四、十五。

完全遮蔽了在人性论上理作为情的发动的根源的意义，在理气论上也不能显示理对气的主宰作用。故其说法只是突出了气作为实体的第一性意义，此种偏重似乎受到罗钦顺的影响，却没有吸收明代前期对朱子学的批评修正。

栗谷这里也提出了他关于人心善恶形成的基本思想。他认为圣人、贤人、常人的意识形成机制不同，圣人气质纯粹，没有人欲之私，故所发的人心亦是道心。贤者有少许气质之杂，其形气之发，多直遂其本性，不受形气所影响，但也有一些虽然发于本性而形气用事，不过由于贤人以道心为主，故其形气用事的人心能听命于道心。不肖者气质多浊杂，其心之所发多受形气所主导，以人心为主，故偶尔有道心之发，没有任何察守道心的功夫，全亦任由形气私欲支配，于是道心亦化为人心。一般人则在贤于不肖之间。性本善，气质造成了恶，所以恶虽然不是性的本然，但也不能说恶不是性。就是说，恶也是有其根源的。在栗谷的说法中，始终未能就道心的根源和道心的自觉主宰作用作出合理说明。

且以人乘马喻之，则人则性也，马则气质也，马之性，或驯良或不顺者，气禀清浊粹驳之殊也。出门之时，或有马从人意而出者，或有人信（信字与任字，同意而微不同，盖任字，知之而故任之也；信字，不知而任之也。）马足而出者。马从人意而出者，属之人，乃道心也。人信马足而出者，属之马，乃人心也。门前之路，事物当行之路也。人乘马而未出门之时，人信马足，马从人意，俱无端倪。

此则人心道心，本无相对之苗脉也。圣人之血气，与人同耳，饥欲食，渴欲饮，寒欲衣，痒欲搔，亦所不免。故圣人不能无人心，譬如马性虽极驯，岂无或有人信马足而出门之时乎。但马顺人意，不待牵制，而自由正路，此则圣人之从心所欲，而人心亦道心者也。他人则气禀不纯，人心之发而不以道心主之，则流而为恶矣。譬如人信马足出门，而又不牵制，则马任意而行，不由正路矣。其中最不驯之马，人虽牵制，而腾跃不已，必奔走于荒榛荆棘之间，此则气禀浊驳，而人心为主，道心为所掩蔽者也。马性如是不驯，则每每腾跃，未尝少有静立之时，此则心中昏昧杂扰，而大本不立者也。虽不驯之马，幸而静立，则当其静立之时，与驯良之马无异，此则众人之心，昏昧杂扰。中体虽不立，幸有未发之时，则此刻之间，湛然之体，与圣人不异者也。如此取喻，则人心道心主理主气之说，岂不明白易知乎。若以互发之说譬之，则是未出门之时，人马异处，出门之后，人乃乘马，而或有人出而马随之者，或有马出而人随之者矣。名理俱失，不成说话矣。虽然，人马或可相离，不如譬以器水之亲切也。水亦有形，又非理无形之比，譬喻可以活看，不可泥著于譬喻也。①

用人乘马行比喻理气动静，是朱子思想中本有的，主要用以说明太极解义的"动静者所乘之机"，如说"阳动阴静，非太极动

---

① 《答成浩原》，《栗谷全书》卷之十，页十五、十六。

静,只是理有动静。理不可见,因阴阳而后知。理搭在阴阳上,如人跨马相似。""太极犹人,动静犹马;马所以载人,人所以乘马。马之一出一入,人亦与之一出一入。盖一动一静,而太极之妙未尝不在焉。"朱子的人马之喻并未直接用来说明性理、气质这种非动静的问题。栗谷则进而把人马之喻用来说明性理和气质的关系以及道心人心的不同。他说马从人意而出则为道心,这意味着气从理发,这就不是单纯的气发,意味着气发也不能作为第一性之基础。他说人信马足而出,乃人心也,以人比喻性理,以马比喻气质,则是理顺气而发,这也还不是气发而理乘。其最后说到的牵制、腾跃,才涉及到理的主宰或主导作用。总之这些比喻并非都是成功的。在他的这些说法中,一方面气质是恶所产生的根源,一方面道心是否做主成为关键。从根本上说,道心为主还是人心为主,还是理气交相胜的结果,气顺遂理便为道心,气掩蔽理而不听命于理则为人心,在这种说法中,其关键便在于气,而不在心的自觉了。

  人生气质之性,固有善恶之一定者也。故夫子曰:性相近也,习相远也。又曰:上智与下愚不移。但非其性之本然,而昏昧杂扰,故不可谓未发之中也,未发者,性之本然也,昏昧杂扰,则气已掩性,故不可谓性之体也。今承来书,详究其旨,则兄之所见非误也,发言乃误也。前呈鄙书,太历声气,追愧追愧。来书所谓汲汲归一,何可强为。亦待乎潜思玩索者,此言极是。道理,须是潜思自得,若专靠人言,则今日遇雄辩之人,以此为是,则悦其言而从之。明日又遇雄辩之人，以彼为是，则亦将悦其言而迁就之矣。何时有定见乎。柳矶激水之说，可谓见物思道矣。犹有所未尽也。夫水之就下，理也，激之则在手者，此亦理也，水若一于就下，虽激而不上，则为无理也。激之而在手者虽气，而所以激之而在手者，理也。乌可谓气独作用乎。水之就下，本然之理也。激而在手，乘气之理也。求本然于乘气之外，固不可，若以乘气而反常者谓之本然亦不可。若见其反常，而遂以为气独作用，而非理所在，亦不可也。某也之老死牖下，固是反常，但治道不升，赏罚无章，则恶人得志，善人困穷，固其理也。孟子曰：小役大，弱役强者，天也。夫不论德之大小，而惟以小大强弱为胜负者，此岂天之本然哉，特以势言之耳。势既如此，则理亦如此，故谓之天也。然则某人之得保首领，谓之非理之本然则可，谓之气独为之而无理则不可也。天下安有理外之气耶。(此段最可深究，于此有得，则可见理气不相离之妙矣。)①

他说未发是性之本然，这是合乎朱子思想的，说昏昧是气掩本性，已不是性之本体，这也和朱子的气质蒙蔽说相合。他说水之就下，是本然之理；水激而在手，是乘气之理。但这里所说与性理和气质的关系是不同的理气关系，属于一般的理气哲学，涉及的是反常之理。最后他说：

---

① 《答成浩原》，《栗谷全书》卷之十，页十六、十七。

> 理气之妙，难见亦难说，夫理之源，一而已矣。气之源，亦一而已矣。气流行而参差不齐，理亦流行而参差不齐。气不离理，理不离气。夫如是则理气一也。何处见其有异耶。所谓理自理气自气者，何处见其理自理气自气耶。望吾兄精思，著一转语，欲验识见之所至也。①

这说明栗谷总是把性理和气质、理发或气发的问题转而为一般的理气讨论，且比较倾向以一元论来处理理气问题，在处理时先提气再提理，表现出以气为优先的倾向。如说气流行不齐，理亦流行不齐，明显是以气为第一性的提法。

四

在接下来的一封信中，栗谷提出"理通气局"说，从理发气发说扩大到更广泛的理气关系论。他说：

> 理气元不相离，似是一物，而其所以异者，理无形也，气有形也，理无为也，气有为也。无形无为而为有形有为之主者，理也。有形有为而为无形无为之器者，气也。理无形而气有形，故理通而气局。理无为而气有为，故气发而理乘。理通者，何谓也。理者，无本末也，无先后也，无本末无先后，故未应不是先，已应不是后。（程子说）是

---

① 《答成浩原》，《栗谷全书》卷之十，页十七。

故，乘气流行，参差不齐，而其本然之妙，无乎不在。气之偏则理亦偏，而所偏非理也，气也。气之全则理亦全，而所全非理也，气也。至于清浊粹驳、糟粕煨烬，粪壤汙秽之中，理无所不在，各为其性，而其本然之妙，则不害其自若也。此之谓理之通也。气局者，何谓也，气已涉形迹，故有本末也，有先后也。气之本则湛一清虚而已。曷尝有糟粕煨烬、粪壤汙秽之气哉。惟其升降飞扬，未尝止息，故参差不齐而万变生焉。于是气之流行也，有不失其本然者，有失其本然者。既失其本然，则气之本然者，已无所在。偏者，偏气也，非全气也。清者，清气也，非浊气也。糟粕煨烬，糟粕煨烬之气也，非湛一清虚之气也。非若理之于万物，本然之妙无乎不在也。此所谓气之局也。[①]

这里栗谷首次提出理通气局说，并把理通气局说与气发理乘说联系在一起。观其所说，理通是指理的普遍性，表现为理无所不在；气局是指气的有限性，表现在气不能无所不在。所以他说气之流行有失其本然，有不失其本然，失其本然者则气之本然者已无所在，说明气不能像理那样无所不在。理之于万物，是无所不在的，这是通；气之本然在万物，不能无所不在，这是局。湛一清虚之气是气的本然之体，但湛一清虚之气不能普遍存在于万物之中，只能存在于部分地方，局便是表达其有限

---

① 《答成浩原》，《栗谷全书》卷之十，页二十五、二十六。

性。从理论上说,这个说法还是有不足之处的,因为气的本然之体没有理由不普在万物之中。

  气发而理乘者,何谓也。阴静阳动,机自尔也,非有使之者也,阳之动则理乘于动,非理动也。阴之静则理乘于静,非理静也。故朱子曰:太极者,本然之妙也,动静者,所乘之机也。阴静阳动,其机自尔,而其所以阴静阳动者,理也。故周子曰:太极动而生阳,静而生阴。夫所谓动而生阳,静而生阴者,原其未然而言也;动静所乘之机者,见其已然而言也。动静无端,阴阳无始,则理气之流行,皆已然而已,安有未然之时乎?是故,天地之化,吾心之发,无非气发而理乘之也。所谓气发理乘者,非气先于理也,气有为而理无为,则其言不得不尔也。夫理上,不可加一字,不可加一毫修为之力。理本善也,何可修为乎。圣贤之千言万言,只使人检束其气,使复其气之本然而已。气之本然者,浩然之气也,浩然之气,充塞天地,则本善之理,无少掩蔽。此孟子养气之论,所以有功于圣门也,若非气发理乘一途,而理亦别有作用,则不可谓理无为也。孔子何以曰,人能弘道,非道弘人乎?如是看破,则气发理乘一途,明白坦然。而或原或生,人信马足,马从人意之说,亦得交通而各极其趣。试细玩详思,勿以其人之浅浅而辄轻其言也。①

---

  ① 《答成浩原》,《栗谷全书》卷之十,页二十六、二十七。

栗谷在这里明确把其主张概括为气发理乘，观其所说，气发理乘具有二义，第一个意义是普遍的理气观意义，即天地之化，"气发"指天地间阴阳动静的运动，是流性之已然；"理乘"指理搭载在气上随气而动静。可见，在一般理气观的意义上，气发理乘是就存在的总体而言，即就流行之统体而言，故气发理乘不是仅仅指气，也不是仅仅指理，而是理气合一的实存流行状态。气发理乘在理气观上是指现实的、整合的存在，不是分析的概念，由此可见理气合一思想实为其根本思想。他也指出，理具有动静的所以然意义。应该说，这些提法在朱子思想中都有根据。第二个意义特指人心，即吾心之发，所以"气发"不是指根于气而发出，而是指心气的发动本身。他指出，讲气发理乘，并不意味着气先于理，是因为气是能动的实体，理则是无为无形的，故不得不先说气再说理。可见他在内心有着一种以能动实体为第一性的观念。"检束其气"也与朱子"检束此心"的说法不同。

他进一步把这个思想称作"气发理乘一途"之说：

> 气发理乘一途之说，与或原或生，人信马足，马从人意之说，皆可通贯。吾兄尚于此处未透，故犹于退溪理气互发，内出外感，先有两个意思之说，未能尽舍，而反欲援退溪此说，附于珥说也。别幅议论颇详，犹恐兄未能涣然释然也。①

---

① 《答成浩原》，《栗谷全书》卷之十，页二十七。

他认为，用气发理乘一途说，可以贯通于朱子的道心人心或源于性命或生于形气的说法，也可以贯通于朱子关于太极动静的人马比喻。他甚至认为，气发理乘是根本之论，朱子的说法则是沿流之论：

> 盖气发理乘一途之说，推本之论也。或原或生，人信马足，马从人意之说，沿流之论也。今兄曰：其未发也，无理气各用之苗脉。此则合于鄙见矣。但谓性情之间，元有理气两物，各自出来，则此非但言语之失，实是所见差误也。又曰就一途取其重而言，此则又合于鄙见。一书之内，乍合乍离，此虽所见之不的，亦将信将疑，而将有觉悟之机也。今若知气发理乘与人信马足，马从人意，滚为一说，则同归于一，又何疑哉。道心原于性命，而发者气也，则谓之理发不可也。人心道心，俱是气发，而气有顺乎本然之理者，则气亦是本然之气也，故理乘其本然之气而为道心焉。气有变乎本然之理者，则亦变乎本然之气也，故理亦乘其所变之气而为人心，而或过或不及焉。①

道心原于性命，朱子的这一观点栗谷并不反对，而他的正面观点是"发者气也，则谓之理发不可也"，如前面我们所分析的，栗谷所用的理发气发，其发字不是指发自，而是指发动，因此退溪所说的气发是指根于气而发，或发自于气，是指情欲情思

---

① 《答成浩原》，《栗谷全书》卷之十，页二十四。

发动的根源；而栗谷所用的发是指发动，是运动作用的层面，不是根源的层面。因此在栗谷看来，气是现实化的力量，发动的只能是气，不能是理，因为理无为无形，理是不能活动的，于是只能说气发，不能说理发，理是不能发动、运动的。如果用已发未发的分别来看，退溪说的理发气发是已发的根源，而栗谷所说的气发则是指已发而言。前者的重点在"根源性"，后者的重点在"现实化"，故退溪、栗谷都用"气发"，但二者的用法根本不同。栗谷说的发者气也，就是指已发的、发动的层面而言，因此他根本否定理发的说法。他在这里所说的人心道心都是气发，都是指已发而言，而这种说法是朱子思想中所没有的。另外，栗谷理气论、心性情论中对气的某种偏重，应与明代儒学理气论、心性论中气的因素越来越受重视有关。①

或于才发之初，已有道心宰制，而不使之过不及者焉。或于有过有不及之后，道心亦宰制而使趋于中者焉。气顺乎本然之理者，固是气发，而气听命于理，故所重在理而以主理言。气变乎本然之理者，固是原于理而已，非气之本然，则不可谓听命于理也，故所重在气而以主气言。气之听命与否，皆气之所为也，理则无为也，不可谓互有发用也。但圣人形气，无非听命于理，而人心亦道心，则当

---

① 栗谷可能受到罗钦顺等重气思想家的影响，关于罗钦顺与朝鲜性理学，朝鲜朝学者愚潭曾说："愚意退溪则祖述朱子，洞见大体而主理⋯⋯栗谷则祖述整庵，昧于大本而所尚者气。"（《愚潭集》四七辩证，转引自张敏《立言垂教》，第68页）。

别作议论,不可滚为一说也。且朱子曰:心之虚灵知觉,一而已矣,或原于性命之正,或生于形气之私。先下一心字在前,则心是气也,或原或生而无非心之发,则岂非气发耶。心中所有之理,乃性也,未有心发而性不发之理,则岂非理乘乎。或原者,以其理之所重而言也。或生者,以其气之所重而言也。非当初有理气二苗脉也。立言晓人,不得已如此。而学者之误见与否,亦非朱子所预料也。如是观之,则气发理乘与或原或生之说,果相违忤乎?①

所以,栗谷讲的气发是源于理的,用退溪的话来说这个气发是发于理的。一切意识情感都为气发,但都是发自于本然之理。由于在栗谷思想中,认为从发自本性到发作为现实意识情感,是一个过程,这一过程中气参与其中,气是现实性的力量,没有气的参与,根于本性的"发"就不能真正发作为现实的意识情感。而在这一过程中,分化为两种发作的方向,一种是气顺乎本然之理,一种是气变乎本然之理,前者就发作为道心,后者则发作为人心。前者气听命于理,后者气不听命于理。栗谷把气听命于理视作主于理,把气不听命于理视作主于气;他认为朱子讲的或生于性命或生于形气,应当在这个意义上来理解,而不应从两种根源来理解。栗谷认为,无论前者后者,都与所谓理气互发没有关系。由于四端是七情的一部分的观点和四端七情皆发自性理的观点是高峰在退高之辩中所持的观点,故栗

---

① 《答成浩原》,《栗谷全书》卷之十,页二十八。

谷的中心观点无非有二，一是认可道心人心皆出自性理，二是强调已发的道心人心（四端七情）都是气发理乘。后者是栗谷思想的重点，表现出栗谷重视已发、流行的世界的倾向。至于栗谷在这里主张气之听命与否，皆气之所为也，理则无为也，已违离了朱子道心宰制人心、人心听命道心的思想，一切归为气之所为，一切功夫只落到检束其气上，这些与朱子重视"检束此心"的思想也是不同的。① 至于栗谷这里所说的"心是气"，把心只理解为已发之气，就更与朱子思想不同了，而有近于朱子所批评的"心为已发"说。而且，这与他自己说的七情兼理气也不一致，在栗谷，心之发当为气发而理乘，七情也是气发而理乘，他既说"七情谓之主气则不可"，又怎么能说心是气呢？

　　栗谷的这一说法接近于王阳明对性气的一种说法。阳明曾说："孟子性善是从本源上说，然性善之端须在气上看始得。若无气亦无可见矣。恻隐羞恶辞让是非即是气。"② 前面指出，栗谷主张："见孺子入井，然后乃发恻隐之心，见之而恻隐者，气也，此所谓气发也。"这显然与阳明的主张一致，应是栗谷受到王阳明影响的表现。我曾指出，孟子所说的四端，朱子哲学称为情，而在阳明看来是气，照阳明的看法，似乎只要是"发"，就属于"气"。如果作用层次上的意识情感活动都可称为气，那

---

　　① 朱子曰："理即是此心之理，检束此心，使无纷扰之病，即此理存也。"（《语类》十八）
　　② 《启周道通书》，《阳明全书》二，第60页。

么,就会导致"心即气"的说法,而这与"心即理"显然有冲突。①事实上,正是在明代阳明学中有很多"心即气"的说法。值得注意的是,栗谷思想的"气化转向"不仅是在"天地之化"上受到罗钦顺理气论思想的影响所致,也同时是在"人心之发"上受到王阳明心气说的影响。

其实,栗谷的这种思想,就气顺或气掩而言,用退溪的讲法,实质是理发而气顺之或理发而气掩之。而理发气顺的意思,和栗谷口头上所反对的退溪的理发气随说是一致的。又由于栗谷不反对退溪的气发而理乘的说法,这样一来,在形式上,栗谷的真正立场和退溪的"理发而气随之,气发而理乘之",并不全部构成矛盾。在本体的层面他其实认可"理发而气随之",在作用的层面他赞成"气发而理乘之"。所以在两个人表面矛盾的概念和命题形式下(栗谷批评理发气随),实质上的思想却有一致的地方;而两人命题一致的形式下(栗谷赞成气发理乘),却含有对气发的不同理解。此即所谓异中有同,同中有异。由此可见,一般认为栗谷以"气发理乘"反对退溪"理发气随",其实退溪、栗谷思想的异同不能简单根据主张气发或理发的说法来判定,需要根据其文本作细致的思想分析,这是本文希望强调的一点。②

---

① 参看拙作《有无之境》,人民出版社,1991年,第89页。
② 近十年多来中文世界关于栗谷的相关研究颇不少,除诸多论文以外,专书如李甦平《韩国儒学史》、张敏《立言垂教——李珥哲学精神》、洪军《朱熹与栗谷哲学比较研究》、杨祖汉《从当代儒学观点看韩国儒学的重要论争》、李明辉《四端与七情》、林月惠《异趣同调:朱子学与朝鲜性理学》等,但本文所讨论的问题,在我自己虽是二十年前已经提出,诸贤似皆未加注意,故敢再提出来加以讨论。

如是辨说而犹不合，则恐其终不能相合也。若退溪互发二字，则似非下语之失？恐不能深见理气不相离之妙也。又有内出外感之异，与鄙见大相不同。而吾兄欲援而就之，此不特不知鄙意之所在也，又不能灼见退溪之意也。盖退溪则以内出为道心。以外感为人心。珥则以为人心道心皆内出，而其动也，皆由于外感也。是果相合而可援而就之耶？须将退溪元论及珥前后之书，更观而求其意何如。

性情本无理气互发之理。凡性发为情，只是气发而理乘等之言，非珥杜撰得出，乃先儒之意也。特未详言之，而珥但敷衍其旨耳。建天地而不悖，俟后圣而不惑者，决然无疑。何处见得先儒之意乎。朱子不云乎，气质之性，只是此性（此性字，本然之性也。）堕在气质之中，故随气质而自为一性。（此性字，气质之性。）程子曰：生之谓性，性即气，气即性，生之谓也。以此观之，气质之性，本然之性，决非二性。特就气质上，单指其理曰，本然之性。合理气而命之曰，气质之性耳。性既一则情岂二源乎。除是有二性然后方有二情耳。若如退溪之说，则本然之性在东，气质之性在西。自东而出者，谓之道心，自西而出者，谓之人心。此岂理耶？若曰性一，则又将以为自性而出者，谓之道心。无性而自出者，谓之人心。此亦理耶？言不顺则事不成，此处切望反覆商量。

前日图说中之言，非以为扩前圣所未发也。其图及所谓原于仁而反害仁等之说。虽是先贤之意，无明言之者。

浅见者必疑其畔先贤之说。故云云耳，不以辞害意何如。①

栗谷坚持理气不相离，这是一贯的。他又主张"性发为情，只是气发而理乘"，栗谷的这一表达表现出他只讲"性发为情"、回避"情发于性"的特点，他把关注点完全转移到发作、发动的机制和过程上，转移到现实意识与情感的形成机制上，从而改变了退溪、高峰理发气发论辩所主要关注的意识与情感的内在根源问题。

五

最后来看栗谷答成浩原论罗整庵、李退溪、徐花潭的部分，他从理气合一、理气不离的立场对三家进行了评论：

> ……近观整庵退溪花潭三先生之说，整庵最高，退溪次之，花潭又次之，就中整庵花潭，多自得之味。退溪多依样之味，一从朱子之说。整庵则望见全体，而微有未尽莹者，且不能深信朱子，的见其意，而气质英迈超卓，故言或有过当者，微涉于理气一物之病，而实非以理气为一物也。所见未尽莹，故言或过差耳。退溪则深信朱子，深求其意，而气质精详慎密，用功亦深，其于朱子之意，不可谓不契。其于全体，不可谓无见，而若豁然贯通处，则犹

---

① 《答成浩原》，《栗谷全书》卷之十，页二十九。

有所未至，故见有未莹，言或微差，理气互发，理发气随之
说，反为知见之累耳。花潭则聪明过人，而厚重不足，其读
书穷理，不拘文字，而多用意思。聪明过人，故见之不难，
厚重不足，故得少为足。其于理气不相离之妙处，瞭然目
见，非他人读书依样之比，故便为至乐，以为湛一清虚之
气，无物不在，自以为得千圣不尽传之妙，而殊不知向上更
有理通气局一节，继善成性之理，则无物不在，而湛一清虚
之气，则多有不在者。理无变而气有变，元气生生不息，往
者过来者续，而已往之气，已无所在。而花潭则以为一气长
存，往者不过，来者不续。此花潭所以有认气为理之病也。
虽然，偏全间花潭是自得之见也。今之学者，开口便说理无
形而气有形，理气决非一物。此非自言也，传人之言也，何
足以敌花潭之口而服花潭之心哉。惟退溪攻破之说，深中其
病，可以救后学之误见也。盖退溪多依样之味，故其言拘而
谨。花潭多自得之味，故其言乐而放。谨故少失，放故多
失。宁为退溪之依样，不必效花潭之自得也。

此等议论，当待珥识见稍进，熟于明理，然后乃可作
定论示学者也。今因兄之相感发，不敢少隐，一口说破，
可谓发之太早矣。览后还送，切仰切仰，欲不挂他眼，而
后日更观其得失耳。①

他认为，理气合一，而不是理气一物，也不是理气二物。在他

---

① 《答成浩原》，《栗谷全书》卷之十，页三十七。

看来，罗整庵的言辞微有理气一物之病，李退溪的思想微有理气二物之病，徐花潭则有不明理通气局之病。栗谷认为退溪深信朱子之学，用功甚深，能契合朱子之意，也对于道之全体有所见，但认为退溪的理气互发、理发气随的说法有毛病，受了知识见解的牵累，体验不足。他评价最高的是罗整庵，由此也可以想见他的理气观必然受到罗整庵的一定影响。他也评论了徐花潭的气论哲学，认为花潭以为清虚之气无所不在，而没有分别清楚理才是无所不在，气并不是无所不在的。他从理通气局的说法出发，认为理是不变的，气是变化的、是往来的，来是新生，往是消尽，以往之气已经消尽，已经是无所在了，这就是气的局限性，只有理才是普遍永久的存在。他也指出，花潭的这一看法是因为花潭主张一气不灭，永恒循环。栗谷的这些批评与程朱对张载的批评是相同的。

朱子所提出的哲学问题固然构成了朱子学的基本问题意识和体系框架，但朱子对这些问题所给出的答案并不都是究极性的，这一体系所包含的问题也没有被朱子个人所穷尽。因此后世朱子学对朱子的发挥、修正、扩展都是朱子学的题中应有之义，而在这方面，朝鲜时代的朱子学作出了重要的推进和贡献。

宋尤庵与李朝中期的朱子学

宋时烈（1607—1689），号尤庵，李朝中期名臣，曾作过孝宗的老师，他一生更历数朝，在"丙子胡乱"之后，为一时忠节之首，后遭祸流放，最后夺爵赐死。死后复爵，谥文正。宋时烈又是李朝理学的重要思想家，其学承自栗谷（李珥，1536—1584），为畿湖学派的代表人物之一，理学思想是他的道义精神的基础。以下分几个方面对尤庵的理学思想及其特色加以讨论。

一　四七理气说

朱子心性论对于性情关系的基本看法是"情根于性，性发为情"，以性为情的内在根据，以情为性的外发表现。而在朱子哲学中"情"有两种用法，一指"四端"（如《孟子集注》说），一指"七情"(如《中庸章句》说)。朱子以四端发于性理(仁义礼智信),在其体系中没有矛盾。而如果像《中庸章句》那样主张七情也发于性,那就面对一个问题,即七情中发而不善的情感是否也是发于仁义礼智之性?这个在朱子学中未得解决的问题,在朝鲜时代的理学中发展为"四七理气"的讨论。①

"四七理气"的问题是朝鲜时代理学讨论的中心议题,代表了朱子学16世纪以后新的理论发展。"海东朱子"李退溪大力发展了朱熹思想中仅一见的"四端是理之发,七情是气之发"②,坚持"四端之情,理发而气随之","七情之情,气发而理乘之"。③ 退溪的提法虽然可以有助于朱子性情论内部矛盾的解决,其理气相分的思路在朱子学中也有根据,但退溪在最初提出理发气发的思想时既未注意到朱子说过四端理之发、七情气之发,也未充分研究并注意到朱子更有许多说法在逻辑上与四端理之发、七情气之发的思想不相容。而退溪晚年遇到奇高峰的质疑时,已无路可退。故其答高峰书,一方面找到辅广所录一句话以为依据,一方面曲为之说,以调和自己与朱子主导思想的差异。④

事实上,奇高峰把四端理解为七情中中节的部分,是比较合乎朱子的主导思想的。但他慑于退溪当时的地位及无法解释辅广所录,所以最后不得不在形式上接受了退溪的提法。而到

---

① 参看拙作《朱熹哲学研究》第二部分第二章。
② 《朱子语类》卷五十三,辅广录。
③ 《圣学十图·心统性情说》,《增补退溪全书》一册卷七。
④ 参看拙文《略论朝鲜李朝儒学李滉与奇大升的四七理气之辩》,《北京大学学报》1985年第3期。(该文已收入本书)

了栗谷的时代,不再需要调和曲从退溪的立场,故明确反对"理发"之说,而倡扬四端七情都是"气发而理乘之",肯定四端只是七情中的一部分,主张四端七情都是气发,从而开启了理发说与气发说的对峙,并导致了理发气发问题上的主理派与主气派的长久分野。

栗谷之后,继承其思想的畿湖学派发展出主气论思想,进一步对退溪的学说进行批评,宋时烈便首先向退溪的四七理气说发难,并由此建立了他自己的四七说。他指出:

> 所谓七情者,喜怒哀惧爱恶欲也;舜之象喜亦喜、文武一怒而安天下、关雎之哀而不伤、孔子之惧乱贼、孟子之惧杨墨、孩提之爱其亲、孔子之恶夫佞及我欲仁,是岂为人心耶?夫所谓四端者,孟子以仁义礼智四者为性,故言其端,而亦只言四矣。其实四端固出于性也,七情亦出于性也。子思曰"发而皆中节谓之和",朱子释之曰"其未发则性也",又曰"性之发用非情而何",其序以"道心原于性命",则此两"性"同欤异欤?此"性"字与孟子所谓"性"同欤异欤?栗谷先生于此辩论甚详,而但以四端为七情中中节者,而言此为未安。朱子曰"恻隐羞恶有中节不中节",是则四端亦有不中节者,岂栗谷偶未见之耶?①

他认为,七情不就是"人心",其中有许多是属于道德感情,因

---

① 《退溪四书质疑疑义二》,《宋子大全》(下简称《大全》)卷一百三十五。

此七情的这一部分并不像退溪所说的是发于气,而应当与四端一样,也是发于性中之善者。所以,只能说七情出于性,不可说七情出于气。这是反对退溪的"七情气之发"的思想。需要注意的是,他所说的"性"不仅是仁义礼智之善。另一方面,他也不赞成栗谷把四端看成七情中合乎中节的部分,他以朱子"恻隐羞恶有中节不中节"的说法为依据,提出"四端亦有不中节者",他说:

> 恻隐羞恶之有善恶,何也?因性之有善恶而然也。孟子之言性善,取善一边而言,故于恻隐羞恶亦指善一边而言。程、张因孔子性相近之说而兼言有善有恶之性,则朱子之言恻隐羞恶之有善恶者,亦因性有善恶而言也。然孟子、程子言性处朱子既以程子为密,今言恻隐羞恶之有善恶者,亦可见其密矣。①

的确,朱子曾把同情不应当同情的事物,称为恻隐其不当恻隐者,这意味着恻隐之情的表现不都是合于中节的,换言之,不都是善的。朱子也说过,某人之所以会恻隐其不当恻隐者,是由于某人的性中仁多义少,与其气质之性是相关的。因此,宋时烈认为,性有善恶,情亦有善恶;孟子只说性的善的一面和情的善的一面,而张、程都明确肯定性有善恶,朱子也肯定情(恻隐)有善恶。宋时烈的思想显然认为,由于气质之性有善有

---

① 《答李君辅》,《大全》卷一百四。

恶，所以人的情感不论四端还是七情，也都是有善有恶的。由此他提出了"四端七情皆有中节不中节""四端七情皆有理发气发"的观点：

> 大抵以《中庸》《孟子》合而观之，则七情四端皆出于性者也，故朱子曰"仁自是性，却是爱之理发出来方有恻隐"，此岂非四端七情合一之意耶？惟其发出之时，理乘气而发，而四端不为气所掩，则谓之理之发。七情或掩于气而不为直遂，则谓之气之发。其实四端之中节者，亦可谓气之发；七情之中节者，亦可谓理之发，不可执一而论也。①

在他看来，七情四端都发于性。这可以说合乎朱子的思想。但在朱子思想中性即是理，如果七情四端皆发于性的意思是说皆发于理，那就与退溪分理发气发之说不同；如果七情皆发于性是说或发于理之性、或发于气之性，则与栗谷只讲"原于理"者也不同。事实上，尤庵所说的发于性确实有时是指气质之性，有时是指义理之性。当然，就他仍袭用了栗谷的说法，讲"惟其发出之时，理乘气而发"这一点上来看，他在理发气发的问题上是受到栗谷很大影响的。而他与栗谷所共同的是，他虽然批评退溪，但他所强调的并不是对从"未发"到"已发"的结构性的发生分析，而是注重在"已发"的层面上，他的真正有

---

① 《退溪四书质疑疑义二》，《大全》卷一百三十三。

特色的主张是，四端并不是七情的一部分，也并不都是合乎中道的。从而，四端中有不中节者，七情中也有中节者；四端和七情中的中节者，都可以说是理之发，四端七情中不中节者，都可以说是气之发。这样，宋时烈实际上不再重视四端和七情的区别，以及四端七情所发根源的区别，而以四七合一，把注意力集中在中节之情（道德情感）与不中节之情（非道德情感）的分别上。而他所说的"发"，实即已发，即指表现而言。这种对"发"的理解是受栗谷所影响的。

李栗谷答成牛溪辩理气互发书曾提出

> 只是一心，其发也，或为理义，或为食色，故随其所发而异其名。若如来书所谓理气互发，则是理气二物各为根柢于方寸之中，未发之时已有人心道心之苗脉，理发则为道心、气发则为人心矣。然则吾心有二本矣，岂不大错乎？①

又说：

> 大抵发之者气也，所以发之者理也。非气则不能发，非理则无所发。无先后、无离合，不可谓互发也。②

由此可见，栗谷并不是不讲"发"，但他所讲的"发"，如"其发也，或为理义，或为食色"，用理学的术语来说，是指已发而

---

① 《答成浩原壬申书》，《栗谷全书》卷十。
② 同上。

言,而不是指未发而言。他的中心论点是:发者为气,所以发者为理。因此对他来说,发是指现象的活动,和活动的现象,故只能说"气发"。而"理发"的说法是不通的,因为理不是现象,不是活动。由于栗谷所用的"发"是指"表现",而非"发自",所以一方面他说的发是心之发,指意识现象,而非溯其本质(根源),另一方面,在追溯意识的本质时栗谷严格地使用"原""本",而避免使用"发"。

然而,如果照宋尤庵所说的"四端之不中节者亦可谓气之发","七情之中节者亦可谓理之发",完全以意识情感状态的道德属性来定义理发或气发,那么,"发"还有没有根源性的意义?在意识及情感结构方面还能不能(或有没有必要)肯定或确定一种意识或情感在根源上发于义理或生于血气?尤庵使用的"可谓",表示他对理发气发的说法只是采取一种弱势的肯定,甚至是一种形式的、表面的肯定,这当然因为栗谷是反对"理发"的说法而专主气发的。但是他既然仍然保留了"理之发""气之发"的说法,他又没有对此作出明确的分疏,这就使得他的立场在某种程度上变得不明朗。

就尤庵仍保留了"理之发""气之发"的提法这一点来说,如果从哲学上看,从朱子到退溪,在基本的哲学假定上仍是一致的,都是以理气二元的结构来对心理和情感进行分析,把道德情感的来源归于理,把非道德情感的来源归于气。他们的差别只在于用什么范畴来界定道德情感和非道德情感。就尤庵自己来说,他一方面承认四端七情皆出于性,另一方面却又主张四七中一部分是理之发,一部分是气之发,这虽然可以解释为在他的理解中性是兼义理之性与气质之性而言的，可是他又接受了栗谷四端七情皆"气发理乘"的说法，而栗谷是反对把四七看作发于两个不同的根源的。这几个方面显然是矛盾的。这些矛盾还不能仅从四七说本身找到其根源。

二　人心道心说

宋尤庵所以仍旧保留了"理之发""气之发"的说法，一定程度上，是与他对朱子有关人心道心说法的理解有关的。在他看来，情感之中节者即"道心"，情感之不中节者即"人心"。由于朱子明确肯定"道心原于性命之正"，人心发于"形气之私"，这无异于主张道心理之发、人心气之发。而这应当是宋尤庵不能完全排除理发气发说法的原因。

由上节所引的材料可见，尤庵不赞成退溪以四端为道心、以七情为人心的看法，他认为：

> 既曰"理之发、气之发"，而又曰"安有二致"者，未能领悟矣。"人心为七情、道心为四端"，此非小小议论也。以退溪先生之沉潜缜密，不应立说如是率尔，岂记录之误耶？……四端七情皆出于性，而皆有中节不中节。其中节者皆是道心之公，而其不中节者皆人心之危也。扩充四端之中节者则至于保四海，推致七情之中节者则至于育万物。①

---

① 《退溪四书质疑疑义二》，《大全》卷一百三十三。

他认为,四端中有中节和不中节者,七情中也有中节和不中节者,四端和七情中的中节部分即是"道心",四端七情中的不中节部分即是"人心"。他又指出:

> 今且除却孟子,只以中庸互相发明,则首句所谓"天命之性"岂非理乎?序文所谓"道心原于性命"者,岂非首句之性命乎?喜怒哀乐未发之谓性,又岂非首句及序文之性命乎?然则所谓道心者,固出于性也。所谓喜怒哀乐者,不出于性而何?既出于性,则谓之人心可乎?序文不曰"人心出于形气"乎?既曰出于形气,而又以其发于性者当之,岂不自相矛盾乎?①

朱子把道心、人心分别上溯到不同根源,如果基于这种区分,尤庵可以公开申明道心(即四七中的中节部分)发于性命(理),人心(即四七中的不中节部分)发于形气(气)。但事实上他并未这样去做。按照他的立场,四端七情都是意识状态与情感状态的范畴,合于中节的四端和七情是道心,不合中节的四端七情则是人心,至于人心道心所发自的根源并不重要。如果要指出四端七情人心道心所发的根源,那么可以说,它们都发于性。因此,所谓"四端之不中节者亦可谓气之发","七情之中节者亦可谓理之发"的说法,并不是认为内心有两个根源,从中分别发出道心和人心。而是以"气之发"仅指发为情欲,

---

① 《退溪四书质疑疑义二》,《大全》卷一百三十三。

以"理之发"仅指发为义理,都是指其状态,而不是论其根源。这其中都可以看出栗谷的影响。

不过,在另一个地方他又提出:

> 栗谷先生曰:"发之之际,气已用事,则人心也,七情之合善恶也。知其气之用事,精察而趋乎正理,则人心听命于道心也。不能精察而惟其所向,则情盛欲炽,而人心愈危矣。"用事字栗谷所论不可易矣。来说以为人心之发也,理为主而气不用事,则为道心,此恐无曲折而病于太快也。若然,则帝舜何必两下立说,使与道心相对也。始虽发于形气,而必须听命于道心,然后得人心之正。然若以得其正者直谓道心,则更无人心之名,而所谓人心者皆是不好底心,不但危而已。然则人心亦道心之说,特以先儒发帝舜言外之意,似当活看也。中庸序曰"虽上智不能无人心",盖上智之人心本自安帖而不危,若指此为道心,则上智终无人心之名矣。①

朱子在讨论未发已发问题时曾说"未发之时气未用事",故退溪、栗谷的"气已用事"的说法是承自朱子而来。这一段中"始虽发于形气,而必须听命于道心,然后得人心之正",十分重要,但此句究竟是尤庵所说,还是尤庵所引对方之语,尚不易确定。如果说这是尤庵的话,那么,照尤庵这里的说法,"人

---

① 《答李君辅》,《大全》卷一百四。

心"本来发于形气，但发之之后，虽然气已用事，只要能听命于道心，便可以得人心之正。这个说法与朱子是一致的。在这个意义上，《尚书》中所说的"惟危"的人心，是指发于形气而又未能听命于道心的人心，当发于气的人心服从道心而得其"正"时，并不是说这时的人心便完全没有了，而是说这时的人心由"危"变而为"正"了。这里"发于形气"的"发"就是根源意义的"发自"了，而不是状态意义上的"已发"。这种用法的"发"便同于退溪而不同于栗谷了。

但是这样一来，这种"正"的人心与中节之情有何分别？如果原来发于形气的人心在听命于道心之后与中节之情没有分别，难道它们就因此而变成"理之发"了吗？换言之，人的心理、情感是可变化的，不中节的情感可以在理性的作用之下转为中节的情感，是不是不中节的情是气之发，而在转为中节之情后就一变而为理之发了呢？除非那一句话是引自对方，而宋尤庵所说的"理之发""气之发"已不再像退溪那样指从理或气的根源发出，乃是指理的表现或气的表现，变成一种状态。否则，他的体系中就有两个不同的"发"的意义，而缺乏应有的分疏。

三 心性情意说

关于心性情三者的分别和关联，可以说是朱子学中受到相当重视的问题。朱子认为，性是心之体，情是心之用，心则是概括体用的总体，性情都只是这一总体的不同方面。朱子认为这种心、性、情之间的关系，就是张载提出而未加发挥的"心统性情"。

宋时烈在心、性、情的关系方面，基本上继承了朱子的思想，他说：

> 盖心如器，性如器中之水，情如水之自器中泻出者也。只言虚灵而不言性情，则是无水之空器也。只言性情而不言虚灵，则是水无盛贮之处也。①

朱子论心与性的关系时也用过"心性之别，如以碗盛水，水需碗乃能盛"②的比喻。另一方面朱子也说过"心如水，性犹水之静，情则水之流"。③这后一比喻与宋子略不同。但总的说，宋说是以朱说为基础的。宋尤庵又说：

> 大抵性是无作为底物，心是运用底物，情是不知不觉闯然出来、不由人商量底物，意是计较谋为底物。……以心性情意为不可分彼此先后者，甚未安。心性虽可谓之一物，然心自是气，性自是理，安得谓之无彼此？情是发于性，而意是缘情而计较者，安得谓之无先后哉？
>
> 若夫"心之发亦可谓之情"，则尤恐无害。盖心统性情，此所谓情，虽发于性，而性自是心中所具者，固谓"情为性之发"可也，谓之心之发，亦可也。比之心，器也；性，器中之水也；情是此水之泻出者也。此水之泻出即此器

---

① 《答金直卿仲固》，《大全》卷一百四。
② 《朱子语类》卷十八。
③ 《朱子语类》卷五。

之倾泻也,固谓之水之泻出可也,谓之器之泻出亦可也。①

尤庵继承了栗谷明确坚持的"心是气,性是理"的思想,认为理无计度无造作,故性是无造作的;气是活动造作的,故心是运用和活动的。因此,认为心性不分彼此不加区分的看法是不正确的。情和意都是心的活动结果和具体形态,情是比较自然的没有强烈意向的知觉形态,而意则是具有较强意向和计较的意识形态。宋尤庵对情意的这种区分也是以朱子的说法为根据的。

关于情与意的心发或性发的讨论,也是朝鲜时代的朱子学经常讨论的问题之一。在朱子哲学中,既说"情是性之发",又说"意者心之所发",这是因为,朱子认为情是根于性而自然作出的反应,故说性之发;而以意为意识的一种积极活动,故说是心之发。退溪、栗谷对此都作过讨论,如退溪从心统性情出发,认为情是心之发,栗谷也认为四端七情都是气发之心,人心道心也是气发理乘之心,所以情与意都是心。尤庵也认为,情不仅是性之发,亦可说是心之发;同样,意不仅是心之发,也是性之发。他说:

> 来喻"心发为意,性发为情",此亦不必太费力分疏。只是人心有觉,性体无为。性是无为底物,而情是闯然发出、不由人为,故曰性发为情。心是知觉运动底物,而意是经营商量者,故曰心发为意,盖自有脉络条理之分矣。

---

① 《答金直卿丙辰》,《大全》卷一百四。

其实情亦心之所发,故朱子又曰"情者心之所动",是二者皆是心之用,则虽谓之一物,亦可也。然必先有情,而后所谓意者将此情主张营为,则分明有先后之异矣。故李梦先问情意之别,朱子曰"意因有是情而后用",又曰"因有是情而后用其意",何可泛称为一物乎?大抵心统性情,则以情发于心亦可也。意之善者实原于性,则虽以意发于性亦可也。①

朝鲜时代的性理学之所以对性发心发问题十分注意,除了朱子哲学内部在理论上存在的问题需要分疏外,也是因为"情"指四端七情,是属于性之发的。而"意"不能指情,但可指人心道心,应纳入在"心之发"的范围。朝鲜性理学对四七的重视,使得心发性发的问题比在中国更加受到注意。②

四 格物物格说

朱子《大学章句》经一章格物注说:"格,至也。物,事也。穷至事物之理,欲其极处无不到也。"这里的"无不到"是指事物的理被彻底地穷尽。同一章的物格注:"物格者,物理之极处无不到也。"其意与格物注相同。朱子在补传中释物格有云:"众物之表里精粗无不到。"这些"无不到"都是指物理被

---

① 《答金仲固丙辰》,《大全》卷一百四。
② 参看拙文《李退溪心学的再研究》(即本书中《李退溪心学之研究》一文)。

人穷索至极。

　　退溪早年对"无不到"的理解是"就事物而穷其理到极处",即人穷究到物理的极处,这是合乎朱子的本意的。但后来奇高峰向退溪提出异议,认为"无不到"是指理的自身无所不到,并找出了一条材料支持己说,于是退溪只得改变旧说,用一种曲折的方法,从理的体用两方面来讲无不到的问题。退溪的讲法虽然应付了高峰的挑战,表现出在处理复杂理论困难方面已达到很高水平,但是,他晚年的说法毕竟不符合中文的本义。①

　　宋时烈明确反对退溪晚年之说,显示出李朝的性理学在理解的水平上已显著提高。他说:

> 　　退溪初年所论,使后学见之未能晓解,愈看愈有疑。至于晚年,幡然自以为前见不是,然所谓晚年所改之说,愈有可疑。其大意盖曰"理不是死物,故能诣其极"。详此语意,则似若以为理是活物,故能随人所格而自此至彼也。此尤后学之所惑。盖经之本意,则以为理自有精粗本末,人能格之而至于极处,则此理更无可格之余地云尔。朱子于大学或问及语类论之详矣,栗谷之说一主于此,故明白痛快无可疑矣。②

又说:

---

① 参看拙著《宋明理学》第五章第五节。
② 《答金直卿仲固》,《大全》卷一百四。

> 朱子之意则以为，凡理之为物无情意无造作，其所谓"无不到"者，非自此至彼而诣其极也，只是人之格之也，至此尽处则此物之理更无可格之余地云也。①

尤庵认为，理是无情意无计度的，是不可能有自身的运动的。因此理是不能自己运动由此至彼，更不可能自到极处。"无不到"只是说人穷究物理至于极尽之地，至此物理已经无可再格。尤庵的这个理解是合乎朱子思想与文献本文的。他还说：

> 退溪所谓"随寓发见无不到者，此理之神用也"，愚憯以为此说未安。既曰理，则无论体用而皆是无情意造作之物也，岂有如人心之有知觉而流传运用、自此到彼也！朱子所谓"各有以诣其极而无余"者，盖谓人穷此物之理而至于极处，则此物之理更无余地之可穷云尔，如人行路，行之至而路穷云尔，此路岂是从人举足之地而随人行步以至于止足之处乎？②

尤庵在这里涉及退溪的理有体用说。退溪说："无情意造作者，此理本然之体也，其随寓发见而无所不到者，此理至神之用也。"这是说，理的本体是不可能有"到"的运动的，但理的用可以随着人心的所至而得到不同的表现。从而，从理的发用和表现来说，就可以说有一个"无不到"的问题。尤庵则以为，

---

① 《答金仲固丙辰》，《大全》卷一百四。
② 《答金士肯》，《大全》卷一百四。

理无论体用都不可能有"到"的问题，理的体和用都是无情意无造作的，都是没有能动性的。

总而言之，宋时烈性理思想的核心是四（端）七（情）理气说，他的观点可以归为以下几点：

1. 四七合一，皆出于性。
2. 性有善恶。
3. 四七皆有善恶。
4. 四七之善者为"道心"，四七之不善者为"人心"。
5. 四七之善者可谓"理之发"，四七之不善者可谓"气之发"。

由于四七所指称的意识状态与情感状态在实际上是具体的、可变的，所以，所谓"气之发""理之发"只是指心的已发状态是否合乎道德属性而言，并不是指某些心念状态所由发生的内在（先天）根源。这是我们在研究栗谷及尤庵思想时要特别加以注意的。

（本文为参加 1994 年 8 月北京大学举办的国际宋子学儒学与文学讨论会论文，发表于《学人》辑刊第七辑，1995 年，原题作："宋时烈与李朝中期的朱子学"）

李牧隐理学思想简论

高丽时代的儒学思想，在朱子学输入之前，以唐代儒学的经学为主，如崔承老便是朱子学输入以前高丽儒学者的代表。而高丽时代儒学与佛教也常常混合交融。以经学为主和儒佛混合，是理学传入前的韩国儒学的主要特征。

朱子学是高丽忠烈王时由安珦从元朝传入，此后，高丽后期的朱子学由白颐正、权溥、李穑、郑梦周等性理学者继承而渐渐发展起来。恭愍王时，建成均馆，以李穑为大司成，以金九容、郑梦周等为教官，形成了以成均馆为中心的朱子学中心，朱子学者们宣讲性理，主张排佛，并从教育开始，造成了文化的深刻变化。①

李穑（1328—1396），字颖叔，号牧隐，据行状，其父稼亭

---

① 参看柳承国：《韩国儒学史》，台湾商务印书馆，1989年，第100—101页。

"在元朝为中瑞司典簿，公以朝官子补国子监生。在学三年，得受中国渊源之学，切磨涵渍，益大以进，尤邃于性理之书。"[①] 李穑在元学习的经历，为他的儒学造诣打下了重要的基础。他在元朝曾授官翰林院且兼国史院编修，可见其学术及文字皆已达到很高水平。李穑归国后，"自辛丑经兵之后，学校废弛，王欲复兴，改创成均于崇文馆之旧址。以讲授员少，择一时经术之士，若永嘉金九容、乌川郑梦周、潘阳朴尚衷、密阳朴宜中、京山李崇仁等，皆以他官兼学官，以公为之长。兼大司成，自公始也。明年戊申春，四方学者分集，诸公分经授业。每日讲毕，相与论难疑义，各臻其极，公怡然中处，辨析折衷，必务合于程朱之旨，竟夕忘倦。于是东方性理之学大兴，学者祛其记诵词章之习而穷身心性命之理，知宗斯道而不惑于异端，欲正其义而不谋于功利，儒风学术，焕然一新"[②]。可见他在建立成均馆和把程朱理学引进韩国儒学教育的方面，皆有重要贡献。"公天资明睿，学问精博，处事详明，秉心宽恕：议论可否，必明白简切，而必主于忠厚。待人接物，谦恭岂弟，和气油然，而凛乎不可犯。其为宰相，务遵成宪，不喜纷更，而持大体。……博览群书，尤深于理学。"[③] 李穑的思想尚未成为系统，但在朝鲜半岛儒学发展的历史上仍有其地位。[④] 其学生权

---

① 《牧隐先生李文靖公行状》，《牧隐集》一，牧隐研究会刊，2000年，第217页。
② 同上书，第218页。
③ 同上书，第220页。
④ 河崙说："中朝进士以理学唱鸣东方，位至王国上相者，曰韩山牧隐先生李文靖公而已。"同上书，《李公神道碑》，第222页。

近，著《人学图说》《五经浅见录》，对后来朝鲜朝的性理学造成很大的影响。本文简述李穑的理学思想，以增进对朝鲜半岛丽末时代理学初传的研究。

一 "天则理"说

李穑的天论，直接针对汉唐儒学的天论，而加以理学的申发，这是颇有意义的，他说：

> 天可问乎？楚辞是已。历汉至唐，柳子厚氏出，死力以对焉。仲舒氏曰"道之太原出于天"，于是乎寐若寤焉，醉若醒焉，然犹曰"苍苍者天也"，而不知民彝物则之出于此，而全体是天也。
> 于是乃曰"天则理也"，然后人始知人事之无非天矣。夫性者，在人物指人物而名之曰，人也，物也，是迹也。求其所以然而辩之，则在人者性也，在物者亦性也，同一性也，同一天也。①

在李穑看来，汉唐儒学的天说，以元气论为代表，其思维模式根源于屈原的《天问》，这种天论近于科学的宇宙论。其实董仲舒提出的"道之大原出于天"，已经开始从道的方面去理解天，开辟了儒学对天论的新的理解。这种理解把天作为人道的根源

---

① 《直说三篇》，《牧隐集》二，第870页。

来理解，对于儒学而言，这比起把天作为物质的实体要更有意义。但唐代的儒者仍然多从"苍苍者天也"来了解天，完全忽略了从道德的根源这种角度理解天的哲学立场。所以，李穑继承了宋代理学"天即理也"的思想，针对这种"苍苍者天也"的看法，提出"天则理也"。这个思想包含两方面的意思：第一，认为天就是民彝物则之所自出，也就是社会伦理与事物法则的根源；第二，认为天涵盖了事物的全体，人世间每一事物都为理所支配，"人事之无非天"。这种对"天即理"的理解应该被视为一种理学本体论的说法。

中国理学强调的"天即理也"，往往多针对古代经典中的天帝上帝即主宰之天而言，较少有从针对汉唐元气论的物质之天来强调的，在这一点上，可以说中国理学创立时提出的"天即理"更多地针对超自然主义的宗教式的对于"天"的理解，而丽末理学初传入时提出的"天则理"思想更多地针对自然主义的对"天"的科学式理解。其实，这两方面的针对性都是理学所以为理学的重要出发点，在这一点上，李穑应当说是有贡献的。

二 明德明命说

李穑很重视《大学》的明德说，他说：

《书》曰"克明德"，人之所得乎天而具众理、应万事，本然之善也。气质或拘之，物欲或蔽之，于是乎失之

> 矣。得之于天，失之于己，故曰虚位。然其本然之体未尝亡焉。发见于俄顷之间，守之固，扩之充，则在我者非自外至也。生而具之者德也，失而复之者德也。①

这里所说的得乎天、具众理、应万事，是指明德而言。朱子《大学章句》云："明德者，人之所得乎天，而虚灵不昧，以具众理而应万事者也。"若对比朱子《孟子集注·尽心上》："心者，人之神明，所以具众理而应万事者也。"则可以说这里的明德及其解释"人之所得乎天而具众理应万事"应当是指"心"。

值得注意的是，李穑提出"本然之善"来说明心。照朱子《大学章句》解释明德，"但为气禀所拘，人欲所蔽，则有时而昏，然其本然之明，则有未尝息者"。李穑在这里却不用"本然之明"，而改用"本然之善"，这说明他把"明德"理解为本然的善心，这就接近于孟子"本心"的观念，这与朱子的说法是有所不同的。② 李穑在元至正戊子（1348）来中国，已在吴澄死后，所以李穑以本然之善说心，似乎表现出，李穑在元朝受到一些元代理学合会朱陆思想的影响。于是表现在他对《大学》明德说的解释上，便不完全雷同于朱子，有其自己的思考。

他在另一处又谈到：

> 本然之善固在也，而人有贤不肖智愚之相去也，何哉？

---

① 《韩氏四子名字说》，《牧隐集》二，第871页。
② 在朱子，其《大学章句》用"本然之明"，在《中庸章句》用"本然之善"。

> 气质蔽之于前,物欲拘之于后,日趋晦昧之地,否塞沉痼,不可救药矣。呜呼,人而至此可不悲哉! 一日克己复礼,则如清风兴而群阴之消也。方寸之间灿烂光明,察乎天地,通于神明矣。……在天曰明命,在人曰明德,非二物也,而天与人判而离也久矣。……困学之士惟力行一言实入道之门。力行之道,孜孜矻矻,不舍昼夜。始也,吾心也,昭昭之明也;终也,吾心也,与天地合其明,则尧放勋光被亦不能远过于此,其克明之大验欤! ……天之体本于太极,散在万物,脉络整齐,其明大矣。然人之虚灵不昧具在方寸之间,然与天也断然无毫发之异,谓天与人不相属者,非知斯道者也。①

既然人人都有本然的善心,为何人又有贤愚的不同? 在这个问题上他仍然用朱子的解释,以气质和物欲来说明,即气质物欲遮蔽阻塞了本心,以致造成贤不肖的差别。然而,气质、物欲的蒙蔽和影响不是不可以去除的。人若能克己复礼,力行持守,气质、物欲对本心的蒙蔽就可消除,恢复本心的光明,使本心的明德与天地合其明。照这个思想,古人所谓天人合一,就是人心的明德与天地同其明,而无丝毫的差异。他认为能知道这个道理的人才是"知道者"。

在李穑看来,《尚书》《太甲》所说的"明命"与《大学》所说的"明德"是一而不二的,这既是说本然的明德是如此,

---

① 《可明说》,《牧隐集》二,第 873 页。

也是说去除了蒙蔽而恢复了的明德亦是如此。明命是天,明德是人,明命和明德的一致即体现了天人合一。

他认为明德之所以与明命同一,更是因为"明德"来源于"明命",这见于他另外所说:

> 心在天地曰明命,赋之物泊矣,而人为最灵。然其气禀拘于前,物欲蔽于后,三品之说所由起也。圣人忧之,立教以明伦,克己以复礼,于是四方上下均齐方正矣。①

照这个说法,如果加以放大,可以说"明命"是天地之心,是宇宙的心,此宇宙的心赋予人和万物,在人即为明德、即为人之本心。在这个意义上就构成为一种大心说,这样的天人合一就成为天人一心说,这也是值得注意的。

此外,他还谈到:

> 以吾儒言之,曰明命,以天言也;曰明德,以人言也。顾明命,明明德,学者之事也。孩提之童,无不知爱其亲,是心之明也,赤子匍匐将入井,是心之暗也。不能纯乎明,不能纯乎暗,是学者之未定者也。学有缉熙光被四表,学者之极功,圣人之能事,此日之拂于扶桑,升于天而无所不照者欤!②

---

① 《平心堂记》,《牧隐集》二,第837页。
② 《泉庵记》,《牧隐集》二,第841页。

这也是肯定"明命"与"明德"的一贯性和统一性,并把孟子所说的四端良知作为明德的表现,作为心之明的表现,而学者的功夫就是《大学》所说的顾明命、明明德,即去除昏暗的蒙蔽,发挥本心的光明。

三　浩然之气说

李穑很重视气的观念,特别是浩然之气的观念,他说:

> 浩然之气,其天地之初乎? 天地以之位。其万物之原于? 万物以之育。惟其合是气以为体,是以发是气以为用。是气无畔岸,无潴漏,无厚薄、夷夏之别,名之曰浩然,不亦可乎? 尧之仁,舜之智,以致夫子温良恭俭让,皆由自强不息、纯亦不已而发见者也。惟强故能不挠于天下之物,天下之物无得而沮之,所以不息也。惟纯故能不杂于天下之物,天下之物无得而间之,所以不已也。……天地也,万物也,同一体也。人之一身而天地万物备,修其身,持其志,气斯为养,驯至于不息不已之地,则所谓眇然之事,上下与天地同流。①

从宇宙论上说,气是天地的初始根源,也是万物的生命本源。在宇宙本源上看,浩然之气是浑然一体的、无限的、无分化的

---

① 《浩然说赠郑甫州别》,《牧隐集》二,第876页。

存在。在这个意义上，作为宇宙本源的浩然之气近于一般所说的元气。但李栗所说的浩然之气还有其特点，这就是，它本身是"自强不息""纯亦不已"的。李栗在这里把《易传》和《中庸》的概念引进来，这样理解的浩然之气就不同于一般说的元气，如朱子《中庸章句》解释"纯亦不已"，认为是"以明至诚无息之意"，由此，浩然之气的"无息"便同时被理解为具有"至诚"的无息的意义即包含着道德的意义。

人的一身就是由这样的浩然之气所构成的，所以人的一身具备了浩然之气的本来属性，只是常人被物欲所遮蔽了，浩然之气的属性不能表现出来。人只要以持志来修身养气，就可以使身体的气达到"不息""不已"的境地。这种不息不已的修养境地既可以说是人与天地的浩然之气的合一，也可以说是对本来所禀赋的浩然之气的回归。从人与天地的浩然之气的合一来说，这是"合是气以为体"；从养气而达到浩然之气充满于身，这是"发是气以为用"。这是人生的终极目标和境界。这样的修养，在这个意义上主要是养气，其所修养而达到的与天地同流的境地也是养气功夫所达到的境地，更近于身体之气的养炼，而不是指养心功夫所达到的精神境界。

从宇宙观上看，这种思想认为，天地人都是浩然之气所构成的，天地与万物是一体的，天人也是一体的，这一体的基础便是气，故气是世界统一性的基础。从而，孟子所说的"万物皆备于我"也应当从人身具备天地之气的角度来理解。他还认为，浩然之气不仅是一切事物的实体的基础，同时也是一切事物的本来可有的作用与功能。

四　气之理乱说

李穑把气的观念运用于社会的说明，他说：

> 道之在太虚，本无形也。而能形之者，惟气为然，是以大而为天地，明而为日月，散而为风雨霜露，峙而为山岳，流而为江河，秩然而为君臣父子之伦，粲然而为礼乐刑政之具。其于世道也，清明而为理，秽浊而为乱，皆气之所形也。天人无间，感应不忒，故彝伦叙而政教顺，则日月顺辑，风雨以时，而景星庆云醴泉朱草之瑞至焉。彝伦斁而政教废，则日月告凶，风月为灾，而慧孛飞流，山崩水竭之变作焉。然则理乱之机，审之人事而可见，理乱之象，求之风雨而足矣。①

这是李穑气论思想的一种表现。道是无形的，气是有形的，从天地、日月风雨、山川、江河，到伦理、刑政，这些都是一气之散殊；无论自然、政治、社会，一切有形事物都是气之流行的不同形式。而道就体现在气上。一个社会，清明有序，这是气的一种形态，一个社会污浊秽乱，这也是气的一种形态，社会的治理或混乱，都是气之所形，是不同的气的表现或气的不同状态。由于他认为所谓社会秩序就是气的一种状态或象状，

---

① 《西京风月楼记》，《牧隐集》二，第801页。

而不同的社会秩序是不同的气之象态，因此，社会是气，自然也是气，社会的气象和自然的气象是相沟通并相感应的。如果伦理有序、政教和顺，社会的气象与自然的气象相感通，就会风调雨顺；如果伦理败坏，政教废坏，则天象异常，地震山崩。这就是天人无间、天人感应。天人感应是说人世的气和天地的气相互感应；天人无间是指自然与社会的密切关联，所以社会的治乱，在起因上固然是人事的问题，而在现象上则从自然的风雨就可以辨察出来。这显然是一种天人一体的世界观。

这种气的一元论，把不同的社会秩序归结为或理解为不同的气或气的不同状态，不仅体现了古老的世界观在把握社会现象方面的特点，而且这种气类的社会观也是为了把天和人、把宇宙和社会通联起来，构成为天人合一一体的总体世界观。这种世界观，从总体上看，还是源属于汉唐气学的世界观，这种社会历史观没有突出"天理"，没有指出"道"的作用，而只是强调气象，这说明理学的思想还没有深入于李穑的社会历史观，也反映了韩国理学发展初期尚未深入的特点。

五　性情功夫论

李穑也论及性情关系，他说：

孝于家、忠于国，将何以为之本乎？予曰：善事父母其名曰孝，移之于事君其名曰忠，名虽殊而理则一。理之一即所谓中也。何也？夫人之生也，具健顺五常之德，所谓性也,曷尝有忠与孝哉?寂然不动,鉴空衡平,性之德也,其名曰中;感而遂通,云行水流,性之用也,其名曰和。中之体立则天地位,和之用行则万物育。①

这里的"名虽殊而理则一"表现了李穑的理一分殊的思想,但整段内容比较复杂。如"所谓性也,曷尝有忠与孝哉?"应当说是受了二程"性中只有个仁义礼智,曷尝有孝弟!"的说法的影响。而"鉴空衡平,性之德也"则是受朱子《大学或问》论心体之说"人之一心,湛然虚明,如鉴之空,如衡之平"的影响。

就其理一分殊说来看,他以"中"为理一,"忠孝"为分殊,而"中"是性之德、是寂然不动的状态,这意味着一切分殊的德目都归本于性,是本性的不同表现。这种把理一归于心性的思想,与朱子有所不同。

在中和体用的说法上他虽然受朱子影响,但在朱子,"鉴空衡平"是在《大学或问》中说心体,不是说性;"性之德"则是朱子在《中庸或问》中说明性情的分别,如"中为性之德,和为情之德"。李穑则用"鉴空衡平"来说"性之德",与朱子有所不同。另外朱子用"道之体"和"道之用"说中和,以中和论性情之德,以寂感论心之体用,这些都与李穑不同。不过李穑以情为"性之用",也来自朱子。总之,他把朱子解释《大学》和《中庸》的思想混合一起,加以运用。他的基本思想是强调性是体、是中、是一,其他各种德行都是用,是分殊。这

---

① 《伯中说赠李状元别》,《牧隐集》二,第877页。

种心性论当然是一种理学的心性德行论。

在功夫方面,他回应了佛教的主寂说,他说:

> 吾儒者自庖羲氏以来所守而相传者,亦曰寂而已。至于吾不肖,盖不敢坠失也。太极,寂之本也,一动一静而万化醇焉。人心,寂之次也,一感一应而万善流行焉。是以大学纲领在于静定,非寂之谓乎?中庸枢纽在于戒惧,非寂之谓乎。戒惧敬也,静定亦敬也,敬者主一无适而已矣。主一有所守也,无适无所移也。有所守而无所移,不曰寂不可也。……如若枯槁其形,寒灰其心,而滞于寂,则与吾儒之群鸟兽者何异?吾儒之绝物也,释氏之罪人也。[1]

这是说,儒家在本体和功夫两方面都没有否定寂或静的意义,他认为,太极动静的静,人心寂感的寂,《大学》讲静定安的静,《中庸》讲戒惧其所不睹,这些都是寂。但儒家在宇宙论上讲一动一静,一感一应,不是只讲寂静,这与佛教不同。在功夫上,儒家的静定戒惧都属主敬的功夫,注重主一无适,但反对枯槁绝物的修养方法。在这方面可以看出,他基本上是坚持程朱理学的立场的。

---

[1] 《寂庵记》,《牧隐集》二,第841页。

六　理寓于象说

　　李穑思想的一个重要特点是，注重体用一原，因用见体，因物见理，强调在事事物物上见道。他说：

　　　　道在天地间，贯幽明，包大小，无物不有，无时不然，其体用固粲然也。而人之行之有传与否焉。①

这是坚持道的存在的普遍性，道的存在和作用体现在一切事物之上，没有空间和时间的限制。这种对道的认识，导致了他对"物"的重视和强调，故他又说：

　　　　理无形也，寓于物；物之象也，理之著也。是故龙图龟书，圣人之所则；而蓍草之生，所以尽阴阳奇偶之变，而为万世开物成务之宗。则虽细物何可少哉！"②

这是受程颐易传序"至著者象也，至微者理也"的影响，认为理寓于物象，理不是独立存在的，所以一切细小的事物都体现了理，都是理的表现。所以这种理象论成为李穑"重物"思想的哲学基础，表明在理事论上，他是重事重物的。他说过："一

---

①　《送绝传上人序》，《牧隐集》二，第859页。
②　《葵轩记》，《牧隐集》二，第813页。

物微矣,一字末矣,而天理人情之昭著。"① 他还说:

> 至理之象著矣,至于学校继兴,作成人材,必使学者观乎鸢飞鱼跃之间,深体化育流行之妙于吾心全体大用之地,圣学至功成矣。至于盆鱼之乐,亦有助于后学,盖有物有则,无一事而非仁矣。②

程颐的理象一源说成为李穑观察事物的基本方法论。在他看来,正是由于在存在论上一切事物都是理的显现,所以教育的方法,就要使学者观察一切生生不息的事物及其变化,在大化流行的具体细节上体验吾心的体用。强调在细小的物象上体验理,特别是在自然物上观察体验理则,以此为圣人之学的途径,以达到一种精神境界,这既是李穑格物观的一种表现,也是李穑理学思想的一个特点。

总起来看,李穑的思想主要继承了程朱的理学思想,同时也受到元代理学发展的影响;其中既有天人一气的思想,又有天人一心的思想,他的哲学的基本倾向是,重气而不轻理,重心而不忽性,重物而不忘道。他的思想作为韩国早期朱子学的一个形态,确有其值得重视的意义。

(本文为参加第二届中韩牧隐学会议论文,发表于《云南大学学报》,2006年第4期)

---

① 《萱庭记》,《牧隐集》二,第808页。
② 《渔隐记》,《牧隐集》二,第805页。

林罗山的理学思想[1]

林罗山（1583—1657），名忠，一名信胜，又称道春，日本江户时代早期的著名思想家。虽然他的老师藤原惺窝是江户早期首倡程朱学的人，但林罗山在京都公开讲授朱子学更早于藤原。他一生用力于朱子哲学的学习，同时也在若干方面受到明代中国理学发展如王阳明哲学思维的影响；他既是一个博学的学者，也对儒学伦理有相当深入的思考。本文是对其理学思想的初步研究，希望得到方家的指正。[2]

---

[1] 本文的写作及资料收集曾得到日本国际交流基金的资助，特此致谢！

[2] 这里所说的"理学"兼涵朱子学和阳明学的思想。本文所用林罗山的资料皆出自京都史迹会编纂：《林罗山文集》，1979年。以下不再注明。又，中文学界的研究，可参看朱谦之《日本的朱子学》本论第二章，人民出版社，2000年。

一 理气合一

朱子哲学是林罗山的出发点,林罗山哲学的朱子影响十分明显,如林罗山的《西铭讲解》说:

> 夫太极生阴阳,阴阳生五行,变化生克生万物。太极理也,阴阳气也,所以阴阳者道也,五行一阴阳也,阴阳一太极也。①

这些说法明显地继承了朱子对周濂溪的解释。

林罗山接受了朱子哲学把太极—阴阳作为哲学基本概念的影响,在他的思想中理气问题或太极阴阳问题具有本体论的优先地位。但是,在理气关系和太极阴阳关系的问题上,他已经放弃"理先气后"的理气论,而走向"理气合一"的理气论。他说:

> 太极,理也;阴阳,气也。太极之中本有阴阳,阴阳之中未尝不有太极。五常,理也;五行,气也;亦然。是以或有理气不可分之论,胜虽知其戾朱子之意,而或强言之。不知足下以为如何。②

---

① 《西铭讲解》,《林罗山文集》卷三十,第337页。
② 《寄田玄之三》,《林罗山文集》卷二,第18页。

林罗山的理学思想

所谓"理气不可分"之说,是指理中有气,气中有理,太极中有阴阳,阴阳中有太极。气中有理,阴阳中有太极,这本是宋明理学存在论的普遍观念,但理中有气,太极中有阴阳的讲法,虽然在朱子哲学中也有,但需要在较为复杂的论述中才能成立。林罗山则直接认定,理中本来就有气,太极中本来就有阴阳,虽然他并没有给出具体证明。林罗山的理气互有说,主要是强调理气不可分,其目的不是主张理气没有分别,而是强调理气在存在上是不可分离的。

这种"理气互有"说体现了一种"二元互涵"的哲学思维,这种思维不仅体现在理气二者的关系,也体现在其他方面,如:

> 阴阳元是一气,且有阴中阳、阳中阴。又阴阳互为父子、为母子、为祖孙,生生变化不息。①

这是说阴和阳本是一气所分化,但阴阳并非只是对立的二元,阴阳还可以互有互生。也就是说,阴气中可以有阳气,阳气中可以有阴气;阴气可以产生阳气,阳气也可以产生阴气。阴阳二气的这种既分别对待又互有互生的关系,造成了宇宙万物的生生不息和永恒变化。

在这样的理气观的支配下,林罗山对朱子哲学的理先气后说加以怀疑:

---

① 《又与男靖》,《林罗山文集》卷十一,第125页。

西方美人问东鲁君子曰：夫理依赖于物而后有之欤？有君父而有忠孝，盖是乎？有耳目而能视听，盖亦是乎？

不依形而有之，不依事而存之欤？若无此理则无此事，盖是乎？未有始有一物之时有，本有而后物生，盖是乎？

取彼则似为义外也，取此则如向虚远也。①

林罗山假借一个西方学士远来东鲁，请教"依不依之理"的问题，所谓"依不依之理"的问题是说，"理依于事"和"理不依事"这两种说法究竟何者为是。林罗山指出，说理依于事，在经典和事实上有根据，如有君臣而后有忠孝，有耳目而后有视听。另一方面，说理不依于事，在理论上也有根据，如朱子说过有此理则有此事，无此理则无此事，未有事时已有此理等。在林罗山看来，理依于事说意味理的"后有说"，即理后于事而有；理不依事说则意味理的"先有说"，即理先于事而有。而如果主张"理后于事"，则义离此心而有，容易导致孟子批评的"义外"论，如果主张"理先于事"，又容易产生离事求理的玄虚的弊病。朱子哲学中本有理在事先和理在事中两种说法，林罗山在这里并未给出结论，但从其哲学倾向可以看出，他对朱子理在事先说是怀疑的，从其哲学思维的特点来看，他是主张理气互依，理气贯通的。所以他在讨论"天"是理还是形的问题时强调，"皆是形理贯通，显微无隔"②。

在这个基础上，林罗山表现出对"理气合一"论的肯定，

---

① 《示恕靖百问上·理》，《林罗山文集》卷三十四，第387页。
② 《太清轩记》，《林罗山文集》卷十七，第199页。

和对于王阳明理气说的兴趣,他说:

> 程子曰:"论性不论气不备,论气不论性不明,二之则不是。"古今论理气者多矣,未有过焉者,独大明王守仁云"理者气之条理,气者理之运用"。①
>
> 理与气一欤?二欤?王守仁曰:"理者气之条理,气者理之运用。"②
>
> "理气一而二,二而一",是宋儒之意也。然阳明子曰"理者气之条理,气者理之运用",由之思焉,则彼有支离之弊。由后学起则右之二语不可舍此而取彼也。要之,归乎一而已矣,惟心之谓乎!③

林罗山认为,理气是不可分的,是互有互涵的,必须像程颐那样把理气联系在一起讨论,因此理气不能"二之",不是彼此分对的二物。在这个意义上,他主张以理气为一,反对以理气为二,也就是说,理与气不是两个独立的实体,理气应当归于同一实体。他认为,即使说"一而二,二而一"也仍然会有把理气的相互性整体关系肢解的危险。他反复拈出王阳明的话作为证明,即理和气都不是独立的实体,理是气之运行的条理和规律,气是理的运用和表现,理气是相互性的存在。林罗山的这些讲法与明代儒学的理气论及对于朱子理气观的修正是一致的,

---

① 《随笔四》,《林罗山文集》卷六十八,第852页。
② 《随笔三》,《林罗山文集》卷六十七,第832页。
③ 《随笔四》,《林罗山文集》卷六十八,第844页。

从他对《困知记》和《传习录》的熟悉来看,他应当受到了他们的一些影响。他甚至提出理气归于一,也就是归于一心,在这一点上王阳明心学的影响就更加明显了。

林罗山所处的时代环境,使得他对朱子学内部的哲学问题的思考,不仅得以吸收明代中国理学的思想成果,也可以吸收李朝朝鲜理学的思想成果。他对李退溪相当熟悉,他也有机会同朝鲜朝的学者讨论理学。他曾与朝鲜三使者笔谈:

> 余对曰:"理气以为一耶,以为二耶?"彼答曰:"理有一而已,气有清浊。""四端出于理,七情出于气,此言如何?"彼答曰:"喜怒哀乐之得正者为清,不得其正者为浊,而气亦出于理。""朱子、象山何愈?"彼答曰:"朱文公集诸贤之大成,何比之于象山?"余盖有意而问如此,欲试之也。儒先之议论布在方册,余尝皆见之,非问彼而后知之也。①

由此可见,林罗山不仅了解朝鲜朝学者对四端七情的热心讨论,而且着重提出理气以为一或以为二的问题,后者是他自己最关心的问题。

林罗山宽永十三年(1636)冬致朝鲜学者书有云:

> 贵国先儒退溪李滉专依程张朱子之说,作四端七情分

---

① 《随笔四》,《林罗山文集》卷六十八,第840页。

林罗山的理学思想

理气辨，以答奇大升。其意谓四端出于理，七情出于气，此乃朱子所云"四端理之发，七情气之发"也。末学肤浅，岂容喙于其间哉。退溪辨尤可嘉也，我曾见其答，未见其问。是以思之，其分理气则曰"太极理也，阴阳气也"，而不能合一，则其弊至于支离欤？合理气则曰"理者气之条理，气者理之运用"，而不择善恶，则其弊至于荡莽欤？方寸之心，所当明辨也。①

林罗山指出，有两种理气论，一是"分理气"说，一是"合理气"说。分理气说主张"太极理也，阴阳气也"，这是朱子之说。合理气说主张"理者气之条理，气者理之运用"，这是阳明之说。林罗山认为，朱子的说法是主分论，其弊病是在本体论上理气为二，不能合一，在功夫论上易导致支离（不能归于一心）；而阳明的说法是主合论，其优点是在本体上理气合一，但其弊病是在人生论上可能认气为理，不辨善恶，导致放荡（欲望属气，只讲理气合一容易引致不辨理欲，不辨感性和理性）。值得注意的是，他在这里与其一贯表彰王阳明理气说的态度不同，他也指出了王阳明的理气合一说在道德实践上的流弊，这应当比先前的思想更进了一步。

---

① 《寄朝鲜国三官使》，《林罗山文集》卷十四，第158页。

二　心性归一

这种主"一"不主"二",主"合"不主"分"的思维方式,可称为一本论(或一元论),它不仅表现在其宇宙论,也体现在林罗山的心性论。有关"四端七情分理气"的问题是朝鲜时代的儒学家独特的理论关注,上节所引林罗山与朝鲜学者问四端七情分理气,已经同时涉及心性论的问题,林罗山在其他地方亦论及此。

他假借问者之口对此提出三个问题:第一,"四端出于理,七情出于气,然喜怒发中节者何不出于理乎?非礼之礼、非义之义,何不出于气乎?"① 这是认为,如果"四端七情分理气"说是要说明道德意识及情感与非道德意识及情感的来源不同,那么首先,四端之情是善,七情之中节者也是善,二者都是道德感情,它们所自发生的根源应当一致;因此,如果说四端出于理,那么七情之中节者也应当出于理,不能说一种道德感情出于理,另一种道德感情出于气。其次,在生活中我们会发现有些礼节和义气并非合理,如果不中节的七情出于气,那么那些不中节的礼节义气也应当出于气。林罗山的这种质疑显然表示他不赞成"四七相分"说,认为这种分别是有问题的。他在随笔中也曾表达此意:"'四端出于理,七情出于气',喜怒在事,则理之当喜怒者也,然则七情又出于理乎?"② 这也是说

---

① 《示恕靖百问上·理气》,《林罗山文集》卷三十四,第380页。
② 《随笔三》,《林罗山文集》卷六十七,第832页。

把七情之中节者和不中节者同归于气之所出，是不合理的。

第二，"果是理本善而气本有清浊乎？'天下无理外之物'，是先儒之格言也，清与浊果是理内欤理外欤？"① 在"四七分理气"说中的另一预设是，理本来是善的，而气本来是有清浊的，故理气相分。林罗山认为，这种分别是认为清浊之气在理之外，故与理不同而相分；但宋明理学家常讲"天下无理外之物"，照此说法，清气和浊气都应当在理之内，而不在理之外。因此他认为这种分别也是有问题的。当然，宋明理学所说的"天下无理外之物"和他们所说的"天下无物外之理"是互相说明的，意在强调理存在于一切事物的普遍性，与林罗山强调理气合一的理解并不相同。

第三，"又曰心统性情，元是一心也，若果是四端发自理，七情发自气，还是二心也欤？"② 这是说，根据朱子的"心统性情"说，心应当是一个，但如果四端七情分理气，则意味着把心分别为二，成为二心。显然林罗山是主张一心说，反对二心说，反对四端七情分理气的。

在提出以上三个问题后林罗山引出了王阳明的话："请闻理气之辨，近代儒者云'理者气之条理也，气者理之运用也'，果是可乎不可乎？"③ 如前节所述，林罗山反复拈出王阳明论理气的这两句话，都是为了说明其反对以理气为二，主张理气为一的思想。可见，在四七问题上，在心性论上，他也是主一不主

---

① 《示恕靖百问上·理气》，《林罗山文集》卷三十四，第380页。
② 同上。
③ 同上。

二、主合不主分的,他的观点似可总结为"四七不可分理气"说。

在朱子哲学及宋明理学中,在关于人物之性的同异问题上,有一种主张,认为人与物的性是不同的,因为人与物所禀受的理是不同的。林罗山不赞成此种区分人物之性的性异理异说,而主张"性同理一"说,他认为:

> 性即理也,在天地亦同此理也,在人亦同,在禽兽亦同,在草木亦同,在万物亦同,性无二故也。……朱子以为"知觉运动气也,仁义礼智理也","气者人与物相同,而理者物不得而全也",然则斥其明通与昏塞而言乎?不然,则天地人物理岂有二乎?性岂有异乎?①

朱子哲学中的一种看法认为,人与草木禽兽所禀受的天地之气是相同的,但人与草木禽兽所从天地禀受而来的理是不同的,从而人与草木禽兽的性也是有所不同的。林罗山质疑此种说法,他认为朱子哲学中的这种说法,应当是指理的表现有明通和昏塞的不同,而不是说理的禀受与存在有不同。因此他主张天、地、人、物、草木、禽兽的理都是相一的,性也都是相同的。

林罗山的笔下常常使用问句,这既表示他对于先儒的尊重和质疑,也表现出他对于自己的看法并非百分之百的肯定,但这些不妨碍他提出自己的想法,在心与理的问题上面,他说:

---

① 《拟问(六条呈惺窝)》,《林罗山文集》卷三十一,第345页。

林罗山的理学思想

> 命、性、道、教，元是一也，故《中庸》天命下句乃云喜怒发与未发，即是不外乎心也。心也者，即是理也。若谓"理贯万事而在一心"，则是似分析心与理为二也。此心此理，天下古今之所同然也，愿闻心与理之同不同也。①

他认为，虽然《中庸》开首说"天命之谓性，率性之谓道，修道之谓教"，但所谓性，所谓道，其实不外乎心，也就是说，性其实即是心，说"性即理"其实即是"心即理"。朱子哲学中有"理贯万事而具一心"的说法，林罗山则认为"心即是理"，在他看来，朱子哲学的关于心与理的讲法倾向于分心与理为二，而他反对心理相分，赞成心与理一、心与理同。林罗山对于所谓"人心道心"的理解也体现出类似的特点。② 林罗山的这种心即理的思想也表现出他与朱子心性论的歧离，而接近于陆王的讲法。不过他的这种讲法是从其本体论的理气合一主张而来，与陆王学派更从发明本心的功夫论出发所讲的"心即理"似有所区别。

除了从"一本论"出发的这些对于朱子学的反思和修正外，他还对朱子哲学的其他许多命题提出了理论上的疑问，如他的"百问"，充分显示出他内在于理学的多方面的积极思考。

在心与理的理解方面，林罗山还有一些说法，也值得注意：

---

① 《示恕靖百问上·心理》，《林罗山文集》卷三十四，第380页。
② 林罗山引"人心惟危，道心惟微"说而后云："则圣人有两心欤？何以分人心道心哉？"(《示恕靖百问上·人心道心》，《林罗山文集》卷三十四，第384页)

>　　理之所主谓之帝也，理之所出谓之天也，理之所生谓之性也，理之所聚谓之心也。心也者，形之君而人之神明也；性也者，心之所具之理；而天也者，又理之所从出者；而帝也者，乃是理之主宰者也。帝也、天也、性也、心也，通古今、亘万世而一也，天人亦一也，理一也。
>
>　　世人惟惑于玉皇大帝，而不知理之所主之在我也。见苍苍之在上，而不见理之所出之在我也。非苍苍之上别有一人以为主宰，而我心之帝有在矣；非啻苍苍之正色以为形体而已，而我心之天亦有在矣。故在天曰天曰帝，在人曰心曰性，故云：帝也天也性也心也，通古今、亘万世而一也，天人亦一也，理一也。是以圣人与天地同其德，圣人之求贤爱民忧天下之心与天地生物之心何异哉？①

这是说，以"理"为基点来看，帝、天、性、心都是理的某种表现：理的主宰作用叫作帝，理的根本源头是天，理在生命的表现是性，理在一身之集中体现是心；所以天、帝、性、心是相通、相同、相一的，都是一理的体现。林罗山认为，世人迷信玉皇大帝在天，而不知我心亦有帝；世人只相信理出于有形的苍苍之天，而不知我心亦有天。正因为心与帝、天、性相通，所以圣人之心与天地同德，圣人之心与天地之心一致。

他又举高宗与傅说的例子说：

---

① 《梦帝赉良弼说》，《林罗山文集》卷二十四，第267页。

高宗之志不得不动天地之气，天地之气不得不感高宗之志，所谓志一则动气，气一则动志者，信哉。于是天降傅说以应高宗之求，高宗爰立作相，盖高宗恭默思道之心纯一不二、与天无间于是乎？玉皇大帝者，我心之帝也；苍苍之色者，我心之天也。……故云天也性也心也，通古今、亘万世而一也，天人亦一也，理一也。①

为了论证天人本一，他不仅用中国古代的例子来证明圣人之心能感通天地之气，圣人之心与天相通为一，他甚至主张"玉皇大帝者，我心之帝也，苍苍之色者，我心之天也"。这种讲法等于说我心便是天，我心便是帝，完全否定了玉皇大帝和天的独立存在。不过，根据他前面所说，如吾心之天亦有在，圣人与天地同其德，圣人之心与天地之心何异，以及这里所说高宗之气感天地之气，天降傅说以满足高宗之求等，林罗山应当还是承认天、帝的独立存在，其意似为"玉皇大帝即我心之帝也，苍苍之天即我心之天也"，以说明天人的一体和理的一贯。

三　格物主敬

关于格物的问题，林罗山主要接受了朱子的主张，他说：

格物训，郑玄注："格，来也，善来善，恶来恶之谓

---

① 《梦帝赍良弼说》，《林罗山文集》卷二十四，第267页。

也。"司马光训"扞,御也",谓防御外物也。吕祖谦谓"物我无间为格物"。至于朱子,直取程伯仲之意而以为穷理矣,理本无形,故由事物有形以立名,使人践实也,恐无形者入于虚故也。大明王守仁作《传习录》,曰"格,正也,至也",正我心之物。林子曰:"格,弃废也,放下外物则本心灵明。"二说非不高也,然如王说,则与正心稍觉重复;如林说则与司马光说亦不大异。君臣父子,外物也,舍君父而后为忠孝乎?然则外物果不可御也,又不可弃也。譬如镜之弃明而不可照也。万物各有事,每事各具理,理乃心性也。心与性,元一也,拘于形气、蔽于私欲,不能一之,是以圣人着《大学》教人,欲使其心与理一之,而后指示曰"致知在格物",格物之义大矣哉。①

与明代学者批评王阳明一样,林罗山也指出,王阳明以正我心之物来解释《大学》的"格物",这与《大学》本有的"正心"条目成为重复。他也不赞成司马光等的排斥外物说,他指出,如果要排斥和抵御外物才能达于善,那等于要我们放弃君臣父子的伦理关系才能进于善,这显然是不行的。所以,他认为朱子的格物解释,着重穷理而且不脱离实事,是平实正确的。他又提出,人的本心与事物之理本来是相同的,但受到形气物欲的蒙蔽,心念往往与理相悖;所以圣人要人通过在事物上穷理,使人心恢复到与理为一。可见他是把恢复"心与理一"作为格

---

① 《四书跋》,《林罗山文集》卷五十三,第616页。

物论的目的。

林罗山很强调此心之理与事物之理的同一性,他说:

> 一草一木各具此理,格得穷得了毕,不外此心,天地亦然,人伦亦然,视听言动亦然,所谓豁然贯通者欤!①

格物穷理到尽处,就可知,天地之理与吾心之理同,草木之理与吾心之理同,人伦之理与吾心之理同,能认识到这一点才是豁然贯通。

既然天地万物之理与吾心之理同,天地之心不外此心,那么,直接求理于此心,不是更为直截么,何必要转这么大的弯子呢?在林罗山看来,格物的必要性,不仅如前所说,是因为人心被形气物欲所蒙蔽,而需要格物穷理,而且从理一分殊的道理来说,也是如此:

> 会得理一不易,会得分殊亦最难。事事物物归之于心,千言万语约诸心,唯一个心而已可也。……若不会分殊,只管守这昭昭虚虚以为道在此,则犹若背镜而求照欤!②

虽然,从理一的角度说,万物之理不外本心之理,在这个意义上可说万物之理归于一心,这是理一。但会得理一必须以理会分殊为基础,而理会分殊最难,且理会分殊就是要到事事物物

---

① 《随笔四》,《林罗山文集》卷六十八,第846页。
② 《随笔十一》,《林罗山文集》卷七十五,第943页。

上去穷理。这个说法完全继承了朱子的说法。他还强调，如果不去事事物物上面格物穷理，只是守着此心，以为此心即道，那就是南辕北辙了。这种反对在功夫上只守个昭昭虚灵的心的看法，也完全继承了朱子的思想。

不仅在格物穷理的问题上林罗山主要继承了朱子思想，而且这种在功夫论上受到的朱子影响，更在"主敬"的问题上体现出来。

> 夫人之身之主谓之心，心之主谓之敬。……心之所以常存而不亡，莫如敬也。敬也者，一心之主宰而万事之本根也。①

他认为，敬既指内心德行的存养，也指外在容貌的修养，既注重重大礼仪的仪节，又关注日常生活的行为规范。

虽然，敬包括外在容貌的修养和外在行为的规范，但林罗山更主要地从敬对于"存心"的重要性加以说明：

> 心兮本虚，应物无迹。若不敬，则高而无实，罔而不安。故存心之要无如笃敬，此心在焉，即敬也。②

"心兮本虚，应物无迹"出自程伊川视箴，从功夫论的角度说，心虚无迹，意味着心之操存的不易。林罗山认为不能以敬存心，

---

① 《敬止斋记》，《林罗山文集》卷十七，第188页。
② 《随笔四》，《林罗山文集》卷六十八，第848页。

则容易导致"心不在焉",心必然不毖踏实,不能安定。敬能够使人心有所在而踏实稳定,听以主敬是存心的要法。他又说:

> 张明公曰心统性情。夫性者其理也,五常是也;情者其用也,七情是也。气者其运用也,意者其所发也,志者其所用也,念虑者意之余也,身者其所居也。譬如同源而有派别,如一本而有枝干也。然此心虚而无迹,故难存而易亡,唯敬则斯存,能敬则身修。此心为身主,故无贵贱皆以修身为本,本正则性情志气念虑亦自正,可不敬乎?①

这些关于心身性情气意志念虑的说法都来自朱子,虽然心在本体上具万理、统性情,但在现实的功能上难存易亡,只有主敬才能存心,才能修身;身修心正,则性情意志一切皆正。林罗山说:

> 敬者圣学之要也。程氏曰主一之谓也,又曰整齐严肃之谓也。谢氏曰此心惺惺法也,尹氏曰此心收敛不容一物,朱氏曰敬者一心之主宰,万事之根本也。看此等语,则先儒之所思可以见之。夫方寸之管摄一身,身之所动是心之所为也,心之所寓不外于身。虽然,心体本虚,应物无迹,若无敬则本心亡矣,故圣贤之学莫若此。②

---

① 《心说》(疑在庆长至庆安间),《林罗山文集》卷二十七,第310页。
② 《敬义说》,《林罗山文集》卷二十七,第311页。

他强调，敬是圣学之要，也就是说敬是儒学的根本功夫，所以不仅二程、程门、朱子重视敬，尧舜孔孟也都是以敬为要。《孟子》中引孔子说心，谓之"操则存，舍则亡，出入无时，莫知其向"，林罗山继承程朱的思想，以主敬作为"操存"的根本功夫。

不仅如此，他还把《大学》的功夫条目都归于敬：

> 敬者一心之主宰，万事之根本也，存之则所以直内也；义者心之制事之宜也，执之则所以方外也。德之所以立不在此乎？身之所以修不在此乎？凡身之所主者心也，心之所寓者身也，修身为本者，大学之教也；其所以修之者，敬身也。故格物致知诚意正心，悉是敬也。敬存于中则义立于外。①

《周易·文言》"敬以直内，义以方外，敬义立而德不孤"，林罗山加以解释，敬之所以能够直内，是因为敬是存心之主宰。他还认为，《大学》提出修身为本，而敬是修身之要法，因此敬是《大学》修身以下一切条目的宗旨，格物致知诚意正心都是"敬"的不同表达。

---

① 《敬义说》，《林罗山文集》卷二十七，第311页。

四 心中风月

由于程朱的主敬说，在精神境界方面所引起的"敬"与"乐"的紧张，在明代理学中已经充分展开，这使得林罗山在强调主敬的同时，也涉及到其中的讨论：

"郁郁黄花无不般若，青青翠竹便是真如"，似则似，是则未是。岂啻曾点之见解，却无颜子之工夫。①

在林罗山看来，禅宗以平常心是道，要人因任自然，不执不着，洒落自在，这有似于孔门弟子曾点浴风舞雩的情怀，但缺少颜回"克己复礼"的工夫。

犹有进者，他对曾点和周敦颐都加以批评：

圣人以孝悌忠信为教，曾点所愿则学孔子也，而浴沂风雩，何也？考亭以格物穷理为要，朱子所愿则慕周子也，而吟风弄月，何也？夫"人欲净尽、天理流行"，曾氏之风月乎？若非孝悌忠信，其不可得也。心节清洌，胸宇洒落，茂叔之风月乎？若非格物穷理，亦其不可得而致也。②

他问道，孔子是以孝悌忠信教人，曾点既然愿学孔子，为什么

---

① 《随笔四》，《林罗山文集》卷六十八，第844页。
② 《吟风弄月论》，《林罗山文集》卷二十四，第268页。

却去追求"浴沂风雩"呢？朱子思想以格物穷理为根本，又为何他所羡慕的周敦颐却向往"吟风弄月"呢？朱子企图以"人欲净尽，天理流行"来解释曾点的吟风弄月，可是事实上只有用孝悌忠信才能达到"人欲净尽，天理流行"的境界，浴沂风雩是达不到这样的境界的。"胸怀洒落"的境界是格物穷理的结果，而并非吟风弄月所能达到的。

《论语》第十一《先进》载：

> 子路、曾皙、冉有、公西华侍坐。子曰："以吾一日长乎尔，毋吾以也！居则曰：'不吾知也！'如或知尔，则何以哉？"子路率尔而对曰："千乘之国，摄乎大国之间，加之以师旅，因之以饥馑，由也为之，比及三年，可使有勇，且知方也。"夫子哂之。"求，尔何如？"对曰："方六七十，如五六十，求也为之，比及三年，可使足民；如其礼乐，以俟君子。""赤，尔何如？"对曰："非曰能之，愿学焉！宗庙之事，如会同，端章甫，愿为小相焉。""点，尔何如？"鼓瑟希，铿尔，舍瑟而作。对曰："异乎三子者之撰！"子曰："何伤乎？亦各言其志也。"曰："莫春者，春服既成；冠者五六人，童子六七人，浴乎沂，风乎舞雩，咏而归。"夫子喟然叹曰："吾与点也。"

程明道自言曰："自再见茂叔，吟风弄月以归，有'吾与点也'之意。"但朱子对浴风一段的解释是："曾点之学，盖有以见夫人欲尽处，天理流行，随处充满，无少欠缺。故其动静之际，从容如此,而其言志,则又不过即其所居之位,乐其日用之常,初无舍己为人之意。而其胸次悠然,直与天地万物上下同流,各得其所之妙,隐然自见于言外。"

林罗山进一步发明朱子之意,他又说:

> 世人唯知天地之间有风月,而不知我心中自有风月也。若知夫风与月乎,则无时无处不有风月之可吟可弄,何天地与心之异有?呜呼,诚身之乐,万物皆备于我,岂翅风月而已哉。然诚身之乐岂在孝悌忠信之外哉?……然则所谓吟风弄月,非逸游也,亦非玩物丧志也,亦非若骚人墨客。①

这是说,世人只知道天地间的自然风月之景,而不知人人心中自有风月。因为纯粹客观的风月是没有的,所谓真正的风月,即是主客交融而在人的胸次境界引起的超俗乐感。真正了解了风月的意义,则不必特别到自然美景中去寻,在人伦日用之中处处可得。因此重要的不是外在的风月,而是我们内在的乐感和境界,如果我们能"由己"地获得并保持这种乐感,那么外在的自然风月就可有可无。而一个儒家,是通过道德修养来实现和保有此种乐感,是通过践行道德信念来实现和保有这种境界。所以,对于所谓吟风弄月的真正的解释,并不应该是在自然美景中的闲逸游玩,而是孟子所说的"反身而诚、乐莫大焉"

---

① 《吟风弄月论》,《林罗山文集》卷二十四,第268页。

的心性实践。

由于在工夫论和境界论上，林罗山主要吸取了朱子的思想，因此，虽然他在本体论上颇为欣赏王阳明的理气论，但对于理学中心学一派的评价，在总体上较为消极。如他说："至皇明一代之巨擘，如陈白沙之静坐、王阳明之良知，虽有高明，然不平易欤！"① 又说："象山、阳明非不高也，然自葱岭带来而蓬莱谪去乎？"② 这种用"高"来批评心学的讲法也是朱子学的典型批评方式，这里的"高"是与平实相对，表示工夫的躐等、不平实，和境界的虚旷。至于以受佛、道二氏影响来批评陆王，更是朱子学的思维，他甚至以为"象山似庄周，朱子似孟子"③，对王阳明亦有苛评。④

由于林罗山在本心论上受朱子学影响，这使得他对理学史的评论亦多与朱子相近之处。如他评论宋儒对"一日克己复礼天下归仁"的解释，强调杨时、吕大临以万物一体解释仁，"不若伊川、朱子说得较实"⑤；在评论宋儒对"孝弟也者，其为仁之本"的解释时也认为："盖本心之德是体，孝悌是用也；为仁则孝悌是体，而仁民爱物是用也。龟山以万物一体为仁，则遗

---

① 《随笔四》，《林罗山文集》卷六十八，第852页。
② 《石川丈山书格铭》，《林罗山文集》卷四十五，第529页。
③ 《寄田玄之一》，《林罗山文集》卷二，第13—14页。
④ 林罗山谓："王阳明，皇明一代大秀才也，倡良知之说以诱门人……然其言多奇计诡谲，则有害于心术者，是亦不可不察也。"(《随笔六》，《林罗山文集》卷七十，第878页)
⑤ 《随笔三》，《林罗山文集》卷六十七，第833页。

体;上蔡以知觉为仁,则遗用。"① 这些都继承了朱子的思想。

五 神儒合一

林罗山强调神道与佛教的对立,而主张神儒合一。他多次说过"本朝神国也",坚持日本神道立国的传统,这是他尊重传统宗教的表现。同时,作为一个朱子学者,他又努力把神道与儒道二者调和起来。他说:

> 神也者,既记于国史,载于延喜,则其所由来久远,而有福于社稷,必不可诬,则不可不敬,不可不崇。呜呼,神之德之功共天地俱不穷,神之威名与山岳齐高大者耶。②
> 夫本朝神国也,神武帝继天建极以来,相续相承,皇续不绝,是我天神之所授道也。③
> 夫本朝者,神灵之所挺生而复栖舍也,故推称神国。其宝号神器,守其大宝则曰神皇,其征伐则曰神兵,其所由行则曰神道。昔神武帝之都于倭也,始祀天神,建灵于鸟见山,崇神帝,祭天照大神。……垂仁帝即位二十五年二月,命王大夫祭天地神祇。④

---

① 《随笔三》,《林罗山文集》卷六十七,第 832 页。
② 《越后国伊夜比古神庙记》,《林罗山文集》卷十五,第 177 页。
③ 《神社考序》,《林罗山文集》卷四十八,第 562—563 页。
④ 《神祇宝典序》,《林罗山文集》卷四十八,第 558 页。

神道在宗教信仰形态上应当属于祭祀宗教。我们知道，儒家的历史根源中，包含着三代的祭祀文化，因此儒家经典中包含有上古传留下来的祭祀典礼之书，儒家也不断地对这些礼典之书加以传承解释，在儒家思想中和儒者个人的行为中也都容纳了多神的祭祀。儒家承认国家宗教的祭祀体系，认为这是维护政治合法性、维护王朝权力神圣性、维护历史文化传统的需要。从这个角度说，林罗山企图把神道和儒道调和起来，从儒学本身来说，是有这种文化的可能的。

林罗山更主要从道、理、德、心这些方面说明神儒的一致性：

> 或问神道与儒道如何别之？曰：自我观之，理一而已矣。……呜呼，王道一变至于神道，神道一变至于道。道，吾所谓儒道也，非所谓外道也；外道，佛道也。①

> 道也，所谓大学之道也，非向所谓异端之道也。……其书四书五经，其位则君臣父子夫妇兄弟朋友，其事则格物致知诚意正心修身齐家治国平天下。②

> 神意人心本是一理，以器而言之，剑、玺、镜也，以道言之，勇、信、知也。……即是王道也，儒道也，圣贤之道也，《易》云"圣人以神道设教而天下服"。③

> 三种神器，玺象仁也，剑象勇也，镜象智也。本具此

---

① 《随笔二》，《林罗山文集》卷六十六，第804页。
② 《菅谏议圆尔问答辩》，《林罗山文集》卷二十六，第300页。
③ 《神祇宝典序》，《林罗山文集》卷四十八，第560页。

三德者，神明也。夫必（心？）者神明之舍也，既具三德则神明岂远乎哉？方寸之间，严然肃尔。①

林罗山用"理一分殊"的思想来说明神道与儒道的一致，从理的方面来说，神道之理与儒道之理是相同的，所谓"理一而已"。在他的说法中，儒道甚至是普遍真理的最好体现，因此"神儒一理"或"神儒一道"，在他看来，此理此道就是四书五经、君臣父子、格物致知诚意正心修身齐家治国平天下的道理。

从德的方面来说，神道的三种神器，玺象征"信"（或仁），剑象征"勇"，镜象征"智"，这也就是古典儒家的三达德。在林罗山的这种解释中，神器的意义在于德行的象征，即以对神灵的祭祀及其器物体现王道的德行，意谓祭祀者必须具备此三德，神才会降临。因此，以这种方式理解神道，神道的核心必归结为人心的敬德。所以他说：

心为宅，神为主，敬亦为一心之主宰。故有敬则神来格，若无敬则亡本心，故为空宅，神何为来？止唯敬乎？敬所以合于神明也。②

夫心外无神，亦无佛，佛即是神，神即是佛，岂外求哉？③

---

① 《随笔五》，《林罗山文集》卷六十九，第863页。
② 《随笔二》，《林罗山文集》卷六十六，第804页。
③ 《高雄山神护寺募缘记》，《林罗山文集》卷十五，第170页。

林罗山强调以"敬"为心的主宰，以此包容祭祀神道，在这种讲法中，敬不一定是以合于神道的神明为目的，反而，心的敬本身成为彻始彻终的归结了。他甚至提出"心外无神"的主张，反对"外求"的对待神道的方式，这里，他把心学的某些讲法用来表现他对于神道内向化的主张。

从以上来看，林罗山所谓神儒合一，其中包含了他在理论上以儒家的道理论、德行论、工夫论去结合、诠释神道传统的努力，值得注意。

六　穷理疑义

林罗山是相当博学的学者，他家藏书籍一万卷，不仅读书甚广，而且训点、句读的经史书和理学书甚多，达百余部之多。其中与理学有关者，如《五经大全》《春秋胡氏传》《周易传义》《蔡氏书传》《二程全书》《邵子全书》《龟山文集》《小学》《近思录》《朱子大全》《朱子语类》《性理大全》《大学衍义补》《许鲁斋集》《吴临川集》《读书录》《居业录》《困知记》《学蔀通辨》等等。① 他的个人藏书之多，中国宋明时代的理学家皆无出其右。

朱谦之说林罗山是日本文艺复兴式的人物，是有其道理的。② 事实上，在这方面的体现，不仅在于林罗山具有百科全书式的广泛知识，用理性调和传统信仰，还有一个方面，就是

---

① 参看朱谦之：《日本的朱子学》，第196—197页。
② 同上书，第187页。

他在很多地方，都以怀疑的态度，以疑问的方式，对儒家经典中的内容提出疑问。① 虽然他往往并没有对这些疑问给出自己的明确解答，但从这些疑问中往往可以看出他的思路指向。

这些疑问大体可以分为两类，首先是有关伦理冲突的部分：

> 礼曰"父母全而生之，子全而归之，是孝也"，又曰"战阵无勇，非孝也。"二者不可兼得，舍生而取义者也。……夫如此则与身体不毁伤、全而归之者虽似有以异，然战阵有勇则不可谓非孝乎。古人求忠臣于孝子之门，良哉。②

《礼记·祭义》篇："父母全而生之，子全而归之，可谓孝矣。不亏其体，不辱其身，可谓全矣。故君子顷步而弗敢忘孝也。"主张孝子不可亏伤其身体。而《吕氏春秋·孝行览》："战阵无勇，非孝也"。林罗山指出这两种说法的矛盾，而他认为，这两种皆可成立，全而归之是孝，战阵有勇也是孝，忠孝是一致的。在这种思想中，显示出林罗山认为对国尽忠意义上的孝高于一般家族生活意义上的孝，或者说，在涉及国事的领域，不能用不孝来指责忠，忠在这里成为判断的优先原则，而不受孝或不

---

① 《随笔三》卷末有云："此一卷壮年所做，别为一小册，号'格物端绪'，举多般疑义而欲穷其理也。今并入随笔。"又卷三十六尾有云，"以上三卷《百问》及问条二十七件，皆罗山所示其二子恕、靖也。先生与二子"共设词拟问对之体也，合编之为一书，号曰《攻坚从容录》"（见《林罗山文集》卷三十六，第409页）。可见以疑义的形式开展穷理及表达其穷理的结果，是林罗山思考的重要方式。

② 《牧碑铭》，《林罗山文集》卷四十二，第501页。

孝原则的挑战。

但林罗山又不把"忠"放在绝对地位，与后来许多日本儒学家不同：

> 幕府又曰："汤武征伐，权乎？"春对曰："君好药，请以药喻：以温治寒，以寒治热，而其疾已，是常也。以热治热，以寒治寒，谓之反治，要之，活人而已，是非常也，此先儒权譬也。汤武之举，不私天下，唯在救民耳。"幕府曰："非良医，如反治何，只恐杀人耳。"春对曰："然上不桀纣，下不汤武，则弑逆之大罪，天地不容焉。"①

幕府作为统治者当然是反对汤武征伐的，所以他认为汤武征伐不是普遍的"经"，只是"权"，即不是常道，只是别理；否则，便与君臣的常道不合。林罗山一方面不反对经权的说法，另一方面他也指出君臣关系之道是双向的，"上不桀纣，下不汤武"，而且，汤武革命所代表的价值意义是普遍的。

所以，林罗山也不认为帝王都是圣明的：

> 先儒以韩子羑里操合砍之，有云"臣罪当诛兮，天王圣明"。程子读之，曰"能道出文王心来"。其文王有何辜而当诛乎？商受有何德而圣明乎？文王我师也，程子岂欺我乎？子之于母也，臣之于君也，则（责？）己而不见其非

---

① 《又对幕府问》，《林罗山文集》卷三十一，第 343 页

欤？如何？①

林罗山认为，韩愈以文王之口说"臣罪当诛，天王圣明"，但这是不合乎事实的，因为文王本无罪，纣王更非圣明。② 可是程子却认为韩愈的说法道出了文王的心声，其道理何在？林罗山的解释是，这并非由于文王的理智不能认识事情的本相，而是忠臣的心情往往是责己而不见君非。因此，这类话语并不是哲人对事实的描述，而是忠臣对其心情的表达。

林罗山虽然深浸于理学之中，但他也对理学的基本精神取向，有一定的反省，涉及忧与乐、拯救与逍遥的内在安置：

> 颜渊不改其乐，与仲尼疏食饮水曲肱之乐，可谓合符。虽然，彼事其亲也，以如此之贫窭而乏甘旨之奉，有嗜好之志，不能无忧也。谓之忧乐一致乎？后世如范仲淹，尚有"先天下之忧而忧、后天下之乐而乐"，况于亚圣乎？圣人虽有忧世之意，然其所谓乐在其中欤？奈何？③

林罗山很善于提出问题，他指出，颜渊贫穷之极，而能不改其

---

① 《示恕靖百问下·凯风羑里》，《林罗山文集》卷三十五，第396页。
② 《林罗山文集》《问对三》载："问：人心古今一也，帝德之所以异乎众人者何？对曰：钧是人也，此理何以异哉。然气禀所拘、物欲所蔽，稍异耳。……是以明其德必由于学。"（卷三十三，第358页）说明林罗山明确了解，帝王之心与民人同，皆有气禀物欲之蔽，需要学以明德。儒者并不相信帝王是天生的"圣明"，不独林罗山如此。今人以为儒家以王为圣，是完全误解。
③ 《示恕靖百问下·颜子之孝》，《林罗山文集》卷三十五，第389页。

精神生活的快乐,这得到了孔子的赞许。可是,如果颜渊有父母,而他的父母也和他一样过这种贫苦生活,那么他一定会有希望父母过好生活的意愿。在这种情况下,颜渊在贫苦中就不可能没有忧患,而不可能只有其乐。一个君子,不仅会有事亲的忧患,还会有对社会政治的忧患,这样一来,圣贤如何处理忧与乐的关系?显然,他对宋明理学家求孔颜乐处的片面性有所反省。

此外,《林罗山文集》中还在多处提出儒学伦理系统内部的矛盾,为避免冗长引文,概举之如下:

> 舜负瞽叟逃罪,是否?
> 禹父鲧死而禹为尧用,是否?
> 伯夷、叔齐饿死首阳山,若无子孙,岂不孝乎?
> 申生不释骊姬谗言而自径,陷父于不明?
> 父与夫纠,妻救父而杀夫乎?
> 《韩非子》小臣衣君而被杀,杀之有可恤之情,有忠;不杀,法令不行。
> 子为父隐,分私事国事。私事主恩,见父不见主人;国事主义,见君不见父子。
> 石碏杀其子,人言大义灭亲;然未闻子弑其父为大义灭亲。①

---

① 以上各事皆散见《示恕靖百问》和《随笔》,见《林罗山文集》第 826、375、390、824、828、399、853 页等。

这里所揭示的伦理冲突,主要集中在:1. 家庭伦理(私)和社会伦理(公)的冲突上。如果一个行为合乎家庭伦理,但与社会伦理冲突(舜),作为儒者应当如何判断其间的是非?2. 如果一个行为不合家庭伦理,但合乎社会伦理及社会利益(禹),儒者应当如何判断其是非?其余的伦理冲突,如:3. 如果一个人的行为合乎家庭伦理或社会伦理,但其结果可能造成其家长或君长的错误(申生),如何判断其间的是非?4. 一个女人,她对其男性亲属的道德义务,如对其父亲和其丈夫的伦理义务是平等的吗?他应该为其父亲伤害其丈夫吗?进一步延伸,如果对问题2的回答是肯定的,人应当为社会义务而不顾及家庭伦理,那么,儒家伦理对以"大义灭亲"对待父母能给以肯定吗?

很明显,在一般的意义上,儒家伦理对于家庭伦理和社会伦理的冲突,会赞成社会伦理优先的选择。但在实际的和具体的选择中,情况要复杂得多。如在被儒家肯定的历史叙述中,在二者冲突时,舜选择了家庭伦理优先(对于第一个问题),而禹选择了社会伦理优先(对于第二个问题)。这就为后世儒者提示出儒家伦理所包含的选择困境。不仅如此,表面上看,与禹作同样选择的还有伯夷、叔齐,因为伯夷、叔齐也是不考虑他们对家庭繁衍的义务,而履行其政治伦理义务。但进一步来看,虽然在形式上禹的伦理选择原则与伯夷类同,但就其政治行为来看,伯夷、叔齐注重的是对其旧主的政治伦理义务及体现此种义务的德性,而禹注重的则是对于新主的政治伦理义务。"大义灭亲"是突出社会伦理优先,但它的限制是:决不能以父母为对象，所以这个原则在一定的亲属关系指向中就不适用，也提示出，对于在世的父母的不损害义务是儒家伦理的第一原则。这些都显示出儒家伦理内部的复杂结构。

比较值得注意的是，林罗山对"子为父隐"所引发的问题给出的解决方法和判断方法。这个事例似乎可以看作"大义灭亲"的一个弱形式，而出现了一种变化："大义灭亲"固然在"灭"的意义上绝对不能以父母为考虑对象，但在"隐"的问题上就有两种情况对应两种不同选择：在"私"的领域（隐的受影响者为其他个人），家族伦理优先；在"公"的领域（隐的受影响者为国家事务），社会伦理优先。林罗山把此种区分加以推广，以区别一般人际关系准则和政治社会关系准则，所谓"私事主恩，国事主义"，值得注意的是，林罗山提出这些问题，并不是从外在于儒学的批判立场出发，而是从内在的立场出发，而他所揭示的这些儒家伦理的矛盾很有意义，也显示出林罗山思想具有一定的启蒙意义。

其次一类的疑问是关于哲学的。其中比较突出者，是关于"恶"的来源和根源的问题。

> "一阴一阳之谓道，继之者善也，成之者性也。"故子思曰"天命之谓性"，孟子曰"性善"，又曰"其情则可以为善矣"。宋儒解之云"性即理也"。要之，善之至则理也，理之极则善也，推广而说之，谓天下无理外之物。由是观之，则善而已矣，何有恶乎？吉而已矣，何有凶乎？若本有恶，则不可谓性善也。性本善而不有理外之物，则所谓

恶出自何处哉？果理内欤？理外欤？①

性即理也，天下无性外之物，理无不善，故孟子称性善是也。然则所谓恶，则性外乎？性内乎？曰性外，则性外无物；曰性内，则性本无恶。恶之所自出之本原果其何处乎？②

天地万物自理出，然则恶亦自理中出乎？理者善而已矣，曷尝有恶来？然则恶之所出，果何哉？③

性外无物是二程的说法（伊川曰天下更无性外之物），无理外之物是阳明学的说法（王塘南答杨晋山云天下无性外之物，无理外之物）。在传统儒学中，性本善，而恶不是本有的，因此，如何在这种人性论中说明恶的产生根源，就成为理论上的问题。如果按照天下无理外之物的说法，天下万物都为理所涵盖，理是一切事物的根源，则恶也成为理的产物。如果理不产生恶，那么恶的产生根源就无法说明。在这里，林罗山并未提出一种意见以说明恶的根源，但他指出在现有的理学框架中不足以说明恶的根源，这一点是确有见地的。

如同其他朝鲜时代的韩国朱子学和德川时代的日本儒学一样，林罗山的论述和思想表明，这一时期的东亚儒学使用共同的学术概念，具有共同的问题意识，认同共同的学术渊源，共同构成了这一时代的理学思考、讨论和话语。因此，这个时期

---

① 《示恕靖百问上·性》，《林罗山文集》卷三十四，第387页。
② 《随笔三》，《林罗山文集》卷六十七，第834页。
③ 《随笔四》，《林罗山文集》卷六十八，第841页。

的儒学已经自然地形成为在东亚儒学意义上的大儒学概念，而其中的主要内涵即东亚的朱子学和东亚的阳明学。中、韩、日的儒者虽然生活语言不同，文化传统有异，但他们都使用汉字为共同学术语言，以汉文儒家经典为经典，与文本和古人进行精神交流，并产生了一些相互的交流。他们各自在不同的环境、从不同的角度积极展开自己的思考，对东亚儒学做出了自己的贡献。从朱子学来看，如果说，李退溪的思想体现了朱子学的中心在16世纪已转移到韩国，那么可以说，林罗山的出现，标志着17世纪以后的朱子学中心开始向日本转移，朱子学从此在日本获得了进一步的发展。

（本文初稿于1996年，定稿于2002年，发表于《哲学门》第三卷第二册，2003年，原题作："林罗山理学思想研究"）

中日韩三国儒学的历史文化特色

引 言

中日韩三国对"儒学"这个词的用法不太一样,日本比较喜欢用"儒教",中国很多场合用"儒家",所以儒家、儒学、儒教可以说是跟主题相关的三个关键词,可以互换,但是也有区别。

这三个词在中国古代文献中都出现过,在今天的用法里三者的区别是什么呢?一般讲,"儒家"主要是强调作为一个学派的特性,儒家学派跟道家学派、跟墨家学派相区别,作为一个学派是从孔子开创,到孟子以后,由历代儒家学者所构成。所以用"儒家"的时候比较强调、注重其学派的特性。"儒学"往往强调儒家学派里学术体系的方面,因为儒家包括很多内容,比如政治、教化的实践，当讲"儒学"的时候，比较侧重在历史上儒家所建立的学术性体系。

"儒教"的用法主要是在历史上往往注重其作为一个教化体系的意义，因为一个社会不能没有教化。我想社会不仅是从文明时代初期开始，一直到今天虽然所谓自由民主等等很多新的观念都出现，但教化始终是重要的。任何时代，一个负责任的政府对社会和文化的教化工作要有承担，这个责任的承担是非常重要的。在中国历史上，对社会和人民进行教化工作，教化在今天包括思想道德教育这类意义上的教化，也包括一些文化教育。古代思想文化道德教化的工作主要是通过各级各类的儒家的学者和组织来实现，当谈到教化体系的时候，就用"儒教"的概念。中国古代大体是这样的。

日本人用"儒教"，其实也兼指中国在"儒学"和"儒家"使用上的意义。韩国也是一样，韩国也是多用"儒教"的说法。

当然"儒教"这个词自20世纪以来，在东亚所谓宗教的重新建构里也有一些新的意义。比如"儒教"在中国历史上主要是讲一个教化的体系。不一定叫作"教"就一定信神，信不信神没有关系，关键是有一套教化的体系。教化体系里有理想的人格，比如圣人；有经典，比如《论语》。有一套教化的体系就是一个教。但是近代以来，因为受西方宗教的影响，所以"儒教"也有一些新意义。比方在香港有儒教或孔教作为一个真正的宗教组织向政府申请注册。再比如韩国的儒教已经带有宗教性，政府也承认它是一个宗教组织。宗教组织在社会上扮演一些政府或者其他领域不能够扮演的角色。比如韩国的儒教组织每年要发"孝道奖",表彰对父母尽孝的人士,"孝道奖"不是政府发的,是宗教组织发的。韩国前总统金泳三就接受过"成均馆"儒教领导人颁发的"孝道奖"。这都是题外话,就是说儒教的概念到近代以后也有一些新的变化。

除了儒家、儒学、儒教以外,20 世纪以来,还有新儒家、新儒学、新儒教的概念,常常用来指宋代以后中国的儒家思想,也就是理学。

为什么叫作新儒教?因为在明末清初,也就是 17 世纪左右的时候,有一些耶稣会士的外国传教士来到中国,其中比较著名的是利玛窦。他来了以后开始研究中国思想,因为传教士也要本土化,跟本地的文化资源相结合。

先秦已经有孔子、孟子、荀子,当然还有曾子、子思等等,构成古典儒学,或原始儒学。古典儒学大体上是在公元前 200 年以前提出的儒家学说。中国古代所谓儒家经典主要也跟早期的儒学思想有关系。比如今天讲的《论语》《孟子》,所以中国人习惯把儒家的理论叫作"孔孟之道"。

但是传教士来了以后,发现影响当时中国老百姓和知识分子的不仅仅是古代的孔孟之道,而且还有宋代以来学者对孔孟之道的新解释。比如从南宋以后,特别从元代开始,所有科举考试的标准答案用的都是朱熹写的对孔孟的解释,即南宋理学家朱熹对四书所作的注解。四书是《论语》《孟子》《大学》《中庸》,都是先秦古代儒家的经典著作。朱熹做了注解以后,从南宋后期开始,元明清三代科举考试用的都是以此做标准的教科书,所以知识分子、老百姓都受它的影响。

朱熹也有教化的实践。比如朱熹写了《朱子家礼》，在社会层面提出了规范。比如在家里应该怎么做？怎么做儿子？怎么做媳妇？怎么做弟弟？怎么做哥哥？家庭邻里关系怎么处理？当然包括结婚时用什么礼仪，丧事用什么礼仪。《朱子家礼》在社会层面，特别是明清时代对中国文化影响相当大，韩国也受其影响，到20世纪八九十年代韩国仍然主要用《朱子家礼》。韩国的社会比中国更加传统，所谓传统主要在儒家思想文化方面，而儒家思想文化如果在社会层面看，就是如何按照《朱子家礼》做事。从这些方面都可以看出宋代以后的儒家学者对文化发展塑造的积极意义。

所以传教士研究以后认为中国的儒家思想有两截，一截是先秦时期的，公元前200年以前的，一截是公元10世纪以后。他说这很像西方，西方古代希腊时代有柏拉图主义，后来有新柏拉图主义，于是传教士给宋代以后的中国一般称为宋明理学的儒学形态起个新名字叫"新儒学"。日本有时称为"新儒教"。

先把这些基本概念作一些简要说明，因为这些关键词，大家在报纸上在文章中也可能会看到，也可能有的时候有一些疑惑，这几个概念大体是可以互换的，但是儒家侧重学派的属性，儒学侧重学术的体系，儒教侧重教化方面的特点。

今天谈谈东亚各国儒学的历史文化特色，是因为儒学如果从一个更大的视野来看，不仅仅是中国人的文化，从世界的角度看，至少是东亚（中日韩以及越南）一个重要的历史文化传统。当然，中日韩的历史文化传统不仅仅是儒家或者儒学，如果从整个东亚共同性的范围看，佛教也是一个很重要的传统，还有一些本地的传统。但是能够作为一个共通的东亚传统，学术界、文化界对儒学对东亚社会的塑造作用以及对东亚价值观的形成更为重视。因此儒学不仅仅是中国的文化，更是一个东亚共同的文化。

日本京都大学已故的历史学家岛田虔次，曾称宋明理学是东亚文明的共同体现。在这个意义上，儒学包括两代，第一期先秦儒学，第二期新儒学，两代都是东亚文明的共同体现。当然它发源于中国，但同时也传播到东亚，成为东亚文明的共同体现，也成为东亚文化的共同传统。

但是日本、韩国除了中华文化传播过去以外，本地有自己的一些历史文化因素，包括宗教、一些民俗文化的传统，所以一个外来的思想文化在本地生根发芽，一定会受到本地思想文化因素的影响。于是，经过长期的磨合以后，在日本、韩国社会里得到发展、得到强调的那个形态的儒学可能就跟其他地区的有所不同。

中日韩三国都有儒学传统，如果讲孔子，大家都尊敬，但是这三个社会形成不同特色的传统，这种传统对民族精神和近代化有一些什么影响？这是今天想探讨的一个课题。

儒家思想发源于中国，这是中国人的常识。但有些韩国人认为儒学发源于韩国。因为中国古书记载，周武王伐殷以后，殷代末年的大贵族箕子东渡到朝鲜，中国历史上有记载，箕子一篇重要的文献《洪范》，现在收在《尚书》里，而《尚书》是儒家经典五经之一。所以韩国人有时说，儒家的发源地在韩国，不是在山东（山东曲阜是孔子的老家）。箕子虽然提出一些思想,但不是完整的儒家思想,特别是今天所看到的儒家思想的一些主要特征在箕子的书里没有提出来。另外箕子东去的故事还需要历史学家真正做一些研究才能说明。所以我们说儒家思想发源于中国,应该是没有问题的。

但是儒家思想又广泛传播到东亚汉字文化圈。因为以汉字为基础、以汉文的典籍体系为主要内容的中华文化很早就传播到东亚邻邦,在漫长的历史文化发展过程中,由于各民族本地的传统不同,精神气质不一样,地理、历史、社会存在条件的不一样,造成文化的差异。比如秦汉时的朝鲜半岛和日本列岛,其历史和社会发展以及文明的程度还赶不上中国。从地理来讲,日本是一个岛国,韩国是半岛国家,跟中国地理条件不一样。由于这些条件不一样,在一个漫长的发展过程中,中国、日本、韩国的儒学形成各自的个性和特色。

一般来讲,很多学者认为,在理论形态上看,韩国儒学可能发展和关注的是一些比较抽象性的讨论,主要是16、17世纪(相当于中国明朝中后期),韩国儒学特别讨论一些比较抽象的概念。像"四端"和"七情","四端"是人的道德感情——仁义礼智,"七情"是喜怒哀乐爱恶欲。四、七的问题韩国的学者在历史上有很多讨论。所以很多人认为韩国的儒学可能是比较注重内在性的、心理方面的,或者比较抽象的东西。

日本儒学比较发展外在性的东西。比如日本江户早期的儒者贝原益轩,就比较注重对外在事物的研究,诸如花草树木等等自然界外在的东西的研究。另外19世纪中期荻生徂徕比较注重政治学的研究。所以一般认为韩国学者比较注重内在、抽象的东西，日本的学者比较注重外在，或者是自然，或者是政治社会。

　　但是这里想讨论的问题是在19世纪中叶以前，中日韩社会跟西方还没有做全方位的接触以前，三国的儒学特别是他们的精神气质（ethos）是什么？精神气质的概念是一个文化人类学的概念，现在叫文化精神，三国儒学里体现的文化精神是什么？不要只讲理论特色，还要讲文化精神，文化精神跟民族、社会的关系更直接一些。精神气质换一个角度叫价值类型，就是一个文化里把什么价值看得最重要？比如一个社会把自由看得最重要，这是一种价值特色，可能另外一个价值体系里把平等看得最重要。这两个价值体系就不一样。所以我们也关心在中日韩儒学结合本地的历史文化传统发展以后，它的精神气质各自有什么特点，各自的价值类型有些什么表现。

　　近年来有关亚洲的比较文化，特别是有关东亚儒学的比较研究，有一些日本学者走在前面。其中有一位是前东京大学的教授沟口雄三，是一个"左派"学者，20世纪50年代他是马克思主义者，当然90年代以后他有一些改变，但是他的研究还是值得重视的。因为他研究中国近代思想史，又是日本人，所以他对中国人和日本人的思想都比较熟悉，他在比较儒学的研究方面提出一些我觉得还是很有意思的见解，可以参考，给我们一些启发。[①]

　　简而言之，今天的讨论是在儒家所提倡的关于"德"的思

---

　　① ［日］沟口雄三：《日本现阶段的中国研究及21世纪的课题》，《国际儒学研究》第二辑，中国社会科学出版社，1996年。

想方面,"德"就是现在讲"以德治国"的德,"德"当然是道德、德性,"德"也可以是某一个方面的道德、德性。比如仁义礼智,仁是一个道德的德性,我们常说这个人很"仁义",这句话的"仁义"就是作为个人的一个德性。另外仁义又是一种价值,价值就是它规定了、体现了我们的理想。比如仁在中国近代表现为"大同"理想,这就不是一个个人的德性。

所以,如果就儒家所讲的"德"的德性和价值来看,把中日韩三国加以比较,其中就有差别。大体上,中国儒学突出"仁",韩国儒学突出"义",日本儒学突出"忠"。如果用两个字讲,可以说中国比较重视"仁恕",孔子对"恕"有明确的解释,恕就是"己所不欲,勿施于人"。

"己所不欲,勿施于人",在这儿多说几句。有关宗教和传统的价值在当今社会的意义,从 1989 年以后在国际上有一个动向叫作世界伦理运动。就是欧洲和美国的一些神学家和宗教学家有鉴于在欧洲当然也包括中东这些地区冲突的出现,提出了一个概念,"没有宗教的和平就没有世界的和平"。它认为所有的冲突都跟宗教有关系,不仅仅跟政治利益,也跟宗教一些背景特别有关系。比如伊斯兰世界跟以色列的冲突有宗教的关系,像科索沃在巴尔干半岛也有宗教的因素,像穆斯林和天主教、东正教的关系。因此他们就提出"没有宗教的和平就没有世界的和平"的观点。要实现世界的和平,除了要去做政治的、外交的斡旋以外,从根本上要把文化宗教的问题加以解决。因此 90 年代初在美国召开了一个世界宗教会议,世界上各种大小宗教代表聚集一堂,探讨在每一个宗教教义里找到一些共识问题。

这些共识主要不是信仰方面，不是神（因为有的信安拉，有的信基督），而主要是伦理方面。最后大家找出来若干条，可以归结为一个最根本的原则，总结为世界宗教的金律，就是"己所不欲，勿施于人"这句话。

在世界各宗教里面找这句话的出处，就发现和这句话意思相近的，最早大概是在公元前七八世纪的伊朗的琐罗亚斯德教（拜火教）里，其次就是孔子，而孔子讲得最明白最清楚，"己所不欲，勿施于人"，就变成世界宗教都承认的一个最基本的原则。

我们可以说中国凸显"恕"，如果用两个字，我们中国是"仁恕"。韩国凸显"义节"。旧戏比如京剧传统戏目里面，很多都是讲节义，就是要守住一个节操，当然可以是政治的，也可以是人生的。日本凸显"忠勇"。这种不同反映了各自价值体系的差异，也可以说反映了三个国家文化原理的不同，就是文化里可能有很多原理，但是有一个支配性原理。

一

首先我们来看中国。中国古代的文化，"仁爱"观念居于核心的地位，特别是儒家思想可上溯到西周初期，就是公元前1000年人道主义的保民思想。在《尚书》里有很多保民的思想，比如对人民要像对待赤子一样保护，"若保赤子"，这种观念在《尚书》里不仅仅是一种政治思想，也是一种伦理价值的体现。

《尚书》里很多篇都提出，不要欺负老实人，不要欺负孤儿，要照顾那些寡妇等，就是对于弱势群体不能欺负，要照顾。这种对于像孤寡老人、失去父母的幼孤的特殊关照以及把这种思想放大为统治者对人民应该抱持的一种态度，是中国早期人道主义的开始，事实上中国人讲的孝的观念，对父母的一种感情，应该和这个早期人道主义思想也有关系。

孝和仁爱有关系，因为孝是仁爱感情的一种，仁爱是比较普遍的一种，孝是对父母一种特别仁爱、关爱的感情。所以孔子讲"孝悌也者，其为仁之本欤！"孝悌是仁的根本，孝悌跟仁联在一起。孔子的意思是，要想做一个仁爱的人，首先要对父母好，连父母都不能孝敬，怎么能设想可以爱其他的老百姓，怎么能做一个爱民如子的官员？所以孝悌是"仁"的根本。

"仁"的意义在孔子以前就提出来了，但是孔子给予了最高的重视，孔子把"仁"解释为爱人，"仁者爱人"，"夫仁者，己欲立而立人，己欲达而达人"。自己要发展，但是也要想到让别人立起来发达，这叫"己欲立而立人，己欲达而达人"。不是说自己发达就完了，要考虑到别人。还有"己所不欲，勿施于人"，这都是孔子"仁"的基本观念。所以"仁"在孔子思想中是一个普遍主义的伦理原则，不仅仅对自己的父母要仁，对自己的家族或者家庭要仁，"仁"是一个普遍的伦理原则。

先秦时期，人们就总结孔子思想，说"孔子贵仁"，指儒家把"仁"看得最尊贵、最宝贵。"孔子贵仁，墨子贵兼"，墨子的"兼"不是兼并的意思，而是兼爱，是普遍的爱，不能只爱自己的父母，还要爱别人。

所以在中国古代最早的思想发展中,孔子以"仁"作为最高的原则,墨子以兼爱为最高的理想原则。老子说"我有三宝,持而保之,一曰慈","慈"即爱。孔子、墨子、老子是中国古代最早出现的哲学家,孔子贵仁,墨子贵兼,老子守慈,中国古代三位最早的也可以说最重要的思想家其实都以不同的方式在不同的程度上对仁爱的原理做了肯定。

战国时期孟子出现,"孔孟之道"的提法,说明孟子继承了孔子的思想,孟子就大讲"仁民爱物"。中国古代有一个名家,讨论概念的,名家里有一个人叫惠施也叫惠子,提出"泛爱万物,天地一体",要把天地万物看成是一家。这些都跟前面讲的兼爱、仁爱思想相通。

唐以后儒学思想仍然强调这一点,唐代大学者也是唐代儒家的代表人物韩愈,在其所写的文章《原道》中解释"仁"为"博爱之谓仁","仁"就是一种博爱的思想。

宋代哲学家张载第一个在历史上提出"天人合一"的思想。他提出"民胞物与"的思想,就是说老百姓都是同胞,"物与","与"是朋友的意思,老百姓都是我的同胞,万物都是我的朋友,从这里引申出对老百姓、对万物的一种态度。

同时,宋明理学新儒家里跟张载同时的一位有代表性的理学家程颢讲,"仁者以天地万物为一体",要把天地万物看作和自己息息相关,要去关心、爱护它们。他当时举了一个例子,说中医里讲手足麻痹的症状叫作"手足不仁",他说这个概念非常好,"不仁"就是不通,掐也不疼,感觉不到是自己的一部分,所以"仁"在这个意义上,就是要把它感觉成为自己的一部分。"仁者以天地万物为一体",就是要把其他的事物和人看成和自己息息相关。

这些思想都把"仁"放在一个最高的地位,把"仁"作为中国文化、儒学文化里一个支配性的原理,也就是文化里要讲仁义礼智信,但"仁"是支配性的原理。

在中国儒学里,"仁"的解释跟"爱""和""恕""公"的价值有密切的关系。"仁"是要引申出一种爱,一种人道主义的理念。"和"就是人际关系的和谐,"仁"跟和谐有关系。所以"爱"和"和"都可以说是从"仁"里面出来的。还有"恕","恕"在最通俗的意义上是能够宽容别人,能够宽容别的文化,能够替别人着想,站在别人的角度来考虑问题。另外是"公",当然是跟"私"对立。历史上的儒学对"仁"的讨论跟"爱""和""恕""公"的价值有密切的关系,这些价值共同构成中国儒学主导的价值取向,而且在历史上这些价值跟中国的社会制度形成一种互动的关系。

近代著名学者梁漱溟也是现代新儒家学者。梁漱溟也很讲仁学,他认为"仁"是一种伦理情感,伦理跟欲望相对立,一个人如果不从伦理只从欲望上来看,只是关心自己,不会关心别人,只有有一种伦理的情感,才会关心别人。所以他说所谓伦理,"一言以蔽之曰:尊重对方"[①],尊重对方就是一种义务关系,就是一个人好像不是为自己而存在,是为了别人而存在。这是梁漱溟对儒家仁学的一种发挥。

---

① 梁漱溟:《中国文化要义》,台北里仁书局,1980年,第90页。

中日韩三国儒学的历史文化特色

梁漱溟认为中国文化有一个很高明的地方，就是孔子的时候提出伦理的理想，为别人考虑，尊重对方。在孔子那时中国社会已经从一个封建社会变成一个伦理的社会。所谓封建的社会不是今天一般讲的封建社会，是讲孔子以前的领主制的社会。

伦理社会有什么特点呢？他举了一个例子，他说在中国很早就以伦理代替了封建。比如亲兄弟两个人都是父母的孩子，在家庭里感情很自然，没什么两样。封建社会有一个特点就是父死子继，而且是长子继承制，在这个制度下兄弟两人就得到不同等待遇——兄长承袭了父亲的财产、爵位等等，而弟弟好像没有什么关系。这种长子继承制是封建制的一个特点。梁漱溟引用了古代罗马学者梅因（Maine）的《古代论》的观点，说继承制度跟政治有关系，只要跟政治有关系，就变成长子继承制。所以他就讲，所谓封建社会封建关系就是因为当时有政治上的必要性，因为在政治上领导人只能有一个，如果别人都争当领导人，也有麻烦。但这就造成兄弟之间的不平等待遇，抑制了家庭的感情，结果变成了一个不好的制度，他把这个制度叫作封建制度。但是他说，中国社会从孔子以后已经就变了，不是长子继承制，而是遗产均分。

他作了一个对比，他说1936年到日本，看见日本乡村里有所谓"长子学校"，他很奇怪，中国没听说有地方办学校专门培养长子。他问了以后才知道，原来农家土地是由长子继承，跟其他的儿子没关系，其他的儿子爱干什么就干什么，自己找出路。他觉得很惊讶，其他的儿子很多都转入都市谋生，都市当然不是近现代意义上的大都市，是小城市集镇等等，结果长子就留在农村，继承这份田业，因此就有长子学校教育。

梁漱溟看了以后，知道这是典型的封建制，说明日本人去封建未久，遗俗犹存。他说，其实欧洲国家很多也保留了这样的风俗一直到最近，像英国。但中国不一样，中国实行遗产均分，遗产均分看起来好像是一个小小的制度的不同，却反映了一个价值观，就是仁、恕、公的观念。根据梁启超的《中国文化史》，他就说遗产均分两千年不是一件小事，也不是一件偶然的事情，中国人比较注重尊重人心情理之自然。兄弟俩在家庭里长大，没有什么两样，是人心情理的自然，要用一个自然的东西化除封建秩序从政治上带来的不自然。他认为中国以伦理代封建已经两千年，所以中国是一个文化"早熟"的国家。当然他的理论比较复杂，他认为早熟还有早熟的一些毛病、一些问题，按下不表。从梁漱溟的观点来看，"仁"的观念出现就代表着中国尊重人心情理的自然对封建的不合理的一种替代，也表现中国文化很早就已经成熟，这对于中国历史的发展也发生很大的影响。

这是第一个问题，简单介绍中国儒学里对"仁"的突出和强调，以及对"仁"的解释。

二

第二点谈谈日本。

有一位很有名的学者本尼迪克特（Ruth Benedict），是一位美国的文化人类学家，她写了一本书叫《菊花与刀》，也有翻译为《菊与剑》，这是一位很不简单的女学者。美国在第二次世界大战的时候要研究日本，当时把这个任务交给本尼迪克特。可是文化人类学是要到当地去做调查的，两家打仗怎么到日本做人类学、做民俗调查？没办法做。当时第二次世界大战的时候，美国、加拿大把日裔的人、日本人都集中在一起，因此她就到那些地方去做调查，她没有亲自到过日本，只是在那样一个很特别的日本的难民居住地里做调查，在此基础上她写了这本书。

1945年战争结束的时候，她提了一些很重要的建议，其中一些建议跟今天还有关系。比如天皇制的保存，就是她通过对日本人类学的一些调查研究所提出的建议。《菊花与刀》这本书里有一个很重要的观察，就是"仁"的概念在日本从未获得像在中国这样高的地位。日本人对天皇的"报恩"观念非常强，对天皇的"报恩"对日本人而言，是一种无限的、无条件的义务，日本人对天皇的义务的感觉中国人没有，中国人对"仁"的强调在日本没有。所以她说，中国人也讲"忠""孝"，忠君爱国，可是中国人的"忠"不是无条件的。因为在中国的儒学里特别是在孟子以后，有一种革命论，就是君主如果不好，老百姓可以革他的命，这在日本是根本不能想象的。所以日本在接受儒学的时候非常抵制和排斥中国儒学里的革命论。所以她说，中国设定了一个德目，就是道德的一个条目，中国设定了一个超越忠孝，比忠孝更高的德目，是凌驾一切的，这就是"仁"。① 在中国，统治者必须行"仁"爱民，如果不行"仁"，

---

① [美]鲁思·本尼迪克特著，孙志民等译：《菊花与刀》，浙江人民出版社，1987年，第100页。

人民反对君主是正当的，没有无条件的个人忠于君主的要求。她说"中国人的这种伦理观念在日本从未被接受过"。中国的很多文化都传到日本，但日本在接受的时候没有接受这样的观点，所以她说"事实上，在日本，'仁'是被排斥在伦理体系之外的道德，完全没有它在中国伦理体系中所占的那种崇高的地位"①。这是她通过对日本人类学的调查了解得出的一个很重要的结论。

美国著名宗教学者罗伯特·贝拉（Robert Bellah），是帕森斯的学生，帕森斯是20世纪50年代美国现代化理论之父。贝拉写过一本书讲现代日本文化的渊源，要通过文化上的渊源来看日本怎么发展到今天，以及它的优点和缺点。他认为在前现代的日本，就是明治维新以前，日本的文化里面对于主君"忠"的观念凌驾于其他所有观念之上。为什么叫主君？因为除了天皇以外，日本当时是一个领主社会，是封建割据的。比如水产是一个藩，藩相当于一个小国，有藩主，藩主对于下面的人就是主君。

他的原话是这样，对主君的那种特殊主义的"忠"凌驾于其他所有的伦理观念之上。所以"忠"就成了所谓江户时代的中心价值和第一美德。②江户时代又叫德川时代，17世纪以后因为天皇不住在江户（现在的东京），幕府将军住在江户，因而

---

① ［美］鲁思·本尼迪克特著，孙志民等译：《菊花与刀》，浙江人民出版社，1987年，第101页。
② 罗伯特·贝拉：《德川宗教：现代日本的文化渊源》，牛津大学出版社，1994年。

叫江户时代，也叫德川时代。这个时代，"忠"是中心价值和第一美德，所以他说："我们看到，在日本，'忠'渗透于整个社会，成为所有阶级的理想。"不仅是贵族，而且包括知识分子甚至平民，都要忠于主君，成为理想价值。

"而在中国，'忠'甚至很难适用于整个绅士阶级，而仅仅适用于做官的那些人。"① 在中国就不是那么普遍。在前现代的江户时代的日本儒学或日本文化中最支配性的价值、最中心的价值原理就是"忠"。"忠"是表示你对一个特殊的系统或特殊集体的承诺，忠于藩主，或者忠于更小一点团体的主人。所以这是对于一个特殊的系统或特殊集体的承诺，不是对于人类。中国人是讲"四海之内皆兄弟也"，是普遍主义的，中国人说"仁者爱人""仁者以天下为一体"，这是普遍主义的。特殊主义是说个人的忠诚只是奉献给自己特殊的集体。

在这样一种文化里，一个特殊主义的承诺就胜过人对普遍主义价值的承诺。其实，那个文化里可能也不见得没有那些价值，比如正义、博爱、自由、平等，但是在日本前现代的文化结构里，"忠"压倒对正义、博爱的承诺，这变成日本文化的特点。

原东京大学教授沟口雄三对日本价值原理做了一个比较深刻的揭示，是很有勇气的。沟口雄三反对天皇制，也批评天皇，要求在日本取消天皇制，这在现代日本也是不多见的。他讲近代以来东亚受到西方思想的影响，达尔文的生物进化论对大家

---

① 罗伯特·贝拉：《德川宗教：现代日本的文化渊源》，牛津大学出版社，1994年，第200页。

震动很大，达尔文的生物进化论后来演变为斯宾塞的社会进化论。在中国由严复引进，他译写了《天演论》。商务印书馆把原书翻译叫《进化论与伦理学》。《天演论》当时在清末民初的时候对中国人震动很大。

书中阐述了生存竞争、适者生存的概念，从生物进化论变成社会进化论，《天演论》介绍的西方思想对中国人震动非常大：现代世界是一个生存竞争、适者生存、自然淘汰、弱肉强食的世界。这本来在中国古代认为是不好的，认为是野兽的世界，不是人文的世界，可是中国近代以来受到帝国主义压迫羞辱，这套说法加上达尔文进化论这样一种好像是科学的支持，给中国人很大的刺激，流行一时。这套理论不仅在中国，在韩国、日本都有传播。

沟口雄三指出生存竞争、适者生存、自然淘汰、弱肉强食的理论被当作近代化的一个进步性原理让大家来接受，不要再墨守成规，在一个老的思想里活着，要认识到现在世界是这样的，而且这是最进步的一个原理，从而来警醒大家。

但是沟口雄三指出，中国要接受、要同意这种弱肉强食的原理，在中国人的世界观上要有一个根本转变，因为中国人历史上的世界观跟这个是相反的。至少宋代以来受制于中国儒家思想的影响，中国人认为仁义礼智的世界是一个人的世界，马克思也讲人的世界和物的世界不一样，人的世界在中国人心中就是一个道德文明、精神文明的世界，仁义礼智就是有文化，有道德，这是人的世界；弱肉强食的世界在中国被看作禽兽的世界，是野蛮的世界，所以中国两千年以前，文明就早熟了，弱肉强食的理论让中国人接受有一定的困难。

而且他说,在中国,认为仁义礼智是人的世界,弱肉强食是禽兽的世界,所以财产以均分继承。这跟梁漱溟讲的一样,财产均分不仅是一个一般的继承制度,后面有一个文化、价值的观念作基础。而且职业在中国不是世袭的,包含一种平等的概念,财产均分也有平等的概念,义田、义庄(旧时代义田、义庄用来救济贫苦、寡妇等人)也体现了这样的观念,同居共财在中国古代被看成是美德。所以这一套文化,说明中国的社会伦理和社会组织有固有的原理,跟弱肉强食相反,中国比较讲究仁爱、平等、大同,有这样一种文化原理在这些财产均分等现象的后面。①

反过来,日本就不同,这方面日本和中国的差异比较大。比如江户时代是长子继承的世袭阶级社会,没有平均平等的观念,比较封建。但是世袭阶级社会也有一些意义,如私有财产的观念比较强,另外,在日本职业意识比较早就确立。因为长子继承田地,其他人都到城里去做工,每人在一个行业里面做一个工作,行业里就是职业的意识。因此在日本有一些容易适应竞争性的文化。生存竞争、适者生存在中国比较少,在日本就多一些。

另一方面,他也指出,江户时代的武士阶级接受的儒学里,有一个德目跟中国不一样,特别强调"勇"。在中国宋代以后,讲这些德目的书,比如南宋陈淳的《北溪字义》、清戴震的《孟

---

① [日]沟口雄三:《日本现阶段的中国研究及21世纪的课题》,《国际儒学研究》第二辑,中国社会科学出版社,1996年,第129页。

子字义疏证》中都没有"勇"这一项，宋代以后中国儒学里面不强调"勇"字。可是在江户时代的儒学，主要是由武士来学习，很重视"勇"，所以"勇"在江户时代变成和"仁"并列的一个德目。

19世纪中叶荻生徂徕比较着重讲政治方面的儒学，他有一本著作《弁名》，讲勇、武、刚、强、毅，这些德目在宋代以后中国儒学里面没有出现，因此沟口有一个结论："在思想与伦理传统中，日本具有容易接受弱肉强食原理的根基。"东亚前现代的文化说起来似乎都是受儒家的思想影响，但是在日本文化里具有接受弱肉强食原理的根基。"而与此相对，中国岂止是没有这种根基，毋宁说具有与此相反的原理基础。"① 所以中日儒学文化看起来都是汉字文化圈，都有儒学，都有一些共有的文化的要素，但是这些文化要素如果按照结构排列起来，会发现结构不一样。因此，他认为像忠、敬、勇、武、刚、毅都是武士阶级的儒学的重要德行，日本儒学中也有讲仁的，但非常少，所以日本儒学不能被概括为仁学。

中国学者现在意见是一致的，中国儒学基本上可以概括为仁学，但是日本儒学很难概括为仁学，这是一个事实。

三

第三点，讲韩国。

---

① [日]沟口雄三：《日本现阶段的中国研究及21世纪的课题》，《国际儒学研究》第二辑，中国社会科学出版社1996年版，第129页。

韩国儒学的精神与韩国历史的开展有密切的关联。比如所谓"士祸",在朝鲜时代(朝鲜是一个朝的名字,就好像明朝清朝一样,相当于从明朝开始一直到19世纪末被日本吞并为止)比较严重。士祸可以说是官僚整肃知识分子的运动,但是这个说法也不严格,因为士也是官僚。中国古代叫士大夫,英文叫作official scholar,是一身二任,先得通过科举考试才能做官,所以做官的人有二任,一方面有很好的文化根基和修养,甚至还经常做文化的工作,一方面是官员。古代的官不是天天做,其取舍完全取决于皇帝的好恶。不任职的时候在家干什么?从事文化工作。所以是一身二任,他是知识分子,他又是官僚。但是迫害这些人的是那些不是靠科举考试,主要靠官僚家庭出身做官的人。频繁不断的士祸对韩国儒学和韩国儒者的精神形成有很大的影响。

士祸有很多次,韩国人一般叫戊午士祸(1498)、甲子士祸(1504)、己卯士祸(1519)、乙巳士祸(1545),都是发生在15—16世纪。这些士祸基本上是对一些儒家学者、士大夫进行政治清洗,甚至屠杀,这在东亚其他各国是没有的。这些历史,照韩国历史学家的讲法,就是由韩国儒学特别是朱子学者组成一个士林派,他们是学者派,主张要求改革,而且主张社会正义。对立面是代表一些贵族官僚特权利益的旧勋派官僚派,两派形成冲突。但是由于士林派在权力结构里总是处于容易比较受打击的位置,所以在朝鲜时代发生好几次这样的士祸。

这样的士祸对韩国人的精神特别是对知识分子的精神影响非常大。在士祸里惨死的著名儒者的精神一代一代在流传,他们留下的文献一代一代在传承，他们的学生不断在往下传，促发韩国儒者的一种抗争的、不妥协的精神，并逐渐酝酿成韩国儒学里突出"道义"的精神，"道义"就是一种原则。学者派、士林派主张改革社会理想，这是要坚守的一个理想精神，这是"道义"。

所以韩国历史上很多这样的儒者都从不同的方面强调这样一个思想，就是不管自己的身家性命，不计祸患，坚持"道义"的精神。"道义"就是一种理想，正确的理念、理想，因此我们一开始讲韩国突出"义"，就是道义的"义"，这是韩国儒学的精神和原理。韩国学者也认为："从士祸和牺牲中光显的道学派的义理精神中可发现韩国儒学特有的精神。"[1] 所以韩国儒学特有的精神是从士祸和不断牺牲里面凸显出来的那些道学派的义理精神。"义"是一种对于道德信念的坚持。韩国朝鲜时代有很多儒者严格分判"义"和"不义"的关系，严格分判"义"和"利"的关系，[2] 利就是利益驱动，不是按照自己的理念理想走，而是跟着利益走。按照理想信念走的是"义"。

韩国儒学精神的形成，"义"观念的形成，不仅跟朝鲜时代士祸传扬出来的儒者的精神有关系，而且跟韩国历史上受到外族的入侵有关系。比如壬辰倭乱（1592）是日本近世历史上有名的丰臣秀吉率兵攻打朝鲜，当时韩国以儒者为中心，组织义兵，反抗倭乱。在那个时期，激发和表现了韩国民族传统——

---

[1] ［韩］柳承国著，傅济功译：《韩国儒学史》，台湾商务印书馆，1989年，第125页。

[2] 同上书，第115、133页。

为国家而忠孝。韩国讲的忠孝很强调为国家而忠孝的精神,所以在国难中不少韩国儒者以身殉国,有一种忠义的精神。

"忠义"是一个褒义词,忠义的精神是可贵的精神。所以在韩国应对外患的抗争之中,韩国民族传统里面的为国家忠孝的精神、义节的精神、爱国爱族的精神发扬了起来,为人民所广泛地传颂和赞扬,民族精神就这样形成了。

历史发展使韩国关于"忠义"的精神,关于"节义"的精神的强调成了韩国儒学的基调,特别是17世纪以后。因此"义"所代表的道义理想,在民族关系上表示一种为大义而殉节的精神,大义就是国家大义,也就是为理想可以殉节的精神,节就是一种理念,是一种理想。韩国讲的义所代表的道义和牺牲精神不是像日本一样只是以个别特殊的主君为对象,而是为一个大义而殉节的精神。

这样的例子在韩国历史上是不少的,所以韩国儒学也强调以所谓的春秋大义名分来加强这种意识。中国古代儒家经常讲春秋大义名分,《春秋》是五经之一,《春秋》里讲所谓大义名分,用今天的话来讲就是合法性,政治上要有合法性,天子就是天子,诸侯就是诸侯,诸侯不能反抗天子,这叫大义名分,这是中国古代讲的。韩国把大义名分主要发扬为抗拒外来的侵略,韩国历史上讲的"春秋精神",主要是抵抗外族的侵略,发扬节义的一种精神。

著名的韩国高丽大学教授金忠烈曾经在华语地区生活多年,在中国台湾留学多年。他有一个体会,他讲中韩日越在受西方文化冲击以前同属中国文化圈,而且共享汉字,学习的都是四书五经、子史等中国古代典籍，教育的都是仁爱孝悌忠信等儒教道德。因此尽管自然环境有所不同，生存方式也有一些差别，但是所形成的观念，比如自然观、人生观、文化观，大致上有相同的地方。可是同为儒教国家，所追求的国家目标、社会风尚不尽相同，教育出来的人民的心态、国家观、人生观差异很大。自然观相同，可是国家观、人生观差别很大，这是因为一个国家的目标不一样，教育出来的人不一样。

有什么分别呢？大体上中国儒教重个人道德生活，孝悌是人生的本然，孝就是对父母尽孝，悌是兄弟之间的友谊，他说中国人"谦己恕人之风甚厚"，"谦己"是比较谦虚，不张扬，"恕人"是对别人有宽恕之心，能够宽容。我想他的体会是很深的，中国儒教注重个人的道德生活，讲孝悌，而且谦己恕人之风非常浓厚，影响到民风。但是忠国爱族的精神不甚强烈，中国人这方面的精神不够强烈，个人和国家之间总有一段距离。这是他的观察。他是专门研究中国哲学思想的学者，又在中国台湾留学，他对文化的这种观察还是很深入的。

他说韩国儒教信三纲为天经地义民行的根本。韩国儒教讲究三纲，认为这是天经地义。韩国儒教偏于家族范围的孝，只知道家族的利益，缺乏公德，甚至有排他忌人的劣性。当然这是韩国学者自我的一种批判，他没有正面地把韩国的精神表扬出来，但是不表示韩国民族没有优秀的方面。我想这个观察也不能说没有道理，但是比较偏在批判的一面。

关于日本，他说，日本也是儒教国家，可是国家目标国家利益至上，把所有的道德价值都放在忠君爱国之上，道德价值再多,最重要的还是忠君爱国。忠君就是君主就是天皇,所以日本勤于组织,忠于君国,为达到目标而追求利益,不顾牺牲个人而集中力量贯注到底,所谓大和精神是舍私赴公,集中力量尽忠报国的一种君国主义的产物。

总的来说,金忠烈出于对本民族的反思,所以对韩民族的爱国民族精神没有强调表彰,但是对三国文化总的观察是有参考价值的。

四

简单做一个结论。如果把仁义礼智信这五德作为儒学代表性的价值,在中、日、韩各国儒学中都受到普遍的提倡。但因为历史—社会—传统的制约,不仅使得历史上形成的三国的儒者的精神风貌不一样,而且每个社会里面儒学的价值系统和其支配性的原理有所不同,从而使这三个国家儒学的精神气质呈现出不同。

中国的儒学虽然也提倡"义",也重视"忠",但更推崇的是"仁恕"之道。日本儒学虽然也讲"仁"与"义",但比起中国、韩国,更突出"忠"的价值。韩国儒学虽然在理论上兼重仁义礼智信五常,但比较起来从士祸的历史、从外患的历史,形成了一个更加注重"义"的精神。这些不同也反映在三国各自近代化的进程之中。

比如中国的儒学以"仁恕"为原理,变成一种普遍主义的价值原理,一种对仁爱的平等价值的追求,因此在近代对西方近代的文明半信半疑。因为它有两千多年的价值的传统，对西方的船坚炮利，总是很难接受。所以中国人对沟口雄三所讲的那一套生存竞争、弱肉强食的原理，总是半信半疑，不会坚信不移地去奉行那套理论。中国人在这样一个有悠久文明历史、以仁爱价值观秉持的文化，在中西文明的冲突面前，很难坦然承认在"文明"上是落后的。这一切应该说决定了中国人不会像日本人那样不顾一切地去拥抱西方文化。近代中国人总是对西方的文明、理念有很多的怀疑，但是又打不过西方，它力量强，又得跟它学，在这样一个过程中造成了现代化进程的迟缓。

日本因为是突出"忠"和"勇"的价值，在接受近代文明方面较少受到价值的阻碍，对帝国主义没有根本抵触。所以在价值方面，在接受西方所谓近代文明的时候，日本比较少有价值的障碍。同时，因为日本文化突出的是特殊主义的价值原理，就是对主君的特殊主义的承诺，胜过了对普遍价值即自由、平等、博爱、正义等价值的承诺，这使得日本终于为自己付出了代价。

韩国充满"义节"精神的儒学，可以说造就了韩国近代民族的主体性，韩国的民族主义非常强烈，这不仅仅是在最近一百年才形成的，跟它自古代以来强调"义节"的精神有关系，所以"义节"精神对近代民族国家的形成和发展起了一种促进的作用。

如果综合起来，可以说"仁"包含的是一种和谐原则，"义"所凸显的是正义原则，"忠"体现的是秩序原则，这些原则应该是现代东亚社会任何一个国家都必需的，因此从这个角度来讲，在当今东亚国家和地区，中日韩三国如果就历史文化传统来讲，都应该在进一步反思传统的优点和缺点的同时，能够吸取其他民族和地区一些发展的优点，取长补短，使每一个国家在精神成长和发展方面能够走向更完善，这样也有利于中日韩三个国家互相了解和建立一个和谐的未来。

（本文乃根据本人2005年在北京图书馆的一次讲演记录修订而成，原文载《部级领导干部历史文化讲座》，北京图书馆出版社，2006年7月）

现代化理论视野中的东亚传统
（《德川宗教》读后）

帕森斯的高足，加州大学柏克莱分校的罗伯特·贝拉的名著《德川宗教》，曾久闻盛名，两年前收到其中译本（贝拉[Robert Bellah]：《德川宗教：现代日本的文化渊源》，香港牛津大学出版社，1994），一口气读完之后，颇觉有益。

一

《德川宗教》一书是作者 1955 年在哈佛大学完成的博士论文，以此获得东亚系与社会学系联合授予的博士学位。这一事实本身就已说明本书的特色：历史研究方法与社会学理论方法的结合。而作者当时所接受的社会学理论研究的方法，主要是马克斯·韦伯的社会学思想和其后继者帕森斯有关现代化的一整套框架。

我们知道,韦伯的宗教社会学研究,由《新教伦理与资本主义精神》开始,又对中国的儒教与道教、印度宗教等进行过贯穿同一方法的研究。这一方法就是注重宗教伦理在经济理性化过程中的作用(无论是正面的或是负面的)。韦伯的观点,简言之,即认为新教伦理的禁欲主义的勤俭和职业观念对西欧早期资本主义的发生提供了一种心态的支持;而中国宗教与印度宗教都未能提供类似的这样一种心态,这是亚洲资本主义未能自发产生的重要原因。

在韦伯生时,日本的近代化的成功可以说已经是一引人注意的事实。但是,不知是韦伯有意加以回避,还是其他原因,他始终未用日本的例子来验证其理论。而在贝拉,正如他自己所说的,"本书所作的持续不断的努力,就是运用韦伯的社会学观点来分析一个实际的例子,而这个例子连韦伯本人也未认真地研究过"。直到20世纪50年代前期,日本仍是唯一一个将自己改造成为现代化工业国家的非西方国家。在50年代现代化理论的氛围中,受到韦伯理论影响的学者很自然地就会向这样的方向思考:日本的成功可能不应归于一般所说的日本人的某种神秘的模仿能力,而应归于为后来发展奠定了基础的前现代时期的某些文化因素。贝拉正是这样,本书的目的就是"揭示出日本前现代文化渊源是如何有助于解释这一成功的"。很明显,贝拉以完全韦伯化的思想方式,从一开始就先入为主地假定日本的前现代文化与日本近代化成功的转型有关联;从而,探寻日本成功的案例中的宗教因素,寻找日本宗教中与新教伦理的

"功能类似物",就自然构成了贝拉此书的主导线索。

二

在理论上,除了韦伯理论外,贝拉的解释框架借用了帕森斯有关"类型变量""行为维度"的社会分析方法。他认为,日本文化的基本价值类型是以政治价值优先为特征,而在欧洲中世纪是以宗教价值优先为特征,在现代美国则是以经济价值优先为特征。在从非工业社会到工业社会的发展过程中有两种转变的方式,一种是基本价值类型的转变的情况下完成向工业社会的转变,比如欧美伴随着从宗教价值优先转变为经济价值优先,实现向工业社会的转变;一种是在基本价值不变的情况下工业社会获得了发展。但即使在后一种情况下,经济价值在某些领域需要变得非常重要,使整个经济达到某种理性的发展。在贝拉看来,日本就属于后一种发展情况,在其前近代到近代化的发展过程中,始终是以政治价值优先于经济为特征。

贝拉所说的"政治价值优先",其中"政治的"一词是采取一种非常广义的用法。在这种定义下,政治价值优先是指"达成社会目标"是压倒一切的。如果用另一个说法,在日本文化的中心价值系统中支配性的维度与其他文化中心价值系统的支配性维度不同。根据帕森斯的理论,贝拉把社会结构分成四个维度,一是经济系统,与之相适应的价值是经济价值,相应的维度为"适应";二是政治系统,与之相适应的价值是政治价值,相应的维度是"达到目标";三是文化系统,与之相适应的价值为文化价值，相应的维度为"潜在性"；四是整合系统，与之相应的分别是整合价值与"整合维度"。从这个立场上来看，说日本是政治价值优先，即是指"社会结构中达到目标的维度具有特别重要的意义"，"支配社会结构中的其他三个维度的价值被认为是从主导维度的价值中派生出来的"。因此一般说来，所谓一个社会的中心价值系统就是指倾向于首要强调社会结构中的某一维度。我的理解是，贝拉认为，日本人重视的不是集团的某一个特定的目标，而是具有一种把达成目标本身看成首要优先的取向。当然，这种目标也不是完全空洞的，集团目标总是指那些增强集团力量与威望的期望，可以是经济发展，也可以是战争胜利或帝国主义扩张，一句话，是集团的功利目的。

三

贝拉认为，日本的制度系统的特点就是十分强调垂直的纵向关系，较少地依赖横向关系。这就是说，制度结构主要通过上下级之间的忠诚关系来保持统一。依赖于这种高度的忠诚，政治系统对于制度系统的调整力得到加强。对日本的现代化与工业化而言，政治系统的这种强大统治力，和民众对这种统治的反应特性是主要的推进因素。在日本前现代特定的社会中，"达到目标"这种政治价值优先的结构，与德川时代以武士伦理为代表的"忠诚"的德行互为表里。由于这种忠诚只限于对自己集团的首领，因此它是一种特殊主义的伦理。家庭、藩都可以是一个特殊系统或集体，人是其中的一员，人们对这特殊系统或集体的承诺要胜于对普遍主义的承诺，胜于对真理和正义的承诺。德川时代是特殊主义占统治地位的时代。贝拉又认为，由于这种忠诚是对自己集团首领的忠诚，而不管首领人物是谁。这就意味着，个人有可能忠诚于一个与自己毫无关系的人，如天皇或将军。也因此，政治关系就可能超出个人关系的影响而使得特殊主义普遍化，得到某种普遍主义的功能。韦伯本来注重的是经济理性化的过程，而帕森斯则在 50 年代提出，政治理性化的过程同样重要，可能与经济理性化过程具有同样的历史意义，即在政治价值优先的社会里，当权力变得普遍化，相对地摆脱了传统主义的束缚而受到理性规范的支配时，可能会对工业社会的兴起有重大意义。在贝拉看来，不管其主观意图如何，日本国学派的政治学说是要建立强大的中央集权的君主制，他们在政治领域说教的结果可能是权力的急剧扩大和权力的理性化；又认为水产学派的尊王和国体思想，对天皇的绝对忠诚和鼓吹天皇集权的思想推进了日本政治理性化的进程。

　　武士伦理中特别重要的是对封建领主的报恩和献身意识，这种意识集中体现为"每天决意去死"，武士的修禅也正是为了正确面对死亡。一本成于 18 世纪初的武士道概览明确指出，武士"每日清晨要思虑如何去死，每日旦暮要虑死以清心"，"武士道即意味着死"。这种死在伦理指向上是一种对君主彻底献身的意识。武士的职责是从事于各种公务，"但稍得闲暇清静，必复归死的问题，无论何时，均应深刻思虑死"。同时，对死的瞑想也是为了清除贪欲的自我。另一方面，作为武士最高义务和最终行为的献身意识，须体现在日常的近乎禁欲的生活方式，因此武士伦理倡导过一种有节度、克制而俭朴的生活。由于武士伦理体现了日本的中心价值，故武士伦理在德川时代成了国民道德的基础。严肃、勤俭、不懈怠、谨慎是武士的生活方式。贝拉指出，在这种禁欲主义的生活方式中，节俭和勤勉是两个重要特征，俭朴是将个人消费减至最低的义务，勤勉则是将自己侍奉主人的贡献增至最大的义务。这种武士伦理强化了政治的理性化，对经济理性化也有明显的意义，因为，武士伦理在德川时代已经普遍化为社会伦理运动，德川时代商人阶级传授了与武士道本质上同一的伦理，即"强调忠孝、服从与正直、节俭与勤勉"，他们都要求对上级的无私奉献，最低限度的个人消费以及严格履行日常工作义务。

四

经济伦理与经济理性化是全书的中心，而这种考察，像韦伯一样，是从宗教入手来了解的。贝拉从铃木大拙的研究已经知道，"一日不作，一日不食"可谓禅寺生活的第一要则，禅宗推崇素朴节俭，倡导生产性劳动，但他叙述更多的是净土真宗。在他看来，真宗实际上是日本最类似于西方新教意义上的宗派，其伦理与新教伦理最为相近。从他引用的文献来看，真宗对勤奋、节制、勿怠惰甚为强调，主张"士农工商均要先关注其家职"，真宗将职业中的劳动包括商人的劳动提高到一种神圣义务的程度，以与利润的获得调和起来。真宗把利润列为利他所得，提出工商皆只在乐意利他，认为这就是自利利他的圆满功德，主张利他心即菩萨心,故菩萨行即商工业,以"大凡商工业之秘诀在于依菩萨行而得信用"。在信仰真宗的近江商人的传记中记载了不少"以勤俭为血肉,以忍耐为筋骨","晨出夜归,不避风雨,不厌困苦,棉衣裹身,草食糊口,决不敢丢失浪费一文半文"的商人行迹。贝拉在受真宗影响的商人家规中看到了一种"家族利润主义"的经济伦理,这种伦理使得家业中的劳动成为一种近乎神圣的义务,因为这是对祖先之恩的报答。在这里宗教和世俗的动机融为一体。而家庭如同模拟的政治团体,对家族的义务和对家族象征(祖先)的义务是同一的。由此出发的经济动机不是自我利润主义,而是家族利润主义,从而这种家族利润主义与商人个人的勤恳、节俭、奉公无私的行为不仅不矛盾,而且可以互为说明。懒惰、奢侈、不正直被看作是家族生命与实业的危害,而对家族名誉的高度尊重恰有利于产生商业的信用。因此,这种对家族作为半神圣实体的强调,有助于促进经济行为的高度强化。贝拉认为,在这些家规中体现的商人伦理,尤其是强调勤奋、节俭,强调世俗内的禁欲主义,很像早期新教主义,而所有这些都涵盖在劳动概念的脉络中并被理性化了,劳动被认为是某种更高的实体(社会或家族)所需要的一种服务,这是一种类似于职业的概念。

  正如许多西方学者一样,贝拉是把儒教作为宗教的一种形态来研究的。为了说明宗教对商人伦理的影响,贝拉用了很多篇幅讨论石田梅岩及其创始的心学运动。心学是18世纪前期到19世纪初叶的日本宗教和道德运动。心学对德川时代民众的道德影响相当广泛。这种影响主要通过公开讲演和布道、大量印发小册子、制定家规和从事慈善行为。石田思想受《易》《孟子》及朱子学天人合一观念影响很大，而他的宗旨是倡导通过静坐的方法和禁欲主义实践，以及献身于义务与职业，达到消除利己之心，以求获得"本心"。他自己40岁时因推门而悟，一年后更因冥想而获得神秘体验："睡卧中耳闻后面的森林中麻雀声鸣，其时腹中犹如大海般宁静，犹如万里晴空"，达到与性合一的境界。贝拉称其思想为"现世的神秘主义"，认为这种心学的主张，有利于强化忠诚、孝道及对职业中艰苦工作的献身精神。特别是，石田并不主张人人遁世去进行冥想，他只要求在余暇间在堂后静坐即可；人所要真正做的是在每天实行勤俭节约、献身工作。这不仅不与宗教生活相悖，而且有助于"得悟"。故其"现世的神秘主义"实具有现世的实践的伦理的特征，其产生的动机有利于经济的理性化。石田主张俭约即天生的正直，以武士伦理作为商人伦理的楷模。众所周知，石田是以倡导四民一理的伦理思想而著称于世，他认为士之道通于工商，工商之道通于士，士农工商皆为帝国之"臣"，故商人阶级应享有其应有的地位与名誉。他提出，"付工匠之工费即工匠之俸禄"，"商人买卖之利乃天下御准之禄"，所以"上御令行商，可取利也"。行商取利是完全合法的，商人之利如武士的俸禄一样，武士受禄不属贪欲，商人取利也不能说是贪欲。他更指出，"无买卖则一日不能生"，"买卖非耻辱事，借商家钱不还，乃大耻辱也"。但贝拉也指出，仅仅因为石田为商人阶级辩护，便认定他拥护市民的自由并且作为"封建主义"的敌人，这是完全没有根据的。石田决不以任何方式怀疑那一时代统治系统的基础，从未改变他对天皇、贵族和武士的敬畏与尊重。

石田梅岩之后的心学运动，与幕府联系密切，其表现之一就是利用心学的讲道解释幕府的文告（这一点与明代社学的情形一样）。只不过这些文告主要是伦理性的，充满了关于忠诚与孝道的训诫，劝告人民励精自己的家业，避免娱乐和赌博，突出强调极端的节俭和尊敬上司。事实上，18世纪前期吉宗成为将军后即提倡在武士中恢复那种类似斯巴达的精神，其主要手段即励行节俭，他自己率先垂范，削减将军家支出并撤除大部分女官。故心学运动的伦理要求与幕府的伦理要求是一致的，这种一致正说明其理性化后果可能是心学运动自身所"未预期"的。在后期心学运动中，胁阪义堂的著名训诫被用来说明心学的伦理观，在义堂的七条训诫中，一崇神佛、二守法节欲、三重视家业家职、四重忠义孝道、五重慈悲阴德、六洁身自好、七福在勤劳。其中心观念是忠、孝、勤、俭。因而贝拉认为，石田的基本伦理观所要求的就是对集体目标的无私奉献，而勤奋、节俭和理性的素质是此种奉献的体现。

总之，心学运动本质上是一场中小商人阶级的运动，但其目的不是要求政治权力，而在自觉接受武士伦理的前提下力图使商人在经济领域担当类似武士的角色，这导致了心学在经济上强调勤俭节约，提倡正直和尊重契约。在城市阶级中，心学的这些影响有助于培养对世俗工作的严格、实际的态度，对企业家和工人双方都很重要。贝拉认为，这一切的达成，端因心学利用了远东最古老和有力的宗教（包括儒教）传统，其思想可以上溯至孟子。

五

现在让我们转向一个更有兴趣的问题，即中日文化比较的问题。我们在读完贝拉以上的论述之后，会很自然地产生出疑问：在日本前现代文化中的那些伦理要素在前现代的中国文化中不仅同样存在，而且相当广泛（特别是在世俗儒家文化中），这又如何解释中日近代化过程的不同发展呢？这个问题仅在韦伯理论中是难以回答的。而此书的理论意义之一，就在于贝拉利用了价值类型和价值结构的中心取向分析，又借用了社会行动功能分类的理论，对此类问题给出了一套自足的说明。他认为，在政治经济学的场域，"中国式的观点"与"日本式的观点"的区别在于，中国强调稳定和谐的理想，而日本更强调达到目标中的单向动力及群体所有成员为达此目标的忘我服从。米泽的君主上杉的改革和乡村教育运动，那种反复宣喻勤劳、诚实、节俭及儒教礼仪的活动，无论看上去多么像中国的儒教模式，人们还是感到那里的严格的规章制度、从上到下的严格的管理，都与武士道中体现的东西有关。东亚的"伦理神秘主义"固然可以上溯至孟子，但在中国，这种宗教传统基本上是文人学士、绅士官僚阶级的专有物。而日本心学则把这一宗教传统适应于商人阶级的需要，并得到了在中国没有得到的广泛传播和发展。儒教对日本的武士伦理产生过深刻的影响，但儒教并非从结构到要素完全地被日本所接受，而是受着日本古代社会结构与历史文化的制约加以选择的。日本的社会与中国秦以前的社会有很大的类似性，但与秦以后的中国社会类似性很小。在中国，军事方面呈萎缩倾向，对主君的特殊主义忠诚虽然重要，但并非第一义的。而在日本，军事具有重要意义，对主君的忠诚观念依然凌驾于其他所有伦理观念之上。儒教的孝道虽有助于日本的家庭观念理性化，但未能使家族主义的价值像在中国那样成为日本社会的中心。

贝拉认为，由于日本的价值与其部族社会和军国社会的根源有关，故虽然在文化的和宗教的传统的许多方面中日是共通的，但用帕森斯的术语说，中国是以整合价值占首要地位为其特征，而日本则以重视政治或达到目标为特征。以整合价值居首位为特征的社会，更多地关心团结一致，而非权力或财富。系统维持虽然在日本也很重要，但属次要价值，正如能力的表现在中国很重要，但仍属次要价值一样。比较中国和日本的政治价值和整合价值、政治系统和整合系统的位置，可以揭示出两国的异同：在中国孝是第一位的，是社会道德原理的基础，孝的价值优于忠，而且忠甚至很难适用于整个绅士阶级，只适用于官吏。即使对于官吏，不仅有"良禽择木而栖"的谚语提示一种选择，他还可以选择不做官的道路，这时，"他就是一位'天子不能视其为臣，王子不能视其为友'的人，他是一个伟大自由的人，除了付租税外，不承担对皇帝的任何义务"。而这种对政治上的权贵的态度，在日本的价值系统中完全得不到支持。在日本政治权力渗透于社会的最底层，而这在中国要局限得多。日本的价值结构里，忠明显代替了孝的地位，忠渗透于整个社会，成为所有阶级的理想。所以，在一个帕森斯的"结构—功能"的坐标内，日本的价值结构被认为更具有理性化的功能。但是，这种对理性化程度的衡量显然只是指工具理性而言。还应指出，贝拉对孝在中国的地位的重视固然是有理由的，但对于中国文化的价值结构来说，与其说孝是第一位的，不如说"仁"是第一位的更为妥当。孝可以看作是仁的一种特殊表现形式。

六

总结全书，贝拉的第一个结论是，日本强有力的政治系统和政治价值占首要地位的价值结构有助于工业社会的勃兴。他指出，在中国，儒教具有一种理性的、世俗的、但是文人学士的伦理，这种伦理的目的既非积聚财富，也不是扩大国力，更多地是意在维持社会的平衡状态，因而它缺乏能够打破大众的传统主义或把对家族的忠诚转变为对某个较大集体的忠诚的活力。贝拉认为，儒教伦理中固有的理性主义若要对现代化产生影响，中国的价值结构就必须转变为政治价值占首位的价值系统。他认为苏联大体上就是强调达到目标的社会，而20世纪50年代以来的中国正是向这个方向转变的，这将有利于工业社会的勃兴。政治价值优先和有力的政治系统是落后地区工业化的巨大有利因素，因为，从技术的角度看，重工业是不经济的；同时，现代工业化所需的资本过于庞大，这一切都需要政府的安排。贝拉当然没有忘记提醒人们，强有力的目标取向的社会会危险地接近于极权主义社会。他的第二个结论是，在日本的政治和经济的理性化的过程中，宗教发挥了重要的作用。宗教支持和强化了中心价值的实践，对必要的政治改革提供动机和合法性，不断赋予勤勉和俭约的世俗禁欲主义伦理以宗教意味，对政治和经济的理性化极其有利。贝拉并不认为东亚的传统社会中理性化的倾向足以自发地带来近代社会的发展，但他认为这些理性的倾向能够面对西欧的刺激作出创造性的发展。他认为，亚洲的经验表明，这种禁欲主义伦理"即使对实现工业化并非必需，但至少在工业化的初期阶段确乎是有利的。这种现象不仅在新教主义和日本有，而且在共产主义中国也有"。很明显，启发了这两点结论的，前者为帕森斯，后者为韦伯。而贝拉此书无疑成为后来研究东亚及中国政治文化和经济伦理的先导性典范。

由于《德川宗教》是在韦伯—帕森斯的经济功能框架中考察前现代文化，这就决定了它不可能比较全面地分析日本传统文化的正面及负面的各种因素，亦无法从人文学的角度了解这些因素对现代社会的意义。事实上，这也是从韦伯到帕森斯社会理论的重大局限。在这一点上，丸山真男在当时已敏锐地有所觉察了。在丸山看来，这种从经济伦理、工作伦理考察前现代日本文化对日本现代化的正面作用，却遮掩了对前现代日本宗教应进行的批判，特别是从发展民主和发展普遍性伦理的方面对其进行的批判。丸山的批评并非没有道理，因为贝拉在全书中只在最后一页讲了两行的批评："如果我们要给日本的宗教以促进现代日本奇迹般崛起的'荣誉'，那么我们也必须给日本的宗教以助长于 1945 年达到顶点的不幸灾难的'责难'。"而没有去分析日本文化的价值结构对近代日本侵略扩张历史所产生的作用。事实上，按照贝拉的价值结构来分析，在逻辑上可以自然地得出结论，即正是由于日本的价值结构中达成目标和特殊主义忠诚凌驾于其他普遍伦理原则如博爱、平等、自由，才会导致后来的发展道路。用韦伯的语言来说，日本的价值结构可以有较强的工具理性功能，但无法确立价值理性的功能。因此功能的分析不仅不应遮掩从政治民主化方面对前现代宗教的批判，也不能代替从价值合理性方面对前现代宗教意义的深入挖掘与汲取。在后一点上丸山同样未予理会。丸山的立场是启蒙思想家的立场，他反对把真宗或心学作为新教伦理的等价物，是因为他认为日本的伦理是特殊主义的身份性伦理，新教与基督教伦理则是普遍主义的。丸山还认为，即使日本特殊主义的伦理促进了日本经济的发展，但这并不必然导致政治民主和伦理的普遍化，而且有可能破坏经济的进一步发展。可以看出，丸山强调民主发展的批评具有积极的进步意义，只是他在理论上尚未摆脱西方中心主义，这由他对基督教伦理的推崇可以看出。同时，丸山的批评仍然是基于"现代性"的一种批评，而没有把一种基于人文价值和终极关怀而对功能主义的批评包含在内。

在 1985 年平装本前言中，也就是本书完成 30 年后，贝拉表示，30 年来的历史证明，日本现代化过程中发挥作用的特殊主义伦理并未成为后来经济发展的破坏因素，日本人在这种文化取向的支持下已迅速成为经济超级大国，以忠诚为特征的集团功利主义和日本式的管理专制都依然有效地支撑着日本社会。

然而，80年代贝拉对日本也提出了问题：日本传统培育出来的现代化经济成果是否现在已经开始破坏、消解这一传统本身？在他看来，在现代化的完成中，传统的生活方式受到威胁，公寓越来越取代家庭庭院，父辈的劳动无法完整地传给下代，人与农村的联系日渐消失，神道的支柱已被大大削弱。东京等大都市土地价格天文数字般地增长，使得日本中产阶级再也不能期望以传统的生活方式生活。虽然许多东西仍能继续保留下来，但那值得夸耀的工作伦理和社会准则究竟还会持续多久？另一方面，与丸山仍站在"现代性"的立场的质疑不同，80年代贝拉的反思是：本书的最大弱点乃是他所应用的现代化理论存在着不足，他承认他写本书的当时，未看到财富和权力无止境的积累不仅不会导致了一个完善社会的产生，而且会从根本上逐渐破坏每一个现实社会所必须的条件；手段变成了目的，这是现代化病状的根源。作为手段的财富和权力现在已经成了目的，这是在现代化过程中对原来作为目的的宗教价值的一种颠覆。假如现在再做一次对目的的颠覆，即把现在作为目的的财富、权力重新变为手段，那又会怎样呢？这是贝拉最后提出的问题。

（原载《读书》杂志 1997 年第 3 期）

"博雅英华·陈来著作集"后记

我的学术著作,以往三联书店曾帮我汇集为"陈来学术论著集"十二卷出版,我心存感谢,自不待言。目前三联版此集的版权即将到期,北京大学出版社有意以博雅英华的系列出版我的著作集的精装版,这使我既感意外,又十分高兴。

我曾在北京大学服务三十年,其间 2004 年开始,学校让我关心、过问出版社的工作,因此与北大出版社结下了难得的缘分。2009 年我转到清华大学后,与北大出版社仍继续合作,出版了《孔夫子与现代世界》《北京·国学·大学》《从思想世界到历史世界》等书;前两年《有无之境》和《诠释与重建》还在北大出版社出版了"博雅英华"系列的精装本,受到读者的欢迎。这次精装版著作集的出版,对我而言,体现了北大出版社对一位老朋友的情谊,这使我深感温暖。

这次北大出版社准备把《有无之境》和《诠释与重建》之

外我的其他著作也都作为"博雅英华"系列出版。在北大出版社出版的著作集,与三联版相比,有一些变化:《古代宗教与伦理:儒家思想的根源》此次出版的是增订本;《古代思想文化的世界:春秋时代的宗教、伦理与社会思想》附加了余敦康先生的评介。《朱子学的世界》是以《中国近世思想史研究》的朱子学部分为基础,增入了近年来写的朱子论文,合为一集;《现代儒家哲学研究》是《现代中国哲学的追寻》增订新编本;《东亚儒学研究》则是《东亚儒学九论》的增订本。其他各书如《竹帛〈五行〉与简帛研究》《朱子哲学研究》《朱子书信编年考证》(增订版)《有无之境:王阳明哲学的精神》《诠释与重建:王船山的哲学精神》《宋明理学》《宋元明哲学史教程》《传统与现代:人文主义的视界》则一仍其旧,不做改变。

衷心感谢张凤珠等出版社领导,感谢田炜等编辑朋友,使我有这个荣幸,把北京大学出版社出版的自己的著作集,献给读者。

陈来
2016 年 5 月 26 日